AF550204

Verlag der Friedrich Weinreb Stiftung Zürich

Herausgegeben
von
Christian Schneider

Friedrich Weinreb

Die sieben Prophetinnen

Prophetie des Leibes

Textfassung
Christian Schneider

Verlag der
Friedrich Weinreb Stiftung Zürich

Autorisierte schriftliche Ausarbeitung der Vorträge,
die Friedrich Weinreb vom 9. 10. bis 13. 10. 1977
in Brunnen am Vierwaldstätter See zum
Thema ›Die Prophetinnen: Debora‹ gehalten hat.
Die wortgetreue Texterfassung
nach den Tonkassetten (77Br108) besorgte Bernd Baader,
die Textfassung und Redaktion Christian Schneider.

Gestaltung und Produktion Gorbach, Büros für Gestaltung
und Realisierung, Augsburg und Utting am Ammersee
Satz aus der DTL-Fleischmann durch Waltraud Hofbauer, München
Druck und Bindung Memminger MedienCentrum Memmingen
ISBN 978-3-905783-60-5
Printed in Germany

Inhalt

Vorwort des Herausgebers

Unsere Vorstellung von biblischer Prophetie ist weitgehend männlich geprägt. Propheten wie Jona oder Jeremia, Jesaja oder Elia bestimmen unser Bild des Prophetischen. Friedrich Weinreb hat während einer Tagung in Brunnen am Vierwaldstätter See zum ersten Mal sehr ausführlich von der ziemlich unbekannten weiblichen Prophetie gesprochen. Ausgangspunkt dieser Reise in unentdecktes Land der Bibel ist ein Blatt im babylonischen Talmud, das von den sieben Prophetinnen handelt und ihre Stellung im Leben des Menschen andeutet. Wie sich das Licht in die sieben Farben bricht, so erscheint auch die Prophetie des Weiblichen in Siebenheit. Darauf stützen sich Friedrich Weinrebs in freier Rede gehaltenen Vorträge. Die knappen Hinweise der jüdischen Überlieferung werden umfassend ausgearbeitet, die Zusammenhänge mit dem Ganzen der Bibel aufgezeigt und in den Lebens-Raum des heutigen Menschen übertragen. Im Erleben und Erzählen der biblischen Personen und Geschichten geht Weinreb auf den *Menschen* zu, der als Hörer, und nun auch als hörender Leser, die sieben Prophetinnen in sich selbst zum Leben kommen lassen kann. Der Schlüssel zu diesem Geheimnis ist das, was sich in der Sehnsucht, im Sich-sehnen des Menschen ausdrückt, das sein ganzes Verhalten, Sein und Dasein bestimmt; Weinreb erkennt darin die spontane ›Reaktion des Leibes‹, bei der das berechnende Denken gerade ausgeschaltet ist. Mit seinem Leib, seinem Leben zur Einswerdung erschaffen, antwortet der Mensch auf die Trennung von Himmel und Erde, Seele und Körper; und es ist dieser den Menschen auszeichnende Weg zurück zur Einheit, den die sieben Prophetinnen verkörpern. Was die Bibel von ihnen und ihrem Leben erzählt, kann deshalb im wahrsten Sinne ›Weg weisend‹ sein. Aus dem Gegenüber des Bibeltextes öffnet Friedrich Weinreb den Weg ins eigene Innere, wo wir als Abigail dem David entgegenziehen, wo wir uns in der Richterin Debora als Mutter Israels erkennen, wo uns Esther mit den königlichen Gewändern bekleidet und den Sieg über Amalek schenkt; dort läßt uns Channa das Bündnis von Jonathan mit David erleben, dort finden wir mit Chulda die verlorengegangene Thora wieder, dort erfahren wir als Sara den Durchbruch zum ›Sohn‹, dort sorgen wir uns mit Miriam um den Erlöser.

Diese bahnbrechende Vortragsserie Friedrich Weinrebs läßt unser Tun und Verhalten in ganz neuem Licht erscheinen. Dabei zeigt sich, wie die Prophetinnen auf unserem Lebensweg wirken und welche Rolle das Weibliche spielt: ›Was ist dieses Weibliche in uns, das ständig neu erscheinen muß, bis am Ende das erscheint, von dem wir sagen, daß es von Anfang an war?‹

Der Leib, untrennbar mit dem Körper, der ›Fleischwerdung‹, verbunden, besteht auf dem Diesseits, läßt sich nicht auf ein fernes Jenseits vertrösten. Es ist dieses unerkannte Diesseits, das Friedrich Weinreb mit seinem Erzählen von den Prophetinnen als große Freude näherbringt.

Weiler im Allgäu am 28. September 2008
Christian Schneider

Erstes Kapitel

Struktur als Gewißheit des Bleibenden. Siebenheit weiblicher Prophetie. Schönheit der Frau. Die Bedeutung der Namen

Wir müssen uns, glaube ich, erst einmal darüber klar werden, was das eigentlich ist: ein Prophet, eine Prophetin, Prophetie. Viele denken bei Prophetie an ein Vorhersagen dessen, was in Zukunft geschehen wird. Das ist aber ein großes Mißverständnis, und ich hoffe, daß im Laufe unserer Gespräche bald klar wird, was mit dieser für die Bibel so wichtigen Angelegenheit gemeint ist. In der Überlieferung, dort also, wo die Bibel von Geschlecht zu Geschlecht, von Zeit zu Zeit immer weitergetragen und tradiert wird, finden wir manches über eine Systematik der Prophetie und der Prophetinnen erzählt. Systematik bedeutet in diesem Fall: Es gibt einen Zusammenhang. Bei aller Freiheit existiert auch eine Struktur, die uns die Gewißheit von etwas Bleibendem gibt. Wenn keine Struktur da wäre, könnte die Welt auf einmal verschwinden. Wir haben aber das Gefühl einer Sicherheit, daß es weitergeht, können uns darauf verlassen, daß das als Struktur Erkannte funktioniert.

Die Suche nach einer Systematik, in der sich Zusammenhänge zeigen, das Finden einer Struktur ist etwas sehr Wesentliches. Wer danach gar kein Bedürfnis hat, könnte zum Chaos neigen, zu Destruktivem, Vernichtendem – er mag keine Gewißheit. Er mag nicht das, was wir Treue im Leben nennen, und im Hebräischen ist das Wort für Treue auch das Wort für Glaube, für

Vertrauen. Treue ist eine Struktur. Man kann damit rechnen, daß nicht chaotisch reagiert wird, daß man nicht – Treue hin, Treue her – macht, was einem gerade gefällt

Strukturen zeigen also eine Zuverlässigkeit, geben das Gefühl von etwas Wahrhaftigem, das sich durch alle Zeiten hindurch fortsetzen wird und nicht abhängig ist vom Verschwinden in der Zeit, vom Verschwinden im Raum. Die Struktur des menschlichen Körpers, die Struktur der Gene, Strukturen im Materiellen, Strukturen in der Astronomie – überall spürt man, daß es Gesetzmäßigkeiten gibt: ein Geschenk, es funktioniert, man kann sich darauf verlassen. So gibt es das gewiß auch für die Prophetie, und wir brauchen uns deshalb hier nicht auf Spekulationen einzulassen. Wenn in der Überlieferung von den Prophetinnen in einer Siebenheit gesprochen wird, dann erinnern wir uns an die Struktur der Schöpfung: die sechs Tage und der siebte Tag. Und entsprechend den sieben Schöpfungstagen kennen wir die sieben Planeten, von denen im Altertum gesprochen wird, oder die sieben Arten des Wachstums, wie sie in der Bibel genannt werden (5. Mose 8, 8), oder die sieben Metalle oder die sieben ›doppelten Buchstaben‹ in der Struktur des hebräischen Alphabets.

Die Struktur der Siebenheit bedeutet hier eine Gewißheit. Man kann damit rechnen, daß es da ist, auch wenn es weit weg ist in der Zeit oder im Raum, daß man doch eine Beziehung, eine Verbindung dazu haben kann. In der Überlieferung erkennt man die Sieben auch in der Prophetie und findet sie in den sieben Prophetinnen wieder. Wie ich schon sagte, hat Prophezeien nichts zu tun mit der Erwartung: Da ist einer, der mir sagen kann, was sein wird. Sogar wenn einer das kann, vergeht doch das, was kommt, auch wieder. Ich möchte aber gern von dem hören, was *bleibt,* ich sehne mich nach einer Mitteilung vom Ewigen. Glauben ist doch ein Glauben an die Treue des Ewigen, daß es mich nicht enttäuscht und bleibt.

Im Gegenüber zu einer zeitgebundenen Wahrheit, wie sie ein guter Journalist mitteilen kann, erfahren wir in der Prophetie eine Art treuer Wahrhaftigkeit, die wirklich durch alle Zeiten und Welten hindurch gilt und bestehen bleibt. In unserer Sehnsucht nach Treue, unserer Sehnsucht, Liebe zu schenken und Liebe zu erfahren, können wir diese Treue, die ewig ist, erwarten. – Wenn ich Ihnen jetzt die Namen der sieben Prophetinnen nenne, dann möchte ich Ihnen gleichzeitig die Struktur der Siebenheit, wie sie uns aus dem Altertum überliefert ist, vor Augen stellen. Man teilt die Sieben nämlich in zwei Dreiheiten und ein Siebtes ein, wobei jede Dreiheit als ein Dreieck mit der Spitze nach unten erscheint. Das Erste erscheint also an der rechten Seite, das Zweite an der linken Seite und das Dritte darunter in der Mitte. Das wiederholt sich mit dem Vierten rechts, dem Fünften links und dem Sechsten in der Mitte. Das Siebte dann folgt als Abschluß unter dem Sechsten. In dieser Anordnung werden auch die sieben Schöpfungstage gesehen; ich habe das sehr ausführlich in meinem Buch ›Schöpfung im Wort‹ dargestellt, in dem Sie die Grundlagen der biblischen Überlieferung, auf die ich mich in meinen Ausführungen beziehe, finden können.

Wir werden sehen, daß uns diese Struktur auch bei den Prophetinnen tiefe Einblicke in das, was Prophetie und was das Weibliche ist, geben kann. An der ersten Stelle, rechts oben also, steht als Prophetin die Mutter Sara. Die Überlieferung erzählt, daß sie eine viel größere prophetische Gabe und Kraft und Intensität hatte als ihr Mann Abraham, der doch der Erste dort ist, wo man zu zählen anfängt im Glauben, der der ›Vater des Glaubens‹, der ›Vater der Glaubenden‹ heißt. Er glaubte, obwohl alles dagegen sprach. Er glaubte einer Stimme, die akustisch nicht zu hören war, einer Stimme, die im Menschen selber spricht und deshalb doch auch immer Zweifel mitbringt. Er glaubte dieser Stimme und nicht den Mitteilungen des Äußeren und wurde dadurch zum Vater der Gläubigen. Als Prophetin aber, heißt es, ist seine Frau weitaus größer als er. Der Name Sara, die weibliche Form von »sar«, Herr, Fürst, König, bedeutet ›Herrin‹, ›Königin‹. Das läßt uns schon staunen, denn ›Frau‹ wird, wie wir schon wissen, das vom Menschen genannt, was erscheint. Und der Mensch liebt seine Erscheinung, er freut sich, daß er da sein kann, einen Körper hat, atmet, auch wenn er sich nicht wohlfühlt; zum Glück hat er ihn. Es bedeutet, er liebt seine Frau. Von einem, der seinen Körper umbringt, heißt es, er ermordet seine Frau.

Das Weibliche ist also das Erscheinende, das Leuchtende, das Erfreuende, wo wir die Maßstäbe des Ästhetischen erhalten und von ›Schönheit‹ sprechen. Das Wort ›schön‹ kommt in der Bibel zum ersten Mal im Zusammenhang mit einer Frau vor – eben Sara (1. Mose 12, 11). Sie war schön zu sehen in ihrer Gestalt, in ihrer Erscheinung. Was von uns hervortritt, jeden Moment erscheint, ist immer das Weibliche. Und das Männliche ist das, was diesem Weiblichen die Möglichkeit gibt, sich hier zu erfüllen, Frucht zu entwickeln, die auch aus dem Weiblichen hervorkommt. Die Frucht erscheint als ein Wunder, denn eine andere Welt hat uns befruchtet, sie ist nicht Resultat einer kausalen Linie, die man verfolgen kann.

Die Zweite in der Reihe der Prophetinnen, die also links oben ihren Platz hat, ist Miriam, die Schwester des Mose. Sie wird auch ausdrücklich Prophetin genannt, es gibt im Hebräischen den Ausdruck »Miriam ha-newijah«. Aber, könnten wir uns fragen, wo stehen denn die Prophezeiungen der Miriam, der Sara? Wir werden darauf noch ausführlich zu sprechen kommen, denn Sie sehen schon, daß Prophet-sein und Prophezeien nicht heißt, etwas Kluges oder Unverständliches auszusprechen; vielleicht ist da ganz anderes im Spiele. Und gerade diese weiblichen Propheten werden in der Überlieferung mit großer Sorgfalt behandelt, damit wir verstehen, was sie sind und warum sie in unserem Leben eine so wichtige Rolle spielen.

Die dritte Prophetin, die auch als solche in der Bibel genannt wird, ist Debora. Sie nimmt die Mitte dieser ersten Dreiheit ein, steht dort, wo in der Struktur der Sephirot die Sephira »tifereth« ihren Platz hat, die als die zentrale und sozusagen wichtigste Sephira gilt.

Nun wiederholt sich diese Dreiheit mit der vierten, fünften und sechsten Prophetin von rechts oben, links oben und der Mitte unten, der Dreiecksform mit der Spitze nach unten. Der Name der Vierten der Prophetinnen ist Channa, in den Übersetzungen Hanna genannt, woraus im Deutschen dann Anna wurde; es ist derselbe Name, nur die Schreibweise ist unterschiedlich. Channa steht in dieser zweiten Dreiheit an der

Stelle, wo die erste Dreiheit mit Sara auf der rechten Seite beginnt. Channa gegenüber auf der linken Seite finden wir eine Frau mit dem Namen Abigail, die fünfte Prophetin also. Als sechste Prophetin, die dritte in der zweiten Dreiheit, kommt dann Chulda oder Hulda, wie der Name in deutschen Bibeln geschrieben wird. Ihr Platz ist in der Mitte wie der der Prophetin Debora in der ersten Dreiheit. Darunter dann, ebenfalls in der Mitte, steht die Siebte der Prophetinnen, die Sie vielleicht aus anderen Zusammenhängen schon kennen: Esther.

Ich möchte nun die Namen, die ich genannt habe, auch übersetzen, damit sie mehr Leben bekommen. Die Übersetzung des Namens Sara kennen wir schon. Der Name Miriam, der zweiten Prophetin, hängt mit dem Begriff des Bitteren zusammen. Es gibt da eine Bitternis, das heißt, Schmerz, Trauer. Maria, derselbe Name doch wie Miriam, kennen wir auch als Mater Dolorosa, die ›schmerzensreiche Mutter‹. Debora bedeutet ›Biene‹; Stamm des Wortes ist »dawar«, ›Reden‹, ›Sprechen‹, ›Wort‹, auch ›Sache‹. Channa, die Vierte der Prophetinnen, ist die Mutter von Samuel, erster in der Reihe der männlichen Propheten. Er salbt die Könige, erst Saul aus einem Krüglein, dann David aus einem Horn. Das Königtum dessen, der aus dem Krüglein gesalbt wurde, hat keinen Bestand, während Davids Königtum, aus dem Horn gesalbt, ewig besteht. Der Name Channa ist die weibliche Form von »chen«, ›Gunst‹, ›Güte‹, ›Gnade‹, ›Lieblichkeit‹; man kann den Namen mit ›die Gütige‹ übersetzen. An erster Stelle sehen wir ›die Herrin‹, Sara, und an der ersten Stelle der zweiten Dreiheit ›die Gütige‹, Channa, Hanna oder

Anna. Channa gegenüber an der linken Seite, dort, wo oben Miriam, das Bittere, ihren Platz hat, steht Abigail, ›mein Vater ist Freude‹; »gila«, Freude, und »abi«, mein Vater. Chulda oder Hulda, der Name der sechsten Prophetin, bedeutet ›Wiesel‹; »cheled«, von dem Chulda kommt, ist ›Welt der Tiefe‹, das Unterirdische. Merkwürdigerweise treffen wir in der Geschichte von Chulda auf mehrere Namen, die von Tieren erzählen, die in Erdhöhlen leben: ›Kaninchen‹, ›Maus‹. Esther, der Name der siebten Prophetin, bedeutet ›Ich verberge mich‹ oder ›Ich werde mich verbergen‹. Wenn wir an den siebten Tag denken, verstehen wir schon, was es mit diesem Verbergen auf sich hat: Der siebte Tag entspricht doch dem Weg, dieser Welt, und Gott ist verborgen in dieser Welt. Von seiner verborgenen Anwesenheit wird alles gelenkt. Es bedeutet, alles, was verborgen ist, jedes Geheimnis ist göttlich, und es ist entscheidend, daß es geheim bleibt. Mit Nachdruck prägt Mordechai der Esther ein: ›Sage niemals, wer du bist!‹, mit anderen Worten: Bleibe ein Geheimnis! (Esther 2, 10).

Ich hoffe, Sie haben nun, nachdem Sie diese Namen etwas näher kennen, eine ungefähre Vorstellung von der Struktur der weiblichen Prophetie in ihrer Siebenheit. Es zeigt sich als festes Fundament, auf dem die Welt, aber auch unser Körper, unser Sein, wie es erscheint, aufgebaut ist. Die Prophetinnen sind uns tatsächlich am nächsten, weil der Körper für uns die erste Begegnung ist; und ich meine mit ›Körper‹ viel mehr als nur Körperliches: den Leib, der das Leben trägt und Leben ist. Das ist die weibliche Seite, und die weibliche Seite prophezeit.

Wir müssen uns nun darüber klarwerden, was dieses Prophezeien eigentlich ist. Im Hebräischen bedeutet das Wort »nawi«, das sich 50–2–10–1 schreibt, nichts anderes als eine Art des ›Bringen‹ oder ›Kommen‹. Man könnte sagen, ein Prophet ist einer, der ›bringt‹, was ihm ›kommt‹. Er ist imstande, das vom Jenseitigen her Kommende, also das, was von Gott ist, uns zu bringen. Gott als Gegenüber; wie alles Verborgene uns gegenübersteht, so steht Gott uns als Verborgener, als Geheimer, als heilig, wie man auch für ›jenseitig‹ sagen kann, gegenüber. Und der Prophet, die Frau als Prophetin bringt von dort das Wort, bringt von dort das Leben. Es geht dabei nicht um gescheite Worte, sondern handelt sich vielmehr um das Verhalten, das Sein, die Art des Menschen. Wir sollten deshalb versuchen, die Prophetinnen nicht als Gestalten außerhalb von uns sehen, sondern in erster Linie als in uns Wirkende zu erleben. Sie bilden auch eine Struktur im Menschen, nämlich das, was unseren Körper erscheinen lassen kann.

Antwort als Durchbruch. Abraham und Sara in Ägypten. Sara in der »tewa«. Jiska. Die Erscheinung ist prophetisch. Jischai und die Sklavin

Prophetie ist also das Bringen oder Kommen von etwas, das jenseitig ist. Und erwartet wird doch immer, daß eine Antwort kommt, eine Lösung gebracht wird. Da verstehen wir jetzt auch, daß eine Antwort nicht von der gleichen Ebene her kommen kann, in der sich die Frage stellt. Eine kausal bestimmte Antwort kommt aus dem gleichen Bereich, in dem die Frage gestellt wurde, ist also eigentlich keine Antwort, sondern nur ein Hinausschieben der Antwort. Da immer neue Fragen kommen, gerät man in eine Art Kreislauf, der niemals endet, in dem man sogar wieder zur ursprünglichen Frage zurückkehrt; man kommt also gar nicht weiter. Eine Antwort aber ist gerade das Durchbrechen dieses Bereiches, aus dem die Frage kommt, weil man sich nach etwas anderem sehnt. Eine Prophetie, die vorhersagt, was irdisch geschehen wird, wäre eine Antwort im irdischen Sinn, also keine wirkliche Antwort.

Eine Antwort, die tatsächlich eine solche sein will, muß aus einem ganz anderen Bereich kommen als die Frage. Und da der Fragende diesseitig, ›weiblich‹ ist, wie man sagen könnte, erwartet er die Antwort von der männlichen Seite. Deshalb ist es wichtig, was die Antwort sein könnte, wenn es um die weibliche Seite der Prophetie geht. Wenn die Frage schon weiblich, kausal bedingt ist, müßte die Antwort doch ganz anders sein. Kann eine Prophetin, kann also die menschliche Erscheinung, der menschliche Leib eine Antwort geben? Hier stoßen wir wiederum auf das Geheimnis des Weiblichen. Und um zu verstehen, was das Weibliche eigentlich ist, könnte uns gerade die Geschichte von Abraham und Sara weiterhelfen.

Abraham soll doch aus dem Land seiner Väter ausziehen. Von seinen Vätern heißt es, daß sie ›Götzendiener‹ waren, das heißt, Diener dessen, was man selbst konstruiert: der selbst konstruierten Angst, der selbst konstruierten Freude, des selbst konstruierten Weltbildes, der selbst konstruierten Wissenschaften. Aus diesem Land soll er ausziehen, um in ein Land zu kommen, von dem ihm gesagt wird, daß es seine Welt, sein Leben, sein Sein ist, das ihm ewig gehört. Da wirst du ewig sein, heißt es – eine Treue, ein Versprechen, das nicht gebrochen wird. Aber es ist doch gebrochen oder aufgehoben worden, kann man sagen. Nein, alle, die in diesem Land dort sind, sind unter diesem Versprechen, diese Treue besteht, sie ist immer da. Was Vertreibung aus diesem Land bedeutet, werden wir noch zu besprechen haben.

Abraham verläßt dann dieses Land, weil dort Hungersnot herrscht. Wenn in der Bibel von ›Hunger‹ die Rede ist, bedeutet es, daß die Antwort vom Himmel, die Frucht vom Himmel, die den Menschen sättigt, ausbleibt. Er zieht also weg von diesem Land nach Ägypten, »mizrajim«, wie es auf Hebräisch heißt. Ägypten ist eine Welt der Gegensätze, die sich schon im Namen »mizrajim« ausdrückt. Dort fließt der Fluß, dort geht die Zeit vorbei, dort gibt es nichts Bleibendes. Es herrscht in dieser Welt von Zeit und Raum in allem das Entweder-oder. Man ist jetzt an *diesem* Ort und kann jetzt nicht anderswo sein, man lebt in *diesem* Zeitalter und kann nicht in einem anderen Zeitalter leben. Es bedeutet, man lebt in einer Knechtschaft, ist nicht frei; das ist es, was man die ›Knechtschaft in Ägypten‹ nennt. Man ist gefangen und man seufzt, die Knechtschaft drückt den Menschen in Ägypten. Gerade Israel im Menschen ist gedrückt, denn es kann sich hier nicht zu Hause fühlen. Und das ist das Gute, heißt es, denn gerade weil Israel seufzt und sich danach sehnt, aus diesem Entweder-oder erlöst zu werden, wird es erlöst.

Abraham kommt nun als erster mit seiner Frau Sara in diese Welt des Entweder-oder. Der Name Abraham wird in der Bibel als ›Vater der Menge der Völker‹ übersetzt, er bedeutet auch ›Vater des Erhabenen, des Hohen‹; Sara ist ›Herrin‹, ›Königin‹. So kommen sie beide als Mann und Frau nach Ägypten. ›Mann und Frau‹ bedeutet, daß sie eine Einheit bilden. Aber wenn man in diese Welt der Gegensätze kommt, in diese Welt von Zeit und Raum, wird eine Einheit als solche nicht erkannt. Sie kann hier nicht bestehen, und es ist hier nicht möglich, eine Einheit zu verstehen. Man fühlt sich glücklich, wenn es einem gut geht, aber nicht, wenn es einem schlecht geht; Leid und Tod machen uns eben nicht glücklich. Wir erleben hier einen Gegensatz; daß es dennoch eine Einheit ist, können wir nicht verstehen. Das ist, kann man sagen, die Herausforderung dieser Reise von Abraham und Sara nach Ägypten, nach »mizrajim«.

Es ist die Reise des Menschen während seines Lebens, daß er in eine Welt der Gegensätze hineinkommt und sich da nicht wohlfühlt. Er weiß, er muß hier sein, denn die Antwort, die ihm versprochen worden ist, kann er erst bekommen, wenn er tatsächlich auch hier unten im Tiefsten gewesen ist. Dann erst kann der Aufstieg erfolgen, dann kommt die Antwort von dort auch hier mit.

Abraham und Saras Hinunterziehen nach Ägypten ist also eine Gefahr. Wenn wir dort als Einheit erkannt werden, sagt Abraham zu Sara, wird der König von Ägypten dich – das, was von der Einheit erscheint, das Weibliche – zu sich nehmen und mich wird man umbringen. – So geschieht es tatsächlich immer in der Welt: Man mag die Erscheinung gern, das aber, was das Wesen der Erscheinung ist, wodurch die Erscheinung überhaupt erscheinen, da sein kann, das wird ›getötet‹. Deshalb beschließen Abraham und Sara, sich als Bruder und Schwester auszugeben. Es bedeutet, wir haben wohl *eine* Herkunft, sind hier aber Verschiedene, gerade so verschieden, daß wir nicht zur Einheit zusammensein können. Dann wird der Pharao wahrscheinlich dich nehmen, mich aber wird er nicht umbringen.

Merkwürdige Zustände dort in Ägypten. Aber handeln wir in unserem Leben nicht fortwährend genauso, indem wir alles Erscheinende hier in diese Welt einzuordnen bereit sind und uns dabei sehr wohlfühlen, gar nichts Böses damit verbinden? Damit tun wir aber etwas Schreckliches: Wir nehmen dann die Frau eines anderen. Denn diese Erscheinung, die hier ist, ist schon verehelicht, hat schon ein Wesen, das sie erscheinen läßt. *Unser* Wesen, wodurch wir erscheinen können, kann vielleicht das Wesen dieser Erscheinung erfahren, aber nicht so, daß das Erscheinende dann hier gleich eingeordnet werden kann. Wahrscheinlich ist das auch die Tragödie der Wissenschaften, die immer eine Ordnung in der Welt der Erscheinungen aufzubauen versuchen; und diese Ordnung sieht dann sehr schön aus, ist aber eigentlich das, was Pharao beabsichtigt, nämlich Sara zu sich zu nehmen. Ihm gefällt in der Erscheinung etwas, das er noch nicht kennt; sie ist, heißt es, so schön, daß es einfach ausgeschlossen ist, sie *nicht* zu sich nehmen zu wollen, sie ist sozusagen Herausforderung zur Vergewaltigung.

Es will sagen, alles, was jenseitig ist und hier erscheint, ruft das hervor. Wir müßten uns fragen, wie *wir* das erleben. Es wäre vielleicht sehr wichtig, sich klarzumachen, wo wir genauso handeln, wie Pharao handelt. Der Name Pharao kommt von »phar«, Stier, Rind. Diese Welt erscheint im Tierkreiszeichen Stier und teilt so das Schicksal dieses Zeichens, das nicht die ganze erscheinende Welt deckt, sondern nur einen Teil. Denn ein Drittel dieses Tierkreiszeichens war nach biblischer Zeitrechnung schon vergangen, als diese Welt in Erscheinung trat. Mit anderen Worten, das Zeitalter des Stiers beginnt, wenn ein Drittel vom Zeichen Stier vergangen ist. Deshalb hat der Stier für uns etwas Geheimnisvolles, Angreifendes, Aggressives. Wir werden angegriffen von dem, was wir nicht verstehen und das uns nicht versteht; es wird böse und stürzt sich auf uns, wenn es uns sieht, wie wir sind und wie wir leben.

Im Midrasch wird erzählt, daß Abraham seine Frau Sara in einer »tewa«, einem ›Kasten‹ verborgen hatte, als sie nach Ägypten kamen. Nun bedeutet das hebräische »tewa«, das in der Noachgeschichte mit ›Arche‹, in der Mosegeschichte mit ›Kästchen‹ oder ›Körbchen‹ übersetzt wird, in erster Linie ›Wort‹: Abraham schloß sie also im Wort ein, damit sie nicht erscheinen konnte. Tatsächlich bleibt das Wort geschlossen, kann sich nicht so ausdrücken, daß es materiell wird. Wenn man einem Gutes wünscht, großen Reichtum zum Beispiel, bleibt der Wunsch Wort, kommt nicht im Sinne einer materiellen Erfüllung aus dem Wort heraus. Man sagt, wenn geschehen würde, wenn sichtbar würde, was im Wort steckt, wäre das eine große Gefahr. Das Wort würde angegriffen werden, man würde es für diese Welt benutzen. Der Pharao würde sie vergewaltigen, und das Geheimnis des Wortes wäre geschändet. Deshalb verbirgt Abraham seine Frau Sara in einem ›Kasten‹.

Mit diesem Kasten kommt Abraham ins Land Ägypten. Dort gibt es Zöllner, die dann fragen: Was bringst du mit? Die Welt ist immer feindlich dem gegenüber, der fremd ist. Man mag nicht, daß er etwas mitbringt, es sei denn, er bezahlt dafür. Als Abraham auf ihre Frage erst nach Weizen, dann nach Silber versichert, den jeweiligen Zoll zahlen zu wollen, sogar den sehr hohen für Gold, werden sie erst recht neugierig. Man erklärt das so: Das Wort hat eine derartige Kraft, daß der Mensch mehr und mehr entdeckt, was im Wort steckt, was er mit dem Wort bewirken kann, welche Bedeutung das Wort in seinem Leben hat, daß er ohne Wort gar nicht leben könnte. Der höchste Wert ist im Wort da. Und wenn Abraham dann bereit ist, Zoll im Wert von Edelsteinen für den Inhalt des Kastens zu bezahlen, dann sind die Zöllner so neugierig, daß sie ihn den Kasten öffnen lassen, und sichtbar wird das schönste weibliche Wesen, das sich denken läßt.

Nach der Überlieferung gibt es vier Frauen, die als die schönsten der Welt gelten. Mit der Vierheit ist die Schönheit in allen Aspekten gemeint, wodurch das Weibliche sich erhalten kann. Eine dieser vier ist Sara. Sie ist so schön, daß sie nur für den König sein kann, das Zentrum, den Kern, das Fundament dieser Welt: den Pharao. Sein Name – von »phar«, Stier – enthält, was die Welt ist. Er träumt auch von Kühen – »phar«, Rind. Sein Traum ist sein Leben: diese Welt. Als sie zu Pharao kommen, geschieht, was der Mensch immer wieder tut: Er möchte das Wort für diese Welt benutzen, er möchte es öffnen und in das Geheimnis des Wortes eindringen. Die Welt spürt ein Geheimnis im Wort, ein Geheimnis in der Zahl – Zeichen und Zahlen sind identisch. Wir sprechen doch auch von Erzählen; im Sprechen erzählen wir die Zahl. Der Pharao spürt, es ist darin ein Geheimnis, und er möchte das Geheimnis hier vergewaltigen. Er schreibt, wie erzählt wird, einen Ehevertrag und möchte in der Nacht Sara zu sich nehmen.

In dieser Nacht nun geschieht uns, geschieht der Welt etwas Merkwürdiges: Es kommt eine Art Lähmung, wie ein Tod, über uns; es endet in einer Sackgasse, in einem Wahn, in einem Schrecken. Pharao erlebt plötzlich die Stimme Gottes, die ihm sagt: Du hast keine Ahnung davon, daß das, was du in der Welt erlebst und dem du hier begegnest, auch heilig sein, jenseitig sein könnte. Du glaubst, alles ist diesseitig und du kannst es untersuchen, mit ihm experimentieren und für dich benutzen. Du vergißt, daß hier Heiliges mitgekommen ist. – So verläuft unsere Begegnung mit der Erscheinung gerade da, wo sie uns ganz stark fasziniert: zum Beispiel wenn der andere Mensch mit seinem Geheimnis uns gegenübersteht – das Schönste, was man sich denken kann. Und das möchtest du für Diesseitiges haben? Dann greife ich dich an.

Und dieser Angriff findet um Mitternacht statt. Mitternacht, die Hälfte der Nacht, »chazoth«, wie dieser Moment im Hebräischen heißt, bringt die Wende. Jede Wende findet dann statt, wie der Auszug an Passa oder das Erkennen der Ruth von Boas auf der Tenne (Ruth 3, 8ff). Weil es hier erscheint, glauben wir, es sei diesseitig, und vergessen: Hier erscheint auch das Jenseitige; wir verstehen nicht, daß das Jenseitige hier sein kann. Geht es darum nicht auch in der Messias-Geschichte? Eine Art Tragödie im Menschenleben, daß er da auch glaubt, es *hier* haben zu können; man kann sagen, die Schlange redet es ihm dort ein, wo der Mensch durch seine Sinne geführt wird. Er spürt andere Kräfte in sich und ist nicht Herr dieser Kräfte, kann sich nicht beherrschen, wie man sagt.

Das sind die Momente des Geschehens, wo wir dem Anderen gegenüberstehen. Dann greift Gott ein, und dann sagt Pharao: Wenn ich das gewußt hätte … warum hast du es mir nicht gesagt? Dasselbe könnten wir auch fortwährend bei uns empfinden, denn Abraham antwortet: Und wenn ich es dir gesagt hätte, hättest du mich getötet, und ich wäre nicht mehr da. Wir erkennen jetzt vielleicht, wie wichtig Sara ist, die hier ein gewaltiges Geschehen in Bewegung bringt. Denn Pharao gibt, wie die Überlieferung erzählt, seine Tochter Hagar der Sara als ›Magd‹ mit. Es bedeutet, daß von »mizrajim« etwas mitkommt ins Jenseitige, das durch Sara einen Sinn erhält. Diese Bedeutung hat Hagars Sohn Jischmael (Ismael) und alles Weitere, das mit Ketura geschieht, wie Hagar in einer weiteren Windung der Spirale heißt.

Was hier stattfindet, ist, daß der Mensch das Diesseitige ergreift, es nicht versteht und deshalb mitgeteilt wird, dieses Diesseitige, Sara, ist die größte Prophetin. Was hier erscheint, ist sehr wichtig. Sara bekommt doch deshalb diesen versprochenen Sohn, die trotz allem erhoffte Frucht, denn es war ja biologisch ausgeschlossen, daß aus Abraham und Sara in dieser Welt hier eine Frucht kommen kann. Unmöglich, daß das geschieht! Dennoch sagt Gott: Du bekommst einen Sohn. Und das erscheint so lächerlich, daß der Name des Sohnes dann auch Jizchak (Isaak) lautet, was ›lächerlich‹,

›zum Lachen‹ bedeutet: Unsinn! So was gibt's doch nicht!

Glaube, sehen wir hier, ist gar kein braver, frommer Glaube, vielmehr ein Zweifel, der so weit geht, daß er zum Lachen wird. Solches Lachen wird auch von Jischmael berichtet, wird aber dort ein ›Spotten‹ genannt. Es ist im Hebräischen aber das gleiche Wort. Ein Lachen also, das leicht zum Spotten würde, wäre da nicht dieser tiefe Glaube, dieses tiefe Vertrauen, die Treue durch alles hindurch. Denn eigentlich ist es doch verrückt, was da verheißen wird; es geht doch nicht. Ein Wunder schon das Kind, das er mit der Hagar bekommt, Jischmael. Möge *er* doch der Sohn sein, sagt Abraham, ich bin glücklich mit ihm, möge er der Sohn sein für immer. – Nein, sagt Gott, ein anderer, die Frucht einer anderen. Du bist ein Jenseitiger, deine Frau ist eine Jenseitige und die Frucht wird auch ein Jenseitiger sein – und alles wird *hier* erscheinen, wird dennoch hier sein. Nicht zu glauben! Alles widerspricht dem.

Sara, sehen wir, ist also Grundlage für sehr vieles, das weiter geschieht. Deshalb wird sie auch noch mit einem anderen Namen genannt. Im 1. Mose 11, 29 heißt sie Jiska, und dieser Name kommt vom Wort für Sehen. Es handelt sich dabei aber um eine andere Art von Sicht, als sie uns das Auge gewährt. Wenn wir an unser Wort ›Einsicht‹ denken, kommen wir dieser Art von Einsehen, wie es ist, schon näher. Die Überraschung ist nun, daß zwischen den Namen Sara und Jiska ein merkwürdiger Zusammenhang besteht, den ich in meinem Buch ›Schöpfung im Wort‹ beschrieben habe: Jiska ist im Zahlenwert in der Athbasch-Rechnung identisch mit Sara. Zwei ganz verschieden geschriebene und ganz verschieden klingende Namen – im Athbasch-Wert sind sie gleich. Das bedeutet, Sara und Jiska sind von der anderen Seite her gesehen identisch; was ganz anders lautet, ganz anders erscheint, kann doch dassselbe sein. Es will sagen: Wenn wir nur mit *einer* Seite zählen, nur *eine* Seite erzählen, sind wir noch gar nicht zum Kern geraten, erst die andere Seite macht uns – vielleicht gerade durch ihre Andersheit – klar, was es ist. Im Traktat Megilla im Babylonischen Talmud, wo von diesen sieben Prophetinnen erzählt wird, heißt es auf die Frage, warum Sara eine Prophetin ist: Ihr Name lautet doch auch Jiska. Und Jiska bedeutet Seherin; sie sieht nicht irdisch, sondern sie sieht von der anderen Seite her. Das *Wort* nennt sie ›Seherin‹, während Sara nur ›Herrin‹, ›Königin‹ sagt.

So zeigt sich bei der ersten Prophetin schon das Merkwürdige, daß hier nicht mitgeteilt wird, was sie sagt, sondern ein Erlebnis des Menschen. Die Prophetin, das Weibliche der Prophetie, unterscheidet sich vom Propheten, männlich, eben dadurch, daß das Weibliche selber nichts tut, nichts spricht. Es sagt *sich,* das heißt, der Körper sagt, der Mund sagt. Das Weibliche, der Körper, heißt es, sei ›keusch‹, tue nichts, es wird ihm gegeben. Die erste Mutter ist die größte Prophetin, deine Erscheinung schon trägt das in sich. Je mehr du dich anstrengst, desto weiter entfernst du dich vom Prophetischen. Gerade als Mensch, wie du erscheinst, bist du siebenfältig prophetisch, zeigt sich deine große prophetische Kraft in siebenfacher Weise entfaltet. Der Mann als Prophet ist etwas anderes. Weil das Prophetische des Männlichen nicht das Erscheinende ist, sind die Worte der Propheten nicht aus der Erscheinung, dem Mund her zu zählen und zu messen.

Wenn wir von den Prophetinnen sprechen, dann geht es darum zu erfahren, was mit unserem Körper, unserem Leib geschieht, daß unser Leib eigentlich prophetisch ist. Wir wissen zum Beispiel vor allem aus der Tierwelt, wie stark und weitreichend der Instinkt im Körper funktioniert. Durch ihn ›wissen‹ die Tiere, was sie tun und lassen sollen. Unser Körper, unser Leib weiß, wenn wir nicht nachdenken, ganz genau, was er tun soll. Sobald wir mit unserem Denken hineinpfuschen, beginnen die Schwierigkeiten, es ist ihm nicht gut, geht ihm mal so, mal so und er protestiert fortwährend. Auch hier gibt es also eine Sprache. Und vielleicht ist das Wort des Menschen, der wie ein Kind ist, das prophetische Wort. Daher der Brauch, ein Kind zu fragen, wenn man wissen will, was man tun soll: Welchen Vers hast du heute gelernt? Und dieser Vers, den es dann sagt, ist entscheidend.

Die Überlieferung gibt uns, um zu zeigen, wie entscheidend gerade das Kind im Menschen ist, unter anderem dieses merkwürdige Bild von den zweiundzwanzigtausend Säuglingen im Lehrhaus des Mordechai, der in der Esthergeschichte vorkommt. Wenn wir aber nicht verstehen, was mit diesem Bild gemeint ist, ist das natürlich eine ganz unsinnige Mitteilung. Und wie können wir ein Bild verstehen? Vielleicht gerade durch unsere Prophetinnen. Was ist also dieser Körper, dieser Leib mit seinen Organen und Körperteilen? Wenn von sieben Prophetinnen erzählt wird, bedeutet es, daß wir *alle* Möglichkeiten in uns haben, daß all das in uns funktioniert; gewiß dort, wo unser Herz funktioniert, Lunge, Hormone oder die Drüsen funktionieren. Dort aber, wo wir durch unser Leben, unser Schicksal mit hineinreden und gewisse Urteile fällen, kann es sein, daß die Prophetinnen zurückgedrängt werden, denn die Prophetinnen haben es manchmal schwer, wie wir das schon bei Sara gesehen haben und beim Besprechen der anderen noch sehen werden. Es muß uns dabei darum gehen, die Prophetinnen in unser Leben hineinzubringen. Wenn wir auf Distanz zu ihnen gehen, sie für uns nur historische Figuren bleiben, die ›damals‹ lebten, Bedeutendes redeten und moralisch vorbildlich waren, sind wir sie eigentlich los. Abgesehen davon, daß von uns nicht so sehr Moral, sondern eher Liebe, Hingabe, Vertrauen, Sehnsucht verlangt wird. Dadurch kommt dann auch das moralische Verhalten. Eine aufgezwungene Moral macht dich nur zum Heuchler.

Es ist auch gar nicht möglich, unsere Vorstellungen von Moral so ohne weiteres auf die Bibel zu übertragen. Was ist zum Beispiel mit diesem Segen, den sich Jakob durch List erschleicht, ›stiehlt‹, wie man sagt? Oder die Geschichte von David und Bathscheba? Er nimmt sich die Frau eines anderen und schickt den anderen in den Tod. Oder Davids Herkunft? Jischai (Jesse), Davids Vater, wird in der Überlieferung ein ganz Großer genannt, einer, der lebendig ins Paradies kommt. Von ihm heißt es, daß er eine Sklavin hatte, die ihm sehr gefiel, und als sich die Gelegenheit bot, schlief er mit ihr. Da erschien ihm seine Frau, und er glaubte, *ihr* beizuwohnen, es war aber diese Sklavin. Seine Frau hat sich sozusagen geopfert, hat ihre Gestalt und ihre Art der Sklavin verliehen. Nun blieb Jischais Zusammensein mit der Sklavin nicht folgenlos und das Kind, das kam, war –

stellen Sie sich vor! – der David! Deshalb, heißt es, zählte David im Hause Jischais nicht mit, war draußen bei den Tieren. Denn als Samuel im Hause Jischais war, um dort den künftigen König zu salben, ließ Jischai alle Söhne kommen, aber an David dachte keiner, denn er war doch kein richtiger Sohn. Und doch war es David, den Samuel mit dem Öl aus dem Horn salbte (1. Samuel 16, 1–13). Zweifelhafte Herkunft, würden wir, nach unseren Maßstäben urteilend, sagen. Aber hier geht es um etwas anderes. Wir werden uns mit David noch beschäftigen müssen, weil Abigail, die Fünfte in der Reihe der Prophetinnen, eine ganz wichtige Rolle in seinem Leben spielt.

Unsere Maßstäbe taugen nicht; wir können auch nicht beurteilen, was Leid und was Freude ist. Wie oft freuen wir uns über Dinge, die schlecht sind! Und leiden unter Umständen, die zu unserem Glück führen! Wir wissen es nicht. Wie Samuel auch nicht wußte, wer David ist. Es zeigt sich alles auf ganz andere Weise, wie wir uns das vorstellen. Ohne die Liebe haben alle Maßstäbe und Verhältnisse keine Gültigkeit. Das, was wir Liebe nennen, wird sich gerade beim Weiblichen, bei den Prophetinnen immer klarer darstellen.

Zweites Kapitel

Jeder Schöpfungstag erzählt eine Geschichte.
Der Traum verbindet Diesseits und Jenseits.
Gott kommt zum Menschen über die Welt.
Miriam, Amram und Jochewed. Mose in der »tewa«

Ich möchte doch versuchen, etwas tiefer, wie man so sagt, auf unser Thema einzugehen. Mit ›tiefer‹ meine ich nicht philosophisch tiefer im Sinne des Denkens, sondern tiefer in der Möglichkeit, etwas zu erleben, zu erfahren; immer gelenkt zwar vom logischen, klaren Verstand, aber durch diese Leitung in einen Bereich kommend, wo wir uns selber immer mehr erkennen. Die Welt schrumpft dabei in einen kleinen Raum zusammen, aber dieser Raum ist doch die Welt, nur nicht mehr ängstigend und bedrängend, wie sie ist, wenn sie uns so groß und weit und unbekannt erscheint; jetzt ist sie uns mehr ein Heim, ein Haus. Wie doch auch die biblische Schöpfungsgeschichte im Urtext mit dem Zeichen für ›Haus‹, mit der Beth beginnt – das Haus steht am Anfang. Damit wird auch der Sinn und das Ziel des Sich-sehnens der Schöpfung in den Menschen hineingelegt: Für das Haus, für das Zuhausesein ist eigentlich alles da.

Das zeigt sich auch in dem alten Brauch, Mann und Frau zur Verehelichung unter einem Baldachin zusammenzuführen. Die beiden, das Männliche und das Weibliche, stehen dann in einer Welt für sich unter einem Tuch als Himmel, das von vier Stangen gehalten wird. Das ist die Welt, sagt man, und alles andere ist ein Außerhalb, das gern als Gast empfangen wird. Das neue

Paar lädt dann die Gäste ein und bewirtet sie; sieben Tage lang freut sich das Paar mit den Gästen, und das ist eigentlich das Geschehen der Welt. Vielleicht kennen Sie die Geschichte des Rabbi Nachman von Bratzlaw von den sieben Bettlern, den sieben Gästen, die zu einer Hochzeit kommen, und jeder erzählt jeweils an einem der sieben Tage eine Geschichte. Wie jeder Tag der Schöpfung eine Geschichte erzählt – ein Geschehen, das immer in jedem Menschen da ist. Sonst gibt es nichts. Diese Geschichten enthalten eine Struktur, die immer und überall gilt.

Ich erwähnte schon, daß sich das Wachstum, die Entwicklung auch in Siebenheit darstellt. Im 5. Mose 8, 8 nennt die Bibel die sieben Arten der Pflanzen, und die erste Art ist der Weizen, aus dem am Ende eines langen Weges das Brot zustandekommt. Der Name Bethlehem bedeutet ›Haus des Brotes‹, und in Bethlehem, auch Ende einer Entwicklung, wohnt doch der König dann. Wir sehen, diese Entwicklung ist so, daß es eine Geschichte gibt, die immer und überall gilt. Eigentlich gibt es keine Geschichten, die von anderen getrennt sind, sonst sind sie, wie man sie nennt, ›dämonisch‹, und es heißt, man soll sie nicht lesen, auch sonst mit ihnen nichts zu tun haben, weil sie getrennt sind und weiter trennen. Man erkennt sich nicht selbst in solchen Geschichten. Eine typische Geschichte der heutigen Zeit ist der ›Krimi‹. Man liest ihn so gern, weil man hier die Lösung eines Problems durch Logik, durch scharfes Denken verstandesmäßig mitverfolgen kann. Ein ganz gescheiter Detektiv läßt wie Poirot seine ›grauen Zellen‹ arbeiten und findet am Ende die Lösung. Das heißt, wir suchen die Lösung auf logisch-kausale Art. Solche

Geschichten aber enden nicht, und wir finden uns nicht. Sie lassen sich vielmehr ohne Ende fortsetzen, eine Serie folgt der anderen. Immer suchen wir eine Ursache und glauben, sie auf raffinierte Weise finden zu können; der Verbrecher ist raffiniert auf seine Art, und der Detektiv auf seine. Es ist ein Kampf: Wer kann am schnellsten die richtigen Schlüsse ziehen?

Weil es diese sieben Tage gibt, sind diese anderen Geschichten auch sieben-schichtig, das heißt, vielschichtig, zeigen aber einen Sinn – einen Weg, der zu einem Ziel führt. Und ich glaube, langweilig, unzumutbar und unerträglich erscheint einem das Leben, wenn es sinnlos aussieht. Man spürt nicht einen Weg, der irgendwohin führt, ist ungeduldig: so geht's nicht!, aber kommt auch auf andere Art nicht weiter. Eigentlich erkennt man, daß das Denken, der Verstand, die Vernunft in allerlei Sackgassen führen, aus denen man nicht herauskommt. Studium und Wissenschaft können uns nur bis zur Grenze des kausalen Bereichs unseres Lebens führen, was darüber hinausgeht wird zu Recht ›unwissenschaftlich‹ genannt.

Aber wir sehen nun auch, daß Wissenschaft nicht in der Lage ist, uns zu etwas zu führen, das dem Leben einen Sinn geben kann. Einige Zeit hatte man noch geglaubt, daß der Sinn des Lebens im Sichtbaren, Materiellen zu finden sei, indem wir uns von hier dorthin begeben, und war nicht offen für eine Botschaft, ein Gespräch von der Anderen Seite her. Es fehlte die Offenständigkeit für das Unsichtbare, für das, was nach wissenschaftlicher Erfahrung und Vernunft *nicht* galt. Wir wurden deshalb ganz einseitig. Märchen und Mythen wurden nur äußerlich erforscht, ihre Inhalte aber für unglaubwürdig, primitiv, kindisch oder unsinnig gehalten. Man schämte sich, solche Geschichten als Wissenschaftler ernstzunehmen, untersuchte sie nur, um zu sehen, was für merkwürdig primitive Vorstellungen unsere Ahnen hatten. Man hatte kein Organ dafür, zu erleben, daß diese in anderen Regionen genauso selbstverständlich lebten, wie wir uns in dieser materiellen Region zu Hause zu fühlen glauben, wenn auch bedrängt von einer Welt, in der ganz Anderes ist. Wir wissen, es gibt sehr viel Unerklärliches und am schrecklichsten ist dieses Sein zum Tode: Alles und man selbst ist da, aber geht weg, und es *bleibt* nichts.

Träume und Phantasien, die diese anderen Regionen eröffnen, werden in Reservate verdrängt, wo die Leute, die ein bißchen verrückt sind, leben. Ernstgenommen werden Träume und Phantasien nur in dem Sinn, daß man aus wissenschaftlicher Sicht feststellt, dieser Mensch hat das so hier erlebt, und es *einseitig* auf *dieses* Leben bezieht und die andere Welt, von der her es ›einfällt‹, gar nicht berücksichtigt. Dann nämlich müßte man, was man in Träumen und Phantasien erlebt, von dort her und von hier her, also von zwei Seiten her auf dieses Leben beziehen. Die Einseitigkeit zeigt sich auch darin: Wenn man diese Welt der Träume nicht leben läßt, sondern alles nur für das Hiesige im Sinne des Nutzens oder des Unnützen deutet, kann sozusagen nur *eine* Seite der Deutung hervorkommen. Es fehlt ihr dann die andere Seite, und daran ›krankt‹, was man heute unter Traumdeutung versteht.

Der Traum ist es, der die eine Seite mit der anderen verbindet. Es gibt also einen Faden, aber nicht einen, der logisch-kausal weitergeführt werden kann, sondern einen, der durch einen Knoten hindurchgeht. Vor dem Knoten und nach dem Knoten ist es derselbe Faden; der Knoten aber will sagen, daß man nicht mit Verstand und Vernunft allein dorthin gelangen kann, etwas Anderes ist auch da. Wie man auch nicht mit seinem wachen Leben in den Schlaf hinübergehen kann, obwohl der Faden der gleiche ist. Mein Leben, mein Leib, mein Körper, meine Seele – alles ist mit dabei, und dennoch bin ich im Schlaf ein anderer. Der Knoten entstand, als ich in Schlaf versank, den ersten, dann in den weiteren, den träumenden, dann in den Tiefschlaf und zuletzt in die Vision, in der das Erlebnis des Jenseitigen stattfindet. Und in jeder Phase ist dieser Knoten da, der zeigt: Von hier aus ist das niemals verständlich.

Vom Traum der Vision her kann der Mensch das, was man heute eine Bilokation nennt, erleben, er kann da und dort zugleich sein. So etwas von hier aus zu behaupten, wäre reiner Wahnsinn. Aber irgendwie kann der Traum aus der Vision her doch Wirklichkeit sein, denn der Messias ist hier eine Wirklichkeit und nicht nur eine Phantasie, eine Art frommer Hoffnung; er erscheint doch tatsächlich hier.

Da kommen wir nun auf dieses Nicht-glauben-können von Sara und Abraham zurück, daß der Sohn tatsächlich hier konkret erscheinen wird. Gewiß, sie haben schon die Hoffnung, aber hier begnügen sie sich mit Jischmael, dem anderen Sohn. Wir können nicht glauben, daß ein Traum auch hier Wirklichkeit sein kann, suchen den Faden kontinuierlich zu verlängern und wissen nichts vom »kescher«, dem Knoten. Weil wir ihn nicht lösen können, schneiden wir ihn durch, wie es Alexander der Große mit dem gordischen Knoten tut.

Statt einer vernunftmäßigen Lösung braucht es hier aber vielleicht eine andere Qualität des Menschen, die diesseits *und* jenseits des Knotens besteht und der man in Begriffen wie Sehnsucht, Liebe, Hingabe, Verlangen näherkommen könnte. Das ist also gar nicht unvernünftig. Oft ersehnt man ganz unvernünftige Dinge, wo einem der klare Verstand sagt, laß das, das ist doch Unsinn! Und doch bestimmt dieses Sich-sehnen unser Leben viel mehr als die konkrete Realität, in der wir vor Langeweile untergehen. In der Wirklichkeit des Konkreten kann es nie stimmen, herrscht immer das Entweder-oder, gibt es immer Schwierigkeiten –: man kann so nicht leben, es ist eine Gefangenschaft, von der die Bibel als der ›Knechtschaft in Ägypten‹ erzählt.

Pflanzen zum Beispiel interessieren uns heute vor allem ihres Nutzens wegen; wir klassifizieren sie in Gattungen und Arten, ordnen sie bestimmten Entwicklungsstufen zu, häufen ein immenses Wissen an, über das man dann Prüfungen ablegen und Diplome erwerben kann. Aber Pflanzen sind *Leben,* Ausdruck von Leben auf dem Weg zum Menschen. Gott ging, kann man sagen, seinen Weg zum Menschen über die Welt, wie sie uns erscheint: erst das Anorganische, wie wir es heute nennen, Felsen, Minerale, dann das Organische, Pflanzenleben, und dann weiter das Tierleben – ein unendlich langer, kontinuierlich verlaufender Entwicklungsprozeß. Das ist vielleicht der Weg Gottes zum Menschen als eigentlichem Ziel dieses Weges; am Endpunkt steht der Mensch dann vor Gott.

Der Stein ganz am Anfang des Weges; dort ist Gott, kann man sagen, noch ganz bei sich zu Hause, ist das Göttliche noch so stark und gewaltig, daß das Diesseitige noch nichts ist, ›toter‹ Stein, wie wir sagen. Aber wir kennen den Stein als Grundstein der Welt, »ewen schetijah«, der Stein als Fundament, worauf alles steht; als Stein unter dem Haupt Jakobs, wo er von der Leiter träumt, die in den Himmel reicht; als Stein des Altars, auf dem die Wandlung geschieht; als Eckstein, den die Bauleute nicht annehmen wollen – das Göttliche, sehen wir, ist dort sehr stark anwesend. Deshalb ist das hebräische »zur«, Felsen, ein wichtiger Gottesname, der zeigt: So fängt der Weg an. Und der Weg geht weiter, sehnt sich, weiter zu kommen.

Die Pflanzen als Zeichen des Weges zeigen den Weg auch siebenfach, indem jede Art eine andere Weise des Weges manifestiert. Und in die Tierwelt hinübergehend, zeigt sich auch dort ein Weg, Gott näherzukommen. Deshalb heißt es, die Tiere sehnen sich, den Weg weiterzugehen, und deshalb, kann man sagen, ›schmeckt‹ es dem Menschen, bestimmte Tiere aufzunehmen, wie es auch, wird gesagt, die Tiere sehr gelüstet, aufgenommen zu werden. Das Tier sehnt sich wie der Mensch auf dem Weg zu Gott. Das ist der Sinn dessen, was in der Übersetzung ›Opfer‹ heißt; der hebräische Begriff spricht vom ›Näherbringen‹ des Tieres. Der Weg geht so, daß das Tier sich weiter und weiter sehnt.

Im Menschen sind es die Phasen der Sehnsucht in seinem Leben. Er kennt die Sehnsucht des Steins, er kennt die Sehnsucht der Pflanzen, er kennt die Sehnsucht der Tiere – und die Propheten sind es, die das ausdrücken. Die Propheten zeigen, daß diese Sehnsucht im Menschen lebt und wie sie sich manifestiert. Sie bringen vom Jenseits her die Mitteilung, die Erklärung, die Deutung, wie der Weg eigentlich ist, sie machen den

Weg klar, geben ihm einen Sinn. So lassen uns auch diese sieben Prophetinnen erleben, wie die Welt herüberkommt; schon bei der ersten Prophetin Sara sehen wir, daß es sich doch eigentlich um diesen Sohn handelt, der erwartet wird.

Sara erwartet den Sohn, sie glaubt gar nicht, reagiert mit: Lächerlich ist das, unsinnig, da muß man sich ja schämen! Und als Gott den Abraham fragt, warum Sara lacht, leugnet Sara: Ich habe nicht gelacht (1. Mose 18, 13–15). Es ist eine Art Entschuldigung beim Menschen. Man schämt sich, weil man gezweifelt hat, weil man das Andere, das hier ausgeschlossen schien, nicht hatte glauben können.

Und bei Miriam, der zweiten Propheten, an der linken Seite stehend, wie Sara an der rechten, sehen wir wiederum ein Suchen nach diesem Sohn. Dort ist es ihr Bruder Mose, den sie erwartet und in gewisser Weise vorhersagt. Denn Miriam, so erzählt die Überlieferung, war unzufrieden darüber, daß ihre Eltern aufhörten, wie Eheleute miteinander zu leben. Eine solche Trennung bedeutet, sie glaubten nicht, daß aus ihrer Einswerdung Jenseitiges hier erscheinen kann. Es geht hier nicht nur um eine sexuelle Einswerdung; in jeder Begegnung kommt das Diesseitige ins Jenseitige und das Jenseitige ins Diesseitige, ob es ein Gespräch, ein Händedruck, die Lektüre eines Buches, das Anschauen eines Bildes ist oder was immer. Jede Begegnung kann eben diese Frucht des Jenseitigen bringen.

Nach der Überlieferung sagen Amram und Jochewed, die Eltern der Miriam (4. Mose 26, 59): Es ist doch sinnlos, zusammenzusein und eine Frucht zu erwarten, denn Pharao läßt doch alles, was geboren wird und männlich ist, töten. Das bedeutet, er läßt nicht zu, daß das Jenseitige sein kann, das Unsichtbare, das Innere – im Hebräischen ist ›männlich‹ und ›Erinnerung‹ das gleiche Wort. Nur das Äußere soll sein, das Weibliche, das vom anderen getrennt ist. Es hat also keinen Sinn, es kommt keine Frucht hier, wir geben es auf, wir resignieren. Mit anderen Worten, wir glauben nicht mehr, daß unsere Wünsche, unsere Träume, unsere Phantasien über diesen ›Knoten‹, von dem wir gesprochen haben, Wirklichkeit werden können.

Als Miriams Eltern dies beschließen, ist Miriam nach der Überlieferung sechs Jahre alt. Wiederum sind hier nicht sechs Jahre diesseitig gemeint, sondern es bedeutet, die Sechs, die an der Grenze zum Siebten steht. Drama des sechsten Tages, des Freitags, wo der Mensch nicht glauben will, auf die Schlange hört, sich für das Diesseitige entscheidet. So kommt die Kreuzigung, so wird der Baum der Erkenntnis zum Thema. An diesem sechsten Tag, spürt man, ist eine Bewährung möglich, ein Wahr-machen. Werde ich *mich* wahr machen, bin ich nur zum Diesseitigen eingestellt. Werde ich das, was nicht stimmt, akzeptieren, werde ich dem, der ganz versagt, der nur Pech hat, Glauben schenken, sogar noch jenseits des Todes, jenseits des Endes, der Form, wo es nicht wahrzuhaben ist?

An diesem Freitag, an diesem Sechsten – Miriam ist dann sechs Jahre, wie man sagt – geschieht Merkwürdiges. Amram und Jochewed, diese Eltern auch in uns, sagen: Es ist nicht möglich, wir wollen kein Kind mehr erwarten, wir glauben nicht mehr, daß das Jenseitige tatsächlich hier erscheinen kann. Ist es nicht das gleiche, wie wenn Sara lacht, schon glauben will, aber eigentlich fast spöttisch ablehnend lacht? Nun ja, Gott ist schon groß und gewaltig, aber das ist nicht möglich, man meint es auch gar nicht so, das Kind, die Frucht, soll anderswo sein, aber nicht hier. – Man glaubt nicht, daß es diesseitig erfüllt werden kann, und mag das Diesseitige deshalb nicht so ernstnehmen.

So wird erzählt, daß Miriam dann zu ihren Eltern sagt: Warum seid ihr getrennt? Der Pharao vernichtet tatsächlich alles Männliche, das geboren wird, aber durch eure Trennung gebt ihr auch dem Weiblichen, dem Erscheinenden keine Chance. Ihr verhindert damit, daß das Erscheinende einmal als Fundament, als Anfang, als Kern, als Möglichkeit für das andere da ist. – Immer kommt doch das Männliche auf der Basis des Materiellen, das Kind kommt aus der Mutter hervor, nicht aus dem Vater. Und wir sehen auch, wie Miriam das Kind, das dann kommt, schützt. Das, sagt man, sei das Prophetische der Miriam. Sie glaubt daran, daß der Erlöser doch hier geboren wird, und ihre Eltern glauben dann auch.

Es bedeutet: Wenn wir nur *tun,* dann ist schon ein Glauben da, daß unser Tun diese Frucht bringt. Das ist das Geheimnis des Tuns. Tu nur, und sage nicht, es ist sinnlos, ich warte noch ab oder theoretisiere, ergehe mich lieber in philosophischen Betrachtungen. Schöne Philosophie ist wertlos, wenn sich das Leben hier nicht auch dem gemäß manifestiert, tätig ist. Dann nämlich kommen Amram und Jochewed tatsächlich zusammen und dieser Sohn wird geboren. Der Raum ist dann, wie es heißt, voller Licht, Licht aus einer anderen Welt, und der Vater sagt zu Miriam: Du bist gesegnet, meine Tochter, daß du das gesehen hast!

Dann aber kommt das Bittere. Der König will, daß alle männlichen Kinder ins Wasser geworfen werden, damit sie der Fluß der Zeit mitnimmt und sie so untergehen in der Zeit. Wie man dann sagt: Sie haben gelebt, sind dann gestorben und jetzt sind sie hier verschwunden. Wenn wir auf einem Grabstein 1733 als Todesjahr lesen, denken wir: Schon sehr, sehr lange tot; steht da 1924: Auch lange tot, aber nicht so lange; und 1967: Erst kürzlich gestorben, der Tod ist noch frisch. Jedenfalls ist es vorbei, es ist tot. Dieses In-den-Fluß-werfen bedeutet, man glaubt nicht, daß es hier sein kann. Und das Bittere ist, daß das Kind nun hinaus muß.

Geschichten der Überlieferung erzählen in Traumbildern, wie es dann zugeht. Die Ägypter nämlich, um herauszufinden, ob in einem Haus der Hebräer ein Neugeborenes ist, kommen mit ihren eigenen Kindern vor die Häuser der Hebräer. Wenn die ägyptischen Kinder dann weinen oder schreien, reagieren die Kinder drinnen, fangen auch zu weinen an und verraten sich dadurch. Es bedeutet, daß sich das jenseitige Kind im Menschen – »iwri«, Hebräer, ist doch eigentlich ›der Jenseitige‹ – dadurch verrät, daß es Laute von sich gibt. Sobald aber das Schweigen gebrochen wird, ist das Geheimnis des Verborgenen, das Im-Heim-, Im-Hausesein verraten; man kann es dann einfangen und in die Zeit legen. – Rede nicht vom Geheimnis, heißt es deshalb, es sei verschwiegen bei dir. Lasse nicht zu, daß das eine das andere hervorlockt. Irgendwann wird das Kind anfangen, Laute von sich zu geben, verläßt das Haus und geht, in den Fluß geworfen, den Weg.

Als Mose in den Fluß ausgesetzt wird, ›stellte sich (Miriam) von fern, um zu erfahren, was ihm geschähe‹

(2. Mose 2,4). Gott schickt dann, wie die Überlieferung erzählt, einen sehr heißen Tag, so daß alle, um Kühlung zu finden, zum Fluß hinabsteigen; sie suchen Kühle im Fluß der Zeit. Das Heiß-sein deutet auf ein entscheidendes Geschehen hin. Hitze herrscht im Zeichen des Löwen, im fünften Monat der jüdischen Zählung – im allgemeinen Kalender der August –, wo der Mensch versagt und es zu einer Katastrophe kommt: Der Tempel verbrennt, das Feuer, die Hitze, läßt die Wohnung Gottes verschwinden. Zu gleicher Zeit aber, heißt es, wird der Messias geboren. Wie Mose, in der »tewa« ausgesetzt in der Zeit, dort in der Hitze gefunden wird. Auch Mose wird in einen ›Kasten‹, wie nach der Überlieferung Sara, eingeschlossen, und wir wissen schon, daß dieser hebräische Begriff eigentlich ›Wort‹ bedeutet.

Auch die Tochter des Pharao, die nach der Überlieferung Batjah, ›Tochter des Herrn‹, heißt, steigt mit ihrem Gefolge zum Fluß hinab. Da findet sie im Schilf – das Wort für Schilf bedeutet auch ›Ende (der Zeit)‹, ›Grenze‹ – dieses Kind, das sie als Hebräer-Kind erkennt, und nimmt es zu sich. Als sie es von einer ägyptischen Amme nähren lassen will, ›versteinern‹ deren sonst von Milch überquellenden Brüste. Keine Ägypterin ist imstande, diesem Kind Nahrung zu geben. Miriam erfährt davon und bietet der Tochter des Pharao an, das Kind einer hebräischen Amme zu geben. Und als das Kind, wird erzählt, seiner Mutter Jochewed, ›die Ehre dem Herrn‹, näherkommt, beginnt die Milch in ihren Brüsten zu strömen.

Mose wächst dann im Palast des Pharao, in der Welt Ägyptens auf. Man sagt auch, die Hebräer hätten ihn niemals anerkannt, wenn er nicht imstande gewesen wäre, sich in der Sprache der Ägypter auszudrücken. Es bedeutet, ein Prophet muß sich im Diesseitigen, in der Art des Diesseitigen ausdrücken, die Sprache der Welt sprechen können.

Wasser auf dem Weg. Tun, um zu vernehmen. Wie das bittere Wasser süß wird. Der Brunnen der Miriam. Mose auf dem Weg, Josua im Land. Die Welt der Richter

Wir sprachen von Miriam, der Zweiten in der Struktur der Prophetinnen, die wir als Siebenheit kennen – eine Treue, daß es durch alle sieben hindurch bestehen bleibt. Wie der Weg auch durch die sieben Himmel führt und durch sieben Paläste in jedem Himmel. Das ist auch eine Treue, der Weg ist sozusagen garantiert, er gehört zur Struktur der Welt.

Miriam oder Maria – man soll hier nicht trennen, es ist derselbe Name, nur unterschiedlich ausgedrückt – hat mit dem ›Bitteren‹ zu tun. »Mar«, bitter, ist mit »jam«, Meer, Wasser – »majim«, auch ›Wasser‹ – zusammengefügt. Es will sagen, daß die Zeit, der Fluß der Zeit für den Menschen eigentlich das Bittere bedeutet. Im Zweiten Buch Mose wird doch vom Durchzug Israels durch das Meer erzählt: Israel durchbricht die Zeit, die sonst fließt und wie ein Meer dann unüberschreitbar ist. Dieses Meer, in dem man zu ertrinken glaubt, spaltet sich plötzlich, und es zeigt sich ein trockener Weg. Der Zug durch das Meer findet am siebten Tag statt; am siebten Tag von Pesach, dem jüdischen Ostern, geschieht das große Wunder: das Durchbrechen der Zeit. Jenseits dann, wenn das ›Lied von Mose‹ gesungen ist, ziehen sie durch die Wüste auf der Suche nach Wasser, finden einen Ort, wo Wasser ist und wollen trinken. Wenn der Mensch Durst hat, will das sagen, daß er der Zeit begegnen möchte, und ›Wasser trinken‹ bedeutet eine Begegnung mit der Zeit. Der Mensch möchte die Zeit kennenlernen, möchte wissen, woher es kommt und wohin es geht, er möchte den Moment genießen. Er braucht auch den Zeitmoment, will jedenfalls etwas Wasser haben, den Moment hier erleben. Wasser ist also immer ein Attribut, das den Menschen begleitet. Auf dem Weg des Menschen durch die Wüste geht, wie erzählt wird, immer ein Brunnen mit: der Brunnen der Miriam. Und von ihm erhält man immer die Begegnung mit dem Jetzt der Zeit.

Aber das Wasser, das man an diesem Ort dort antrifft, ist bitter, das heißt, so, wie es eigentlich bisher immer war. Denn die Erfahrung der Zeit bringt dem Menschen eigentlich immer das Leid. Immer muß er doch auf etwas warten: auf das Erwachsenwerden, auf das Diplom, auf die Familiengründung, auf den Aufstieg in der Karriereleiter – warten, bis es eintritt. Das ist das Bittere. Oder die Rückschau: Schade, daß es vorbei ist, er war so schön, dieser Tag, so sonnig die Ferien, aber jetzt herrscht schon wieder der Stress des Alltags – schade, daß es vorbei ist. Das ist das Bittere, das der Fluß der Zeit mit sich bringt, und alles, was in die Zeit hineinkommt, kennt das.

Nun dauert der Weg nach dem Auszug aus Ägypten sechs Tage, bis man am Meer ist, und am siebten Tag zieht man durch das Meer. Dann kommt wiederum ein

Weg von sieben mal sieben Tage ab dem Auszug bis zur Offenbarung des Wortes am Sinai. Das Wort öffnet sich, zeigt das Geheimnis, zeigt Gott. Gott erscheint am Sinai, manifestiert sich im Wort. Es offenbart sich die Struktur, es offenbart sich eine Zuversicht, ein Vertrauen. Es offenbart sich die Einsicht des Menschen: Wenn ich tue, dann werde ich vernehmen, »na-asseh we nischma« (2. Mose 24, 7). Es geht hier nicht um ein sozusagen philosophisches Vernehmen; umschreibend könnte man übersetzen: Wir wollen tun und mit dem Tun vernehmen. Ein Vernehmen ohne Tun endet in Sackgassen, im Götzentum, in Langeweile, in Irsinn. Das Tun ist die einzige Möglichkeit, um zu vernehmen; mit dem Tun vernimmt man. Was hier mitgeteilt wird, zielt auch auf das Wesen von Prophetie: Das Tun ist das Prophetische. Dann wirst du schon vernehmen. Sei nicht zu gescheit – durch das Tun wirst du gescheit werden, eine ganz andere Einsicht bekommen. Sei also immer wach und bereit zum Tun, das sei dir ein wichtiges Anliegen.

Am Anfang des Weges durch die Wüste, dem Weg mit zweiundvierzig Stationen – jedes Mal die Begegnung mit einem neuen Namen –, will man trinken, und das Wasser ist bitter. Sogar jetzt, nachdem die Zeit durchbrochen ist, ist das Wasser bitter, und man fängt an zu murren, aufsässig zu sein. Der Mensch sagt sich: Wiederum nichts! Ich hatte gedacht, mein Leben ist nun anders, stattdessen wiederum bittere Zeit! Wozu muß das so sein, daß Zeit und Raum so vieles verbergen? Einer, den ich gern habe, ist weit weg, ich möchte ihn aber nah bei mir haben. Das Aufsässige drückt sich in einer inneren Unzufriedenheit aus, wie es in der

Überlieferung immer dargestellt wird. Kein Toben oder Schreien, sondern ein inneres Unbefriedigtsein im Sinne von: Wieder nichts, ich geb's auf! So wird man auch aufsässig, wenn man hört, was die Kundschafter nach ihrer Rückkehr vom Land berichten (4. Mose 13 und 14). Es geht doch nicht, denkt man, es ist so anders, wozu das alles hier?

Gott zeigt dann dem Mose einen Baum, den wirft er ins Wasser. Man übersetzt: ›ein Holz‹, weil es unvorstellbar ist, daß er einen Baum entwurzelt, hochhebt und ins Wasser schleudert. Aber im Traum, in der Vision, in der Phantasie ist das so, es geschieht so in der gegenüberstehenden Wirklichkeit, mit der ich mich doch gern verehelichen möchte. Komme nur, sage ich, ich komme dir entgegen, denn ich möchte, daß alles, was ich mir träume und vorstelle, auch wahr werden kann, daß eine Frucht aus meiner Diesseitigkeit und deiner Jenseitigkeit kommt, wenn ich in meiner weiblichen Seite hier dir in deiner männlichen Seite begegne. Du kommst mir entgegen, sehe ich, du rufst mich. Du freust dich, daß ich komme, und ich freue mich, daß ich zu dir kommen kann.

Traumbild Baum also. Und welcher Baum? Der Baum des Lebens, »ez ha-chajim«, wie die Überlieferung erzählt. Wenn du diesen in die Zeit bringst, dann ist das Wasser süß und dann schmeckt es dir. Die Zeit fängt an, dich zu beglücken. Der Baum des Lebens heißt auch ›der Baum, der Frucht ist und Frucht macht‹ (1. Mose 1, 11), ist also der Baum, der das Ziel schon in sich hat *und* den Weg zum Ziel. Kein Zwang, wenn du im Leben den Weg gehst, du kannst auf dem Weg immer große Freude erleben, denn du spürst, das Ziel ist doch schon da. In *dir* ist es da, du erkennst große Bereiche der Freiheit in dir, wo du dir dein Leben bildest, wo durch deine Träume und Wünsche dein Leben anders wird: es erleichtert sich. Es gibt dann nicht mehr diese Distanz, wo du denkst: Nie werden meine Träume und Wünsche wahr, sie sind zu schön, um wahr zu sein, es sind schöne Märchen, ich träume das nur.

Sich immer wieder vorzustellen: Es geht mir gut, ich bin gesund!, ist eine suggestive Angelegenheit, zeigt aber auch ein Spüren: Es kommt doch von *dir* her. Wenn du an etwas wirklich *glaubst,* ist es da. Es ist der bekannte Placebo-Effekt: Man gibt dem Kranken Mittel, die keinerlei Wirkstoffe enthalten, was der Patient aber nicht weiß, und beobachtet, daß sie tatsächlich manchmal in dem Maße zur Heilung führen können, wie der Patient an die heilende Wirkung der Mittel *glaubt.* Wir haben durch die Wissenschaften den Glauben an unsere eigene andere Seite verloren. Deshalb ist die Ehe in uns selbst gestört. Und vielleicht sind Ehen und Beziehungen überhaupt gestört, weil der Glaube an den anderen fehlt. Unsicherheit und Betrug stellen sich ein im Drama der Zeit, die bitter ist.

Der Baum des Lebens bringt die Wandlung. Miriam wird mit diesem neuen Brunnen verbunden, das süße Wasser geht jetzt als Brunnen der Miriam auf der Wanderung durch die Wüste mit. Sie selbst ist, kann man sagen, der Brunnen, aus dem ein Zeiterlebnis hervorsprudelt, das glücklich macht. Und wenn Miriam hier verschwindet, gerät der Mensch in schreckliche Panik, denn der Brunnen versiegt, ›es war kein Wasser da für die Gemeinde‹ (4. Mose 20, 2). Große Depression, neuer Aufstand, erneutes Zusammenbrechen: Jetzt ist es aus! Wer gibt uns nun Zeit, die so schön ist, wie sie war? Wären wir doch geblieben, wo wir waren, jetzt gibt es überhaupt keine Begegnung mit der Zeit mehr, wir sind ganz verlassen!

Und nun sagt Gott zu Mose: *Rede* zu dem Felsen, dann wird Wasser hervorkommen (4. Mose 20, 8). Am Anfang des Weges, als das Volk nach Wasser schrie, gebot Gott dem Mose, auf den Felsen zu *schlagen,* um Wasser hervorzubringen (2. Mose 17, 6). Zwei Begegnungen mit Gott in seinem Namen ›Fels‹ – »zur« und »sela« –, eine am Anfang und eine am Ende des Weges. Am Anfang das ›Schlagen‹, das Berühren, der materielle Kontakt; es bedeutet, er tut etwas handgreiflich und dadurch entsteht Zeit, erlebt er Zeit. Jede Begegnung kommt mir, indem ich tatsächlich, ›in der Tat‹ begegne. Aber am Ende des Weges heißt es: Rede, spreche! Dein Wort wird die Kraft haben, Zeit, süße Zeit hervorzubringen, das Wort genügt, daß es kommt.

Und, merkwürdig, wir glauben es nicht. Mose, heißt es, glaubt; aber um der anderen willen, die nicht glauben können, daß das möglich ist, *tut* er etwas, um zu zeigen, daß nicht nur das Wort da ist. – Was sich hier ausdrückt, ist, daß wir das Wort eigentlich nicht mehr ernst nehmen oder überhaupt nie ernst nahmen, daß wir dem Wort nicht den Glauben schenken, daß es geschehen kann. Mose bleibt deshalb diesseits des Jordans. Hinüber ins Land kann nur kommen, wer tatsächlich glaubt, daß das Wort imstande ist, etwas zu bringen. Gott spricht und die Welt ist da, heißt es in der Überlieferung zur Schöpfungsgeschichte, Gott *tut* nichts; sein Wort bildet die ganze Welt mit allen Zeiten, allem Geschehen. Es ist das Wort, das bei Gott ist, göttlich ist.

Obwohl wir schon wollen, schon möchten – wir *können* diesem Wort dieses Vertrauen nicht schenken. Wenn wir es schenken müßten, wäre es ein Zwang und schon falsch. Und dem Wort glauben, weil man gesehen hat, daß es funktioniert, ist kein Glaube, sondern eine Art Geschäft.

Niemals hast du gesehen, daß es geholfen hat, und dennoch könnte es sein, daß du es glaubst. Ich wünsche Ihnen gute Besserung!, sagen wir. – Sehr nett von ihm, mir das zu wünschen, aber lieber wäre mir, er gäbe mir ein gutes Medikament oder eine Spritze, die hilft, oder Akupunktur. – Man möchte einen Weg haben, auf dem man die Gesundheit erlangen kann, statt dem Wort glauben zu müssen. Können wir selber an das Wort, das wir aussprechen, auch glauben? Eigentlich nicht. Hie und da staunen wir vielleicht darüber, daß aus dem Wort doch was wird, denken aber gleich, daß wir uns das wohl nur einbilden – aber daß das Wort es tat!? Nein.

Wir sollten versuchen, dieses Geschehen hier bei Mose klar zu verstehen. Es ist nicht so, daß er hier plötzlich versagte oder ungehorsam wäre. Am Ende des Weges zeigt sich: Der, der durch Miriam auf den Weg gebracht wird, ist einer, der auf dem Weg *bleibt,* der den Weg sozusagen schützt, der den Weg immer ermöglicht; er steht für die sieben Tage, prägt sie und beherrscht sie. Miriam, die den Brunnen mit dem süßen Wasser gab, ist gestorben, aus der Zeit hier verschwunden. Aber wo ist sie mit ihrem Brunnen? Wir werden davon noch zu sprechen haben.

Jetzt tritt das Geschehen in eine neue Phase ein. Der Sohn, der nun kommt, ist in der Welt jenseits da. Er ist schon diesseitig, erscheint aber jenseitig. Es ist der Josua, hebräisch Jehoschua, ›der Herr hilft‹. Er ist schon in Ägypten da, geht den Weg mit, steht aber eigentlich noch unter der Herrschaft des Mose, des Wortes, des Weges, bis er dann jenseitig erscheint. An der Grenze, wo Mose aufhört zu sein, noch an der Wüstenseite bekommt Jehoschua seine große Kraft. Es fällt auf, daß dem Josua immer wieder gewünscht wird: »chasak we emaz« – ein schwer zu übersetzender hebräischer Ausdruck, der als ›Sei stark und kräftig!‹ wiedergegeben werden kann (z.B. 5. Mose 31, 23; Josua 1, 6 –7). Was für eine Kraft und Stärke ist hier gemeint? Auf dem Weg drückt es sich vielleicht auch so aus, daß Josua ein kräftiger und starker Mensch ist. Aber seine Kraft ist keine materielle, ist eine andere, ist die Kraft des Jenseitigen. Josua bringt den Menschen über eine zweite Grenze ins Gelobte Land.

Dort, im Land, begegnen wir dann Debora, der dritten Prophetin. Den dritten Platz in der Struktur der Siebenheit bildet die nach unten gerichtete Spitze des Dreiecks, die ›Frucht‹ aus den beiden Basispunkten rechts und links oben; als Dritte in der Mitte also Debora, von der im Buch Richter erzählt wird. Was sind das für ›Richter‹? Die Ruth-Geschichte spielt ›in den Tagen, als die Richter richteten‹, heißt es im ersten Vers; die Überlieferung aber sagt: ›als die Richter gerichtet wurden‹, denn das ist die Bedeutung vom Jenseitigen her. Mit dem Richten ist es hier schwierig; es scheint nicht möglich, daß ein Richter hier Gerechtigkeit herstellen kann, eine Gleichung sozusagen, die beiden Seiten gerecht wird. Deshalb lesen wir im Buche Richter immer wieder vom Versagen Israels. Kaum ist es einem

Richter gelungen, Israel aus der Knechtschaft seiner Unterdrücker zu befreien, fallen sie wieder zurück in Götzendienst und Sünde. Hartnäckiges Volk, denkt man, aber könnte auch sagen: Gut, daß der Mensch sich nicht damit zufriedengibt, daß es stimmt. Denn der Richter ist immer darauf bedacht, daß es stimmt, daß es wieder richtig wird. Es ist falsch, sagt der Richter, wenn ihr unterdrückt werdet, denn ihr seid doch jenseitig, *euch* gehört das Land, ich werde es jetzt euch zeigen. Und jedes Mal geht es wieder unter; was bei den Richtern geschieht, ist immer *nicht* gut. Sogar Simson, der Erlöser im Bild der Richter, der alles befreit, bricht zusammen. Er richtet es, aber die Welt, die er aufrichtet, hat keinen Bestand. Dennoch ist es eine sehr wichtige Welt.

Wenn wir die Prophetin Debora verstehen wollen, müßten wir uns auch etwas in ihrer Umgebung umsehen und dieses Richter-Buch etwas kennenlernen. Sara und Miriam sind aus anderen Zusammenhängen her schon etwas bekannter, aber Debora und die weiteren Prophetinnen kennt man weniger: die Vierte, Channa, aus dem Ersten Buch Samuel, die Fünfte, Abigail, aus dem Zweiten Buch Samuel, die Sechste, Chulda, aus dem Buch Könige, und die Siebte, Esther, aus der Rolle Esther, die im hebräischen Komplex der Bibel zu den ›Schriften‹ gehört, wo sich das Geschehen nicht mit der Intensität darstellen kann wie in den anderen Büchern.

Jetzt möchte ich, um der Debora näherzukommen, etwas auf die Umgebung eingehen, etwas aus der Welt, in der sie lebt, erzählen. Josuas Ende ist doch, könnte man sagen, etwas unbefriedigend. Das Volk Israel zieht ins Gelobte Land ein, besiegt die einunddreißig Könige

– rechnet man Sichon und Og dazu, sind es dreiunddreißig –, dann sollte doch Ruhe und alles in Ordnung sein. Eigentlich würde man hier ein schönes Ende erwarten. Es geht aber weiter. Und wir könnten uns auch selber fragen, warum wir wiederum in einer anderen Zeit leben und all das gar nicht mehr sehen. Was ist mit *unserem* Leben? Sind wir selber nicht all das? Ist es nicht in uns da? Und weil es *in uns* ist, können wir es auch außerhalb von uns verstehen, können wir dem Verborgenen gegenüberstehen und das Verborgene erkennt uns, wie wir das Verborgene erkennen. Du bist doch, sagen wir dann, in meinem Bild, in meinem Gleichnis, ich gleiche dir, denn das ist die Bedeutung meines Namens Adam.

Wir spüren also hier die Frage, die uns jeden Tag wieder belästigt und bedrückt; wenn schon einmal ein schöner Tag ist – die Welt geht weiter und es wird wieder weniger schön, ein ständiges Auf und Ab. Was bedeutet das fortwährende Weitergehen? Und was sind die Prophetinnen auf diesem Weg, welche Rolle spielt dieses Weibliche? Was ist dieses Weibliche in uns, das ständig neu erscheinen muß, bis am Ende das erscheint, von dem wir sagen, daß es von Anfang an war?

Josua ist da, und das Land wird erobert. Die Kanaaniter, die sieben Völker von Kanaan, die mit der Schlange das Paradies, den Himmel besetzt haben, müssen, wie es heißt, vertilgt werden. Das sind die Völker, die Unzuverlässigkeit zeigen. Die Treue Gottes wird an der anderen Seite mit einer Art selbstverständlichen Untreue beantwortet. Die Schlange verspricht dir Erlösung durch die Frucht vom Baum des Wissens, wenn du deinen Verstand, deine Vernunft gebrauchst. Es trifft aber nicht ein, was sie verspricht; man könnte es ein Anti-Versprechen nennen, wie man auch vom Antichrist spricht. Merkwürdige Art von Untreue, die eine Welt hervorbringt, die sich selber untreu ist: Eine Theorie löst die andere ab, immer neue Schulen etablieren sich und werden von anderen abgelöst, auf allen Gebieten der Wissenschaft sind bahnbrechende Einsichten bald überholt. Und wenn wir an uns selber denken: Kein Gefühl der Beständigkeit, kein Gefühl der Ewigkeit. Immer wird alles, wissen wir, wieder anders werden. Eine Zeit kommt, da sieht es wieder ganz anders aus, *so* wird es nicht bleiben.

Deshalb wird gesagt: Habe mit dem Kanaaniter kein Mitleid! Ein Mitleid, das du vielleicht mit dem Erscheinenden hättest, während du siehst, das Erscheinende ist dir untreu. Wo ist deine Jugend geblieben, die Unschuld deiner jugendlichen Sehnsucht? Jetzt, wo du ›erfahren‹ bist, denkst du: Wie dumm war ich damals, was habe ich nicht alles geglaubt! Aber zum Glück bin ich gescheiter geworden. – Ist nicht Untreue geradezu ein Merkmal des Diesseitigen, des Zeitlichen und des Räumlichen? Die Zeit läßt alles vorübergehen und der Raum entfernt, was du gern nah hättest, es vergeht, es verwest – irgend ein ›Wesen‹ doch, ein Sein. Was geschieht mit dem Ganzen?

Das Diesseitige entspricht dem Kanaaniter, der dem Gesetz verpflichtet ist. Der Name Kanaaniter bedeutet doch auch ›Kaufmann‹, und der Kaufmann lebt vom Gesetz, der Gleichung: die Ware auf der einen Seite und der Preis, der Wert auf der anderen Seite müssen gleichsein, übereinstimmen. Auch vom Richter erwartet man die ›Gleichung‹, daß es für beide Seiten, die Recht suchen, stimmt. Der Richter sucht es irdisch recht zu machen, kann dir nicht ein Jenseits versprechen. Selbst Gott kann es dir nicht versprechen: du mußt ihm *glauben* – gar keine so einfache Sache.

Wenn nun mitgeteilt wird, diese Völker, die das Land besetzen, sollst du ausrotten, dann will es sagen: Bei *dir* selbst sollst du dieses Bedürfnis, daß es hier stimmt, ausrotten. Solange du nicht imstande bist, ohne Zwang zu leben, wirst du das Land nicht besitzen können. Zwang kommt vom Gesetz, vom Richter her. Der »schofet«, der Richter, braucht den »schoteer«, den Polizisten, den Zwang, durchzusetzen, was das Recht verlangt. Der Richter ohne Polizisten hätte keinen Sinn. Es bedeutet: Wenn du die Gleichung suchst, brauchst du den Polizisten bei dir. Wenn in jüdischen Angelegenheiten sogenannte Ultraorthodoxe andere zwingen wollen, den Sabbath zu halten, sagt man: Bist du Gottes Polizei? Der Himmel braucht keinen Zwang, man täte sonst vielleicht aus Angst, was der Himmel will, und das wäre unehrlich.

Der Richter ist also mit dem Zwang verbunden, wie auch der Kaufmann, bei dem der Zwang der Buchhaltung herrscht. Da kann es leicht zu Schwierigkeiten kommen: Schulden häufen sich, Rechnungen stimmen nicht, es ist unangenehm, und man selber wird auch unangenehm, will vor den Richter, braucht Rechtsanwälte, alles unangenehm. Deshalb ist diese Mitteilung so wichtig: Du kannst im Jenseitigen nur leben, wenn du diese Siebenheit der Kanaaniter *bei dir* unbarmherzig ausrottest. Ganz bestimmt nicht ist damit gemeint, irgendwelche Völker auszurotten, Menschen Böses anzutun, denn *jeder* Mensch ist genauso im Bild Gottes wie du.

Nun gibt es bei Josua bei der Einnahme des Landes eine Art merkwürdiges ›Versagen‹ hinsichtlich der Vernichtung dieser Völker, das aber im Zusammenhang damit zu sehen ist, daß Gott selbst sagt: Ich werde nicht zulassen, daß diese Völker auf *einmal* vernichtet werden, weil sonst das Land von wilden Tieren besetzt würde (5. Mose 7, 22). Mit dem ›wilden Tier‹, »chaja«, ist die Schlange gemeint, die dich beißen wird. Gott sagt also, daß die Völker nur *nach und nach* ausgerottet werden können, daß eine Kontinuität des Verschwindens der Völker entsteht. Josua geht also mit einer gewissen Belastung, kann man sagen, ins jenseitige Land, denn er weiß, daß er den Kanaaniter gänzlich vernichten soll – und dennoch wird der Kanaaniter bleiben. Und weil er bleibt, kommt das Buch Richter. Josua, sehen wir, hat ein merkwürdig unverstandenes Ende.

Drittes Kapitel

Josuas ›Versagen‹ und das Geschenk des Weges. Im Gespräch mit Gott. Israels Knechtung durch Götzenkraft. Eine Frau regiert

Mit Josuas Eroberung des Landes ist, wie wir sehen, die Geschichte nicht zu ihrem Abschluß gekommen. Warum, fragen wir uns, wird immer wieder etwas verheißen, das in seinen ersten Ansätzen vielversprechend und sehr schön aussieht, aber irgendwie geht es dann doch nicht, stimmt doch nicht? Man lernt sich besser kennen, könnte man sagen, und es kommen Enttäuschungen an beiden Seiten, das ersehnte Glück in Ruhe und Frieden tritt nicht ein. Bei Salomo, dem Sohn Davids, ist der Tempel errichtet, nun könnte es doch eintreten; aber das Reich geht zu Grunde, weil sich der König, wie es heißt, eine ägyptische Frau nimmt und Pferde aus Ägypten hält. Warum kann es nicht bestehen bleiben? Warum erscheint immer wieder etwas, das wie Erlösung aussieht, sich aber nicht halten kann? Wie man doch auch im Leben freudige Momente hat und glaubt, jetzt zu sterben wäre schön – wenn wir weiterleben, geht es dann doch wieder schief. Immer wieder erscheint Erlösung auf Erden und es herrscht große Freude, dann folgen wiederum Angriff und große Enttäuschung. Von woher kommt das und was bedeutet es?

Man sagt doch, daß Josua bei der Eroberung des Landes einunddreißig Könige besiegt habe. Aber, heißt es in der Überlieferung, was ist mit den *anderen* einunddreißig? Fehlte ihm die Kraft, die anderen einunddreißig Könige zu schlagen? Merkwürdig, wiederum eine

Hälfte. Oder handelt es sich hier um etwas ganz anderes? Schon ganz im Anfang sehen wir: Gott macht die Welt und den Garten Eden, alles stimmt, und dann kommt die Schlange. Hätte Gott nicht die Schlange etwas schwächer machen, mit weniger Überzeugungskraft, weniger Verführungsmöglichkeit ausstatten können? Oder den Menschen erfahrener und stärker in seiner Treue und Hingabe erschaffen können? Warum muß es fast zwangsläufig zusammenbrechen?

Hier erkennen wir ein Problem, das uns alle fortwährend angeht. Und wir sollten die Lösung weder in einen Idealzustand verlagern noch den Grund für alles in unserer Schuld sehen: *Wir* haben es falsch gemacht, *wir* waren zu schwach. So generell kann man das, glaube ich, nicht sagen. Nach der Überlieferung gibt es biblische Persönlichkeiten – sie werden immer zu Vieren oder zu Sieben genannt, was schon bedeutet, daß es sie *immer* und *überall* gibt –, von denen man sagt, daß sie keine Sünde kannten. Jischai (Jesse) zum Beispiel, der Vater von David, gilt als sündelos, als vollkommen in Ordnung. Selbst bei Mose, der mit Gott in engster Verbindung steht, so nah, wie man sich das gar nicht vorstellen kann, sieht es so aus, als ob auch er versagt. Aber kann man das überhaupt ein Versagen nennen? Ist hier nicht eine göttliche Absicht, eine göttliche Bestimmung im Spiel?

Als es um die Eroberung und Einnahme des Gelobten Landes geht, heißt es: ›Der Herr dein Gott zieht vor dir her, er wird diese Völker vor dir austilgen‹, und unmittelbar danach, im gleichen Vers, steht: ›Josua zieht vor dir her‹ (5. Mose 31, 3). Dann aber sagt doch Gott auch, daß er nicht zulassen wird, daß der Kanaaniter *auf einmal* vertilgt wird, weil dann die ›wilden Tiere‹ überhand nähmen und das Land unbewohnbar machten (5. Mose 7, 22). Einerseits also ist es Gottes Wille, daß der Kanaaniter immer auch im Land bleibt, andererseits wird Israel ausdrücklich davor gewarnt, den Kanaaniter leben zu lassen, denn, sagt Gott, er wird euch verführen, eure Söhne werden die Töchter der Kanaaniter nehmen und die Söhne der Kanaaniter eure Töchter, und ihr werdet den Göttern der Kanaaniter folgen. Wie soll Josua also das erfüllen, was ihm und Israel so nachdrücklich immer wieder eingeschärft wird? Und irgendwie scheint Josua am Ende seiner Tage, die mit hundertundzehn biblischen Jahren angegeben werden, sozusagen vergessen zu sein. Es wird noch mitgeteilt, daß man ihn seiner Herkunft entsprechend im Gebiet von Ephraim begräbt, aber dann scheint er vergessen, vielleicht gerade deshalb, weil der Kanaaniter doch immer noch im Land ist: diese Neigung, es soll stimmen, diese Neigung zur Gleichung. Dann kommt doch die Zeit der Richter, die Zeit, wo, wie es die Überlieferung ausdrückt, ›die Richter gerichtet werden‹.

Wie können wir das verstehen? Ich will versuchen, eine erste Antwort zu geben. Es wird hier, glaube ich, dem Menschen etwas geschenkt. Schönes Geschenk!, werden Sie sagen – aber dennoch: geschenkt wird *der Weg*. Denn wenn der Kanaaniter gleich vertilgt wird, gibt es keinen Weg. Wenn die Philister gleich nach dem Auszug aus Ägypten auf dem kurzen Weg vertilgt worden wären, hätte es all die Tragödien auf der langen Wüstenwanderung nicht gegeben: das Goldene Kalb, die Katastrophe mit den Kundschaftern. Ich führe sie nicht den kurzen Weg, sagt Gott, sie könnten den Krieg sehen und zurückkehren. Und wenn Gott sie den langen Weg führt, weiß er schon, kann man sagen, was geschehen wird.

Hier handelt es sich um etwas Merkwürdiges in uns selber. Wollen wir nicht selber eigentlich immer einen langen Weg? Ist da nicht etwas Wahres dran, daß wir es doch selbst tun und sogar selber tun müssen? Gibt es in unserem Leben etwas anderes als diese Aufgabe, es selber zu tun? Wenn nicht du, wer denn?, heißt es, und: Wenn nicht jetzt, wann dann? Immer ergeht die Aufforderung an dich: Tue doch, worauf wartest du? Und dann auch die Frage: Wenn Gott allmächtig ist, warum läßt er all diese Greueltaten zu? Warum läßt er Grausames geschehen? Da kann man fragen: Ist Gottes Allmacht nicht mit deinem Tun hier verbunden? Bist du im Bild Gottes, als Kind Gottes nicht mit großer Verantwortung ausgestattet? Wartet man nicht auf dich? – Wozu braucht Gott den Menschen? Er kann doch tun, was er will, kann andere Menschen erschaffen, mit denen es dann so geht, wie *er* will. Wieso bettelt Gott sozusagen um die Liebe des Menschen: Warum erkennt ihr mich nicht? Seht doch, was ich euch schenke, was ich für euch tue! – Ganz schön, denkt man dann, aber *anders* müßte es sein.

Findet hier nicht eigentlich ein Gespräch im Menschen selber statt, wo er mit seiner verborgenen Seite spricht, mit dem Unbekannten in sich selber? Ist das nicht identisch mit dem Gespräch mit Gott? Es ist leicht, Gott vom Leben auszuschließen, ihn zu einem theologischen Postulat zu machen. Transzendent, immanent – schöne Worte, jedenfalls ist man ihn dann los. Wir sind Menschen und können Gott oder die Auffassungen der Menschheit von Gott untersuchen. Damit sind wir Gott los; er ist nicht mehr in uns. Wo finden wir Gott? Sucht ihn nicht weit weg, sucht ihn nicht jenseits von Raum und Zeit – in euch ist er da, in eurem Herzen, in eurem Mund (vgl. 5. Mose 30, 14). Der Konflikt im Menschen – ist er nicht gerade ein Konflikt mit Gott? Findet das Gespräch Gottes mit der Welt und der Welt mit Gott nicht eigentlich im Menschen statt? Und wenn man es veräußert, nur auf die äußere Seite verlagert und dort Recht zu sprechen, ein Gleichgewicht, eine Gleichung, die stimmt, zu finden versucht – ist das nicht mit dem Nichtzulassen von Gott identisch?

Gott ist es doch, der irgendwie das Land Kanaan erobern muß. Die Bibel wird das ›Buch der Kriege Gottes‹ genannt, also Gott kriegt mit den Göttern, kämpft gegen viele (4. Mose 21, 14). Aber, kann man sagen, er könnte doch in einem Atemzug schon alles so machen, wie es zu sein hat. Muß er da noch kämpfen und verhandeln, mit Pharao, mit Nebukadnezar? Geht es hier um etwas, das wir einfach nicht sehen *wollen?* Ist hier im Menschen vielleicht eine Anwesenheit, die wir abgetötet haben oder immer wieder auf diese oder jene Art abtöten möchten? Ist da nicht ein Mißverständnis im Menschen, und könnten uns nicht gerade diese Geschichten von den Prophetinnen helfen, Klarheit zu gewinnen, wer wir sind? Denn die Prophetinnen – das ist doch eigentlich unser Leib, unser Leben, unsere Art, uns zu verhalten.

Alle Prophetinnen stehen in Beziehung zu Männern: Sara zu Abraham, Miriam zu Mose, Debora zu Lapidoth, Channa zu Elkana, Abigail zu Nabal, dann zu David, Chulda zu Schallum und Esther zu Mordechai und

Achaschwerosch. Nie steht eine Prophetin allein wie ein Frau ohne Mann. Das bedeutet nicht, daß jede Frau hier im Leben einen Mann haben muß. Das ist Schicksal, ein Gespräch des Menschen mit Gott. Wir sehen nur *eine* Seite. Vielleicht ist der Mann einer, der bei der Frau diesseitig gar nicht erscheint. Die Tatsache, daß die Frau lebt, handelt, denkt, bedeutet, daß sie einen Mann hat. Ob er in der Schicht hier auch erscheint oder nicht, ist Schicksal. Da kann man, statt höflich zu bitten und zu flehen, auch mit Gott hadern und sagen: Es gefällt mir nicht, wie du es machst, ich möchte es anders; sogar aufrührerisch werden: Ich mache nicht mehr mit! Kein Resignieren, aber eine fortwährende Auseinandersetzung im Leben. Ich möchte es auch hier verwirklicht sehen. Wie der Messias auch hier auf Erden kommen soll und nicht nur irgend eine Idee, ein Gedanke, eine Philosophie bleibt. Er soll konkret da sein, konkret eingreifen und alles lösen können. Und genau so eine Frau, die sich einen Mann wünscht. Sie kann mit ihrem Schicksal gar nicht einverstanden sein, sich ganz unvernünftig verhalten – das ist ihre Art, mit Gott zu sprechen. Wir sehen, beim Menschen wirkt hier etwas Merkwürdiges: die eine Seite des Fadens, diesseits des Knotens, und die andere Seite jenseits des Knotens, die göttliche Seite. Der Faden geht über den Knoten, und der Knoten verbirgt die Grenze zur Verborgenheit. Kausal ist nicht hinüberzugelangen; jenseits ist aber etwas da.

Ich frage mich deshalb, ob dieses fortwährende Versagen nicht etwas ist, das nur *wir* Versagen nennen? Ist das nicht vielmehr das Opfer, damit ein Weg ist? Daß ein Wachstum, eine Einswerdung erfahren werden kann? Und ist nicht das Schönste im Leben eine Einswerdung, ein Werk, das man vollendet, ein Gedicht, ein Buch, ein Gemälde, eine Skulptur? Das ist eine gewaltige emotionale Sache. Das Werk wächst unter seiner Hand, kommt mehr und mehr zustande, er erlebt vorher vieles und nachher und währenddessen. Das ist das Gewaltige des Weges und jeder Beziehung. Und drückt nicht das Hohelied gerade diesen Weg der Beziehungen aus, daß man erlebt: Wie schön, daß es so geht? Die Liebe sucht dich doch gerade in der Einswerdung, daß es eine Dauer hat.

Und das Leben ist Einswerdung an sich. Man mag gern lange leben, damit die Einswerdung lange dauert und am Ende die Explosion ins Jenseits kommt. Ob das der Tod ist oder etwas anderes, wollen wir hier nicht festlegen; denn so und so und noch viel mehr ist diese Art der Einswerdung.

Der Weg ist also kein Versagen. In der Überlieferung heißt es, daß Israel auf dem Weg aus der Knechtschaft von Ägypten ins Gelobte Land zehn Mal erprobt wird und zehn Mal versagt. Also aus mit Israel, würde man sagen; und dennoch, gerade dadurch ist es Israel! Nur der Moralprediger, der so ganz genau weiß, wie alles zu beurteilen ist, der die eindeutige Antwort sucht, sieht dieses Versagen, wo eigentlich ein Opfer da ist. Was sich hier als Versagen zeigt, ist tatsächlich ein Opfer. Vielleicht sind es diese scheuen und ungeschickten Menschen, die immer versagen, die unbewußt ein Opfer bringen. Was wie Versagen aussieht, ist Opfer, und deshalb kann der Weg sein. Gott liebt den Weg, er geht selber mit, begegnet dem Menschen auf seinem Weg mit seiner »schechinah«, seinem ›Wohnen‹ hier.

Nach der Überlieferung besucht die »schechinah«, Gott als der Herr, den Abraham am Tag seiner Beschneidung, als er in der Hitze des Tages am Eingang seines Zeltes sitzt und nach Gästen Ausschau hält. Als dann die drei Männer kommen, läßt Abraham die »schechinah« stehen und wendet sich ganz seinen Gästen zu (1. Mose 18). Das ist doch sehr unhöflich der »schechinah« gegenüber, könnte man sagen; aber die »schechinah«, heißt es, ist glücklich: Wie gut, daß mein geliebter Knecht Abraham *mich* stehen läßt und sich um die Gäste kümmert! Das zeigt, welche Freude die »schechinah« am Weg und am Geschehen während des Weges hat.

Der Weg ist eben auch unser Leben, das auf merkwürdige Art hier entsteht. Der Unterleib, die Region der Schlange, sagt man, wird einbezogen. Fast wie eine Sünde sieht es aus, eine beschämende Angelegenheit. Warum gerade so?, kann man fragen. Warum können Kinder nicht durch ein schönes Gespräch kommen, das die Liebenden haben? Aber der Weg, das Leben, sehen wir, entsteht von einem Geheimnis her. Und wir lieben im allgemeinen das Leben sehr, sind vielleicht unzufrieden, wie es sich abwickelt, möchten vieles anders haben, aber leben möchte der Mensch im allgemeinen doch.

Wir müssen also mit unserem Urteil, ob etwas versagt oder nicht, sehr aufpassen, denn der Mensch ist für seine Taten nur zum Teil verantwortlich, er wird auch von anderswoher gelenkt, wodurch das Schicksal der Welt auch von anderswoher zustandekommt. Wenn man das mathematisch darstellen wollte, würde man darauf hinweisen, daß es bei jeder Funktion einen ganzen Komplex von Variablen gibt. Viele Faktoren, viele

Aspekte wirken mit, daß die Funktion in einer Gleichung geschrieben werden kann, das heißt, wir können die Gleichung niemals *perfekt* aufschreiben. Die vielen Funktionsvariablen machen es unübersehbar, erklären kann man nichts. Wie man sich auch fragen kann: Ist es von Gottes Allmacht her zu erwarten, daß so Böse wie ein Titus, ein Nero oder ein Hitler, ein Stalin kommen? Warum läßt Gott in seiner Allmacht das zu? – Ja, es sind eben andere Variable da. Wären die Welt und die Geschichte so ganz eindeutig, wäre alles auch langweilig und sinnlos.

Also auch Josua führt nicht gleich zum Ziel; er ist da und er wird erkannt und er bringt hinüber und – kann man sagen – der Weg geht weiter. Vielleicht werden wir gerade beim Besprechen der Prophetinnen noch klarer das Geheimnis des Weges sehen können und erleben können, was der Weg ist. Der Brunnen Miriams, der auf dem Weg mitzieht – Traumbild eines Felsens, eines Steins, der im Vorhof des Zeltes, der Wohnung Gottes mitzieht. So wird es seit Jahrtausenden überliefert, der Brunnen Miriams ist entscheidend. Und wir sollten auch das Kommen der Richter als Anfang eines Weges sehen. Josua wurde erfahren, aber man hat nicht erkannt, was er ist, eigentlich wurde er wieder vergessen. Mit der Zeit der Richter beginnt die Zeit des Gleichgewichts, wo sich tatsächlich diese und jene Seite gegenüberstehen, und es muß stimmen. Die Richter versuchen, es stimmend zu machen; es geht nicht. Sie sind auch, könnte man sagen, Männer einer ›Kraft‹; der erste heißt Otniel, ›meine Kraft ist von Gott‹, der zweite Ehud, ›der Kräftige‹, ›der Starke‹, der dritte Schamgar, dessen Name aussagt, daß er ein ›Schwert‹ hat.

Dann wird plötzlich eine Frau als Richterin genannt: Debora.

Wiederum hat Israel gesündigt. Es bedeutet, man versuchte, mit den Kanaanitern auszukommen, mit dem ›Kaufmann‹, mit dem Gleichgewicht also, mit Erklärungen, mit Theorien, mit Philosophien. Das ist es, was man meint: Ihr werdet den »ba-alim« dienen. Ein »ba-al« ist ein ›Herr‹, ein Herrschender; man spricht aber immer von »ba-alim«, der Mehrzahlform, es sind immer viele Götter – Götzen, sagt man dann, um sie zu verkleinern –, die der Mensch als Erklärungsgrund seines Lebens heranzieht. Sie haben verschiedene Namen wie »ba-al peor« oder »ba-al sewuw« (›Belzebub‹). Es gibt auch die weiblichen Göttinnen wie die Aschera, das ist die ›Entwicklung‹, der Baum, die Pflanze, die sich entwickelt. Man dient nicht einem Baum, man dient der Entwicklung in der Hoffnung, daß am Ende das große Ideal erreicht wird. Man will es gern glauben, obwohl man weiß, daß es dann doch wieder nicht stimmen wird. So viele Ascheras gab es schon, und jedes Mal stimmte es nicht.

Und wenn Israel dann so dient, ist es Knecht der Kanaaniter oder der Moabiter oder der Ammoniter, immer wird es von einer Kraft geknechtet, die eine Götter-, eine Götzenkraft ist. Diese Knechtung durch die Götzenkraft zeigt also, was mit dem Menschen geschieht. In der Debora-Geschichte, die im vierten und fünften Kapitel vom Buch Richter erzählt wird, herrscht der kanaanitische König Jabin – der Name kommt vom hebräischen Begriff für ›Einsicht‹ –, ein König, ein Götze, dessen große Kraft die Einsicht ist und der deshalb jahrelang über Israel herrscht und es sehr bedrückt. Sein

Feldherr ist ein gewaltiger Held mit Namen Sissera, vom hebräischen Wort für ›Schlachtordnung‹. Seine Macht und Stärke ist so gewaltig, daß man sich das kaum vorstellen kann. Seine Armee, heißt es, besteht aus vierzigtausend Teilen, und jeder Teil hat zehntausend Mann; vier Milliarden Krieger also – wie ist das möglich? So mächtig ist er, daß die Welt erzittert, die Vögel verstummen, die wilden Tiere sich einfangen lassen. Wenn Sissera in den Fluß steigt und badet, überflutet der Fluß die halbe Welt, und wenn er aus dem Wasser emportaucht, ist sein Bart voller Fische aus allen Flüssen der Welt. Eine merkwürdige Gestalt also, dieser Sissera, der mit seiner Gewalt Israel beherrscht. Unmöglich, gegen ihn aufzukommen, kann man sagen, die Männer – der Mann im Menschen – wagen es nicht; sie sind auch eigentlich Unwissende, haben keine Einsicht, haben keine Kraft im richtigen Sinn. Von Barak, dem Feldherrn auf der Seite Israels, dessen Name ›Blitz‹ bedeutet, heißt es, daß er ein Grober, ein Unwissender sei. Und Lapidoth, ›Fackel‹, ›Flammen‹, der Mann der Debora, sei so unwissend gewesen, daß Debora ihm auftrug, ganz besonders dicke Kerzen anzufertigen, damit sie lange und hell im Heiligtum brennen.

Die Männer also, sehen wir, sind irgendwie nicht imstande, das Notwendige zu tun. Zum ersten Mal übernimmt eine Frau die Regierung: Debora. Und im Verlauf der Geschichte ist es dann wiederum eine Frau, die Entscheidendes tut, wo die Männer versagen. Es kommt zur Schlacht gegen die Kanaaniter unter Führung Sisseras und seiner Milliardenmacht. Es ist ein so unvorstellbarer Krieg, daß nicht nur, wie es im Lied der Debora heißt, Menschen gegen Menschen kämpfen, sondern auch andere Welten mitkämpfen, sogar der Himmel und die Sterne. Und das alles geschieht durch Debora, die selber staunt, daß ihr Tun und Erleben entscheidend ist. Und als dann Sissera und seine Armee geschlagen sind und flüchten, greift eine weitere Frau ins Geschehen ein, Jael, deren Name ›der Herr ist oben‹ bedeutet; »jah«, der Herr, »el« oder »al«, hoch, hinauf, oben, wie es sich auch zum Beispiel im Namen der Fluggesellschaft El Al ausdrückt. Jael lockt den Sissera in ihr Zelt und gibt ihm Milch statt Wasser und Sissera schläft ein. Dann nimmt Jael einen Zeltpflock, schlägt ihn durch seine Schläfe und nagelt seinen Kopf an die Erde. So stirbt Sissera. Wiederum greift eine Frau, kein Mann, in dieser merkwürdigen Geschichte der Richterzeit ein. Anders ist das bei den anderen Prophetinnen, dort ist der Mann sehr wichtig. So heißt der Mann der Chulda Schallum, ›der Vollkommene‹, ›Frieden‹, ›der Ganze‹.

Richter 4, 1 – 6, 1.
Debora und Jael. Milch und Honig.
Das Süße der Buchstaben.
Gott kommt von der Seite des Körpers

Ich möchte Ihnen jetzt etwas etwas aus dem 4. Kapitel vom Buch Richter lesen. Ein solcher Text darf, das heißt auch, kann niemals ›festgenagelt‹ werden, weshalb die Überlieferung den Text so fließend wie nur möglich macht, nach allen Seiten hin. Es steht so da, damit du aus dieser Struktur heraus jetzt leben und funktionieren kannst.

Aber die Kinder Israel taten wiederum, was dem HERRN mißfiel, als Ehud gestorben war.

Ehud war also der Zweite der Richter.

Und der HERR verkaufte sie in die Hand Jabins, des Königs von Kanaan, der zu Hazor herrschte,

Hazor, ein Ort, hebräisch »chazor«, bedeutet ›Hof‹, ein eingeengtes, eingeschränktes Gebiet.

und sein Feldhauptmann war Sissera; der wohnte in Haroschet der Heiden.

›Heiden‹ hat in der Bibel immer eine schlechte Bedeutung. Das hebräische Wort bedeutet einfach ›Völker‹, wie auch Israel ein Volk genannt wird.

Und die Kinder Israel schrien zum HERRN, denn Jabin hatte neunhundert eiserne Wagen und unterdrückte die Kinder Israel mit Gewalt zwanzig Jahre. Zu der Zeit war Richterin in Israel die Prophetin Debora, die Frau Lapidoths. Sie hatte ihren Sitz unter der Palme Deboras zwischen Rama und Bethel auf dem Gebirge Ephraim.

Palme Debora, hebräisch »tamar deborah«, und »tamar«, Dattel, also Dattelpalme; die Dattel ist die Frucht des siebten Tages.

›Sie hat ihren Sitz unter der Palme‹ – also nicht daß man denkt, das ist ihr Ort mit einem Kärtchen an der Palme: Reserviert für Debora. Wir werden noch sehen, was diese »tamar«, diese Palme, mit Debora zu tun hat. Der Name Debora kommt hier nämlich das zweite Mal in der Bibel vor. Debora heißt schon eine andere Frau: die Ernährerin, die Erzieherin der Rebekka, die ihr mitgegeben wird, wenn sie zu Isaak geht (1. Mose 24, 59). Nun wird in der Bibel nicht erwähnt, wann Rebekka stirbt, wohl aber, wann Debora stirbt, die dann unterhalb von Bethel unter einer ›Eiche‹, einer Art von

Korkbaum, begraben wird (1. Mose 35, 8). Warum tragen diese beiden Frauen den gleichen Namen? Die eine unter einer ›Eiche‹, die andere sitzt unter einer Palme, einer Dattelpalme. Aus der Dattel macht man Honig; Honig kommt aber auch von der Biene, und hebräisch »deborah« bedeutet ›Biene‹, und Debora sitzt unter der Dattelpalme, wo auch der Honig herkommt.

›zwischen Rama und Bethel‹ – Rama bedeutet ›erhaben‹, ›hoch‹, und Bethel ist das ›Haus Gottes‹, »beth«, Haus, »el«, Gott.

›auf dem Gebirge Ephraim‹. – Immer spielt Ephraim eine zentrale Rolle; Josua zum Beispiel ist aus Ephraim, dem geliebten Sohn, dem Dreizehnten. Gott spricht von ihm immer von seinem geliebten Kind.

Und die Kinder Israel kamen zu ihr hinauf zum Gericht.

Das Gericht reagiert auf etwas, das man nicht versteht. Sie ›richtet‹ also nicht, indem sie verurteilt und bestraft, wie man immer denkt, sondern indem sie auf alles Fragwürdige in der Welt Antwort gibt. Es ist schwer, dem hier gerecht zu werden; deshalb hat es ein Richter sehr schwer. Im Tempel ist das Gericht außerhalb des Heiligtums im ersten Vorhof.

Und sie sandte hin und ließ rufen Barak, den Sohn Abinoams aus Kedesch in Naphtali und ließ ihm sagen:

Der Name Barak bedeutet ›Blitz‹. Abinoam, von »abi«, mein Vater, und »noam«, angenehm; wie Naomi, die Angenehme. Kedesch ist vom Wort für ›abseits‹, wie ›heilig‹, also nicht das Gewohnte, sondern ›jenseitig‹. Naphtali ist der sechste Sohn Jakobs.

Hat dir nicht der HERR, der Gott Israels, geboten: Geh hin und zieh auf den Berg Tabor und nimm zehntausend Mann mit dir von Naphtali und Sebulon?

Merkwürdig, daß hier gerade von Naphtali und Sebulon, zwei Söhnen von Jakob gesprochen wird, denn der Zahlenwert von Naphtali ist 570, der von Sebulon 57, also genau 10 : 1. Der Berg Tabor ist etwas sehr Wichtiges, steht ganz im Zentrum; wir werden den Namen dann im Zusammenhang mit der Debora-Geschichte noch zu erklären haben.

Ich aber will Sissera, den Feldhauptmann Jabins, dir zuführen an den Bach Kischon

Der Bach, der Fluß Kischon; der Name kommt von ›sich winden‹, wie eine Schlange sich windet.

mit seinen Wagen und mit seinem Heer und will ihn in deine Hände geben. Barak sprach zu ihr: Wenn du mit mir ziehst, so will auch ich ziehen; ziehst du aber nicht mit mir, so will auch ich nicht ziehen.

Er ist ein feiger Mann, er braucht die Frau dazu.

Sie sprach: Ich will mit dir ziehen; aber der Ruhm wird nicht dein sein auf diesem Kriegszug, den du unternimmst, sondern der HERR wird Sissera in die Hand einer Frau geben.

Weil der Mann nicht wagt. Die Frau, sehen wir, das Erscheinende, der Körper, wird hier sehr wichtig. Der Mann bekommt sozusagen auch einmal eine Abfuhr. Die Prophetin Debora steht als Dritte zentral am Ort von »tifereth«, der dritten Sephira in den Sephirot.

So machte sich Debora auf und zog mit Barak nach Kedesch. Da rief Barak Sebulon und Naphtali nach Kedesch; und es zogen hinauf ihm nach zehntausend Mann. Debora zog auch mit ihm. Heber aber, der Keniter, war von den Kenitern, vom Geschlecht Hobabs, mit dem Mose verschwägert war, weggezogen und hatte sein Zelt aufgeschlagen bei der Eiche in Zaanannim bei Kedesch. Da wurde

Sissera angesagt, daß Barak, der Sohn Abinoams, auf den Berg Tabor gezogen wäre. Und er rief alle seine Kriegswagen zusammen, neunhundert eiserne Wagen, und das ganze Volk, das mit ihm war, aus Haroschet der Heiden an den Bach Kischon. Debora aber sprach zu Barak: Auf! Das ist der Tag, an dem dir der HERR den Sissera in deine Hand gegeben hat, denn der HERR ist ausgezogen vor dir her. So zog Barak von dem Berge Tabor hinab und die zehntausend Mann ihm nach. Und der HERR erschreckte den Sissera samt allen seinen Wagen und dem ganzen Heer vor der Schärfe von Baraks Schwert, so daß Sissera von seinem Wagen sprang und zu Fuß floh. Barak aber jagte den Wagen und dem Heer nach bis Haroschet der Heiden. Und Sisseras ganzes Heer fiel durch die Schärfe des Schwerts, so daß auch nicht einer übrigblieb. Sissera aber floh zu Fuß in das Zelt Jaels, der Frau des Keniters Heber. Denn der König Jabin von Hazor und das Haus Hebers, des Keniters, lebten miteinander im Frieden. Jael aber ging hinaus Sissera entgegen und sprach zu ihm: Kehre ein, mein Herr, kehre ein bei mir und fürchte dich nicht! Und er kehrte bei ihr ein in ihr Zelt, und sie deckte ihn mit einer Decke zu.

Dieses ›Zudecken mit einer Decke‹ bedeutet, wie das in den Kommentaren auch immer gesagt wird, daß sie mit ihm schlief.

Er aber sprach zu ihr: Gib mir doch ein wenig Wasser zu trinken, denn ich habe Durst. Da öffnete sie den Schlauch mit Milch und gab ihm zu trinken und deckte ihn wieder zu. Und er sprach zu ihr: Tritt in die Tür des Zeltes, und wenn einer kommt und fragt, ob jemand hier sei, so sprich: Niemand. Da nahm Jael, die Frau Hebers, einen Pflock von dem Zelt und einen Hammer in ihre Hand und ging leise zu ihm hinein

›zu ihm hineingehen‹ bedeutet hier auch mehr als nur ins Zelt hineingehen.

und schlug ihm den Pflock durch seine Schläfe, daß er in die Erde drang. Er aber war ermattet in einen tiefen Schlaf gesunken. So starb er. Als aber Barak Sissera nachjagte, ging ihm Jael entgegen und sprach zu ihm: Komm her! Ich will dir den Mann zeigen, den du suchst. Und als er zu ihr hereinkam, lag Sissera tot da, und der Pflock steckte in seiner Schläfe. So demütigte Gott zu der Zeit Jabin, den König von Kanaan, vor Israel. Und die Hand der Kinder Israel legte sich immer härter auf Jabin, den König von Kanaan, bis sie ihn vernichteten. Da sangen Debora und Barak, der Sohn Abinoams, zu jener Zeit:

Nun folgt dieses merkwürdige Lied, das ›Lied der Debora‹ genannt wird. Es ist nicht nur in der deutschen Übersetzung, sondern auch im Hebräischen sehr schwer verständlich. Ein Lied kann einfach nicht ›verstanden‹, es kann nur erlebt, gesungen, gehört werden; ein Verstehen mit dem Verstand ist nicht möglich. Die Worte eines Liedes werden sogar von den Tönen übertönt, von der Melodie. Die Melodie ist doch, wie ich in anderem Zusammenhang schon gesagt habe, die Seele, »neschama«, während die Vokale dem Geist, »ruach«, entsprechen, und die Konsonanten »nefesch« und »guf« sind, Körper also. Bei einem Lied kann man nicht untersuchen, was es genau bedeutet, rational ist es kaum oder nur sehr schwer zu verstehen. Das Lied lautet dann:

Lobet den HERRN, daß man sich in Israel zum Kampf rüstet und das Volk willig dazu gewesen ist. Hört zu, ihr Könige, und merkt auf, ihr Fürsten! Ich will singen, dem HERRN will ich singen, dem HERRN, dem Gott Israels will ich spielen. HERR, als du von Seir auszogst und einhergingst vom Gefilde Edoms, da erzitterte die Erde, der Himmel troff, und die Wolken troffen von Wasser. Die Berge wankten vor dem HERRN, der Sinai vor dem HERRN, dem Gott Israels. Zu den Zeiten Schamgars, des Sohnes Annats, zu den Zeiten Jaels waren verlassen die Wege, und die da auf Straßen gehen sollten, die wanderten auf ungebahnten Wegen. Still war's bei den Bauern, ja still in Israel, bis du, Debora, aufstandest, bis du aufstandest, eine Mutter in Israel. Man erwählte sich neue Götter; es gab kein Brot in den Toren. Es war kein Schild noch Speer unter vierzigtausend in Israel zu sehen. Mein Herz ist mit den Gebietern Israels, mit denen, die willig waren unter dem Volk. Lobet den HERRN! Die ihr auf weißen Eselinnen reitet, die ihr auf Teppichen sitzt und die ihr auf dem Wege geht: Singet! Horch, wie sie jubeln zwischen den Tränkrinnen! Da sage man von der Gerechtigkeit des HERRN, von der Gerechtigkeit an seinen Bauern in Israel, als des HERRN Volk herabzog zu den Toren. Auf, auf, Debora! Auf, auf und singe ein Lied!

›Wache auf, werde wach‹, steht da eigentlich im Hebräischen, singe ein Lied!

Mach dich auf, Barak, und fange, die dich fingen, du Sohn Abinoams! Da zog herab, was übrig war von Herrlichen im Volk. Der HERR zog mit mir herab unter den Helden: aus Ephraim zogen sie herab ins Tal, und nach ihm Benjamin mit seinem Volk. Von Machir zogen Gebieter herab und von Sebulon, die den Führerstab halten, und die Fürsten in Issachar mit Debora, wie Issachar so Barak; ins Tal folgte er ihm auf dem Fuß. An Rubens Bächen überlegten sie lange. Warum saßest du zwischen den Sattelkörben, zu hören bei den Herden das Flötenspiel? An Rubens Bächen überlegten sie lange. Gilead blieb jenseits des Jordans. Und warum dient Dan auf fremden Schiffen? Ascher saß am Ufer des Meeres und blieb ruhig an seinen Buchten. Sebulons Volk aber wagte sein Leben in den Tod, Naftali auch auf der Höhe des Gefildes. Könige kamen und stritten; damals stritten die Könige Kanaans zu Taanach am Wasser Megiddos, aber Silber gewannen sie dabei nicht. Vom Himmel her kämpften die Sterne, von ihren Bahnen stritten sie wider Sissera. Der Bach Kischon riß sie hinweg, der uralte Bach, der Bach Kischon. Tritt einher, meine Seele, mit Kraft! Da stampften die Hufe der Rosse, ein Jagen ihrer mächtigen Renner. Fluchet der Stadt Meros, sprach der Engel des HERRN, *fluchet, fluchet ihren Bürgern, daß sie nicht kamen dem* HERRN *zu Hilfe, zu Hilfe dem* HERRN *unter den Helden! Gepriesen sei unter den Frauen Jael, die Frau Hebers, des Keniters; gepriesen sei sie im Zelt unter den Frauen! Milch gab sie, als er Wasser forderte, Sahne reichte sie dar in einer herrlichen Schale. Sie griff mit ihrer Hand den Pflock und mit ihrer Rechten den Schmiedehammer und zerschlug Sisseras Haupt und zermalmte und durchbohrte seine Schläfe. Zu ihren Füßen krümmte er sich, fiel nieder und lag da. Er krümmte sich, fiel nieder zu ihren Füßen; wie er sich krümmte, so lag er erschlagen da. Die Mutter Sisseras spähte zum Fenster hinaus und klagte durchs Gitter: Warum zögert sein Wagen, daß er nicht kommt? Warum säumen die Hufe seiner Rosse? Die weisesten unter ihren Fürstinnen antworten, und sie selbst wiederholt ihre Worte: Sie werden wohl Beute finden und verteilen, eine Frau, zwei Frauen für jeden Mann, und für Sissera bunte gestickte Kleider zur Beute, gewirkte bunte Tücher um den Hals als Beute. So sollen umkommen,* HERR, *alle deine Feinde! Die ihn aber lieb-*

haben, sollen sein, wie die Sonne aufgeht in ihrer Pracht! Und das Land hatte Ruhe vierzig Jahre.

Dann geht es weiter:

Und als die Kinder Israel taten, was dem HERRN *mißfiel, gab sie der* HERR *in die Hand der Midianiter …* (Richter 4,1–6,1)

Also, Sie sehen, es ist eine Rettung, und dann geht es wieder so weiter. Merkwürdig, daß eine Rettung nicht so ist, wie wir sie uns vorstellen, sondern hier anders erscheint. Eine Prophetin singt ein Lied, denn ein Lied ist etwas, das vom Menschen nicht konstruiert werden kann. Ein Lied kommt von woanders her, wie jede Handlung, die menschlich ist, von woandersher kommt und den Menschen befruchtet. Jede konstruierte Handlung hat die Gefahr, sich selbständig zu machen, und wird in ihrer Selbständigkeit dann dämonisch, wird teuflisch. Dieses Sich-selbständigmachen vom Jenseitigen ist auch im Menschen da, wenn er sein Schicksal beklagt. Die Frage ist, von woher beklagt er sich oder bedauert das Geschehene?

Bevor wir zum Lied der Debora kommen, möchte ich noch einmal auf den Namen eingehen. Debora heißt doch ›Biene‹, und der Honig kommt von der Biene. Debora ist etymologisch auch vom gleichen Stamm wie »dawar«, Wort. Das Wort hat das gleiche Süße und auch Lebenswichtige wie der Honig. Das Land, das gelobt, versprochen wird, heißt auch ›das Land von Milch und Honig‹. Merkwürdig ist nun, die Jael gibt Milch und Debora den Honig: Milch und Honig sind in dieser Geschichte schon da und spielen eine entscheidende Rolle. Sissera war, kann man sagen, schon im Begriff zu entrinnen, er hätte fliehen können; seine Männer hatte er vielleicht verloren, aber er selber war ein Gewaltiger, dem, wie die Überlieferung sagt, nicht beizukommen war. Die Welt erzitterte, wenn man nur schon seinen Namen nannte; mit dreißig Jahren war er dieser Mächtige. Die Dreißig finden wir auch bei Alexander dem Großen wieder, der mit dreißig Jahren Weltherrscher war. Die Dreißig ist doch das Zeichen Lamed, ›Ochsenstachel‹, wo die Zeit ›angestachelt‹, in Bewegung gesetzt wird. Sissera läßt auch bewegen.

Im Lied der Debora wird etwas Merkwürdiges gesagt: Gott zieht her von Seir, von Edom, kommt also von Esau her. Kommt Gott, könnte man fragen, tatsächlich von Seir, von Esau? – Hier sind Mitteilungen, die uns ein Bild von Debora und von einer Prophetin ermöglichen, so daß wir uns vielleicht selber kennenlernen, erleben, was eigentlich unser Verhalten ist. Verhaltensforschung auf diese Art könnte das Verhalten des Menschen und sein Schicksal klarer hervortreten lassen.

Debora, die ›Biene‹ mit dem Honig, sitzt, sahen wir, bei der Dattelpalme, und die Dattel, »tamar«, ist die siebte Frucht in der Reihe der sieben Früchte, wie sie im 5. Mose 8, 8 genannt werden. Aus der Dattel wird auch Honig gewonnen; neben dem Bienenhonig gibt es den Dattelhonig. Die Biene bringt den Honig zustande, weil sie etwas tut. Und ihr Tun ist dazu noch befruchtend, denn weil sie von Blume zu Blume und von Blüte zu Blüte herumfliegt, um den Nektar einzusaugen, sorgt sie dafür, daß Früchte und neue Gewächse hervorkommen. Das also, was das ›Wort‹ ist, befruchtet. Und aus den Blumen und Blüten der Pflanzen kommt als Frucht dieser Honig, »dwasch«, 4–2–300; während

»dawar«, Wort, Sprechen, sich 4–2–200 schreibt. Der Stamm des Wortes für Biene, sozusagen das Grundmaterial für die Biene, ist 206, und Honig 306; da sehen wir einen Zusammenhang, der sich auch im Quantitativen ausdrückt. Das zu sehen, bedeutet: Tatsächlich kann sich etwas aus der Qualität hier im Quantitativen, im Schicksal ausdrücken. Du erkennst es im Quantitativen zwar nicht in jedem Schritt – denn dazwischen ist ja dieser ›Knoten‹ –, aber der Faden ist da und du siehst: Es erscheint hier. Das sind die Blumen, die die Wiese schön machen, farbig, und den Menschen das Angenehme empfinden lassen, den Duft, der sich mit dem Duft des Grases, der Luft und des Wassers mischt. Denn alles duftet, alles hat einen ›Geist‹; im Hebräischen schreiben sich »reach«, Duft, und »ruach«, Geist, beinahe gleich. Das zeigt eben: Duft und Geist teilen sich unsichtbar mit. Es stimmt, spürt man, manchmal auch im Quantitativen. Manchmal stimmt die Zahl, aber man kann nicht erwarten, daß sie *immer* stimmt, das wiederum wäre ein merkwürdiges Vergewaltigenwollen des Jenseitigen. Damit will man es *nur* diesseitig machen, um endlich sagen zu können: Ich habe den Beweis bekommen. Beweise entziehen sich wieder, Beweise sind nur eine Erinnerung, daß es das Andere auch gibt.

Sowohl das ›Wort‹ als auch die Biene bringen das Süße hervor, das uns das Leben angenehm macht. Denn das Süße, hebräisch »matok«, schreibt sich im Grund 40–400, aber dann mit der Kof, der 100 am Ende: 40–400–100. Dieses Gefühl des Süßen, von dem auch im Hohenlied die Rede ist, steht für ein gutes, ein süßes Leben. Auch beim Wort ist das Süße sehr wichtig. Wenn den Kindern die Buchstaben, die Schriftzeichen gelehrt werden, gibt es im Jüdischen den Brauch, die Form des neu gelernten Buchstabens als süßes Gebäck zu backen und obendrein noch mit Honig zu bestreichen. Dann ißt das Kind das Zeichen auf, verleibt es sich ein, es wird Teil seines Selbst. Eine Art Pädagogik, die lehrt: Du kannst den Menschen dem Wort nur näherbringen, wenn es süß ist. Und das gilt nicht nur für das Kind von vier oder fünf Jahren, dem man die Zeichen zu lehren anfängt, sondern auch überhaupt: Das Kind im Menschen mag gern lernen, daß das Leben süß ist. Sage doch nicht, das Leben ist hart, der Kampf ums Dasein wird schwer werden, erst diese Schule, dann jene, dann die schwere Prüfung, das Abitur, und dann kommt es noch schlimmer. Danach dann fängt es erst richtig an, der Kampf um Stellung und Karriere, das hört nie auf. – Solche Mitteilungen über das Leben könnten ein Verbrechen sein, denn wo bleibt hier Debora, die Prophetin? Man glaubt, daß man dem Menschen nur etwas beibringen kann, indem man es so zeigt. Andererseits kann zu viel Duft betäubend sein, zu viel Blumen – man erstickt; zu viel Süßes bringt nur Zuckerkrankheit und andere Krankheiten, man wird zu fett davon. Aber es scheint, daß der Mensch etwas Süßes braucht, er sehnt sich auch immer nach Süßem. Deshalb soll man dem Kind die Buchstaben auf ›süße‹ Art beibringen, dann nimmt es sie gerne auf, und sie werden Teil seines Seins. Dann erst kann er sprechen und das Wort kennen.

Wenn das Lernen des Alphabets mit den kleinen Kindern von Züchtigungen und Schlägen begleitet wird, weil sie nicht gut nachsagen konnten,wie man es aus jüdischen Erzählungen der letzten hundert Jahre kennt, dann zeigt sich schon eine Verderbnis bei den Lehrern. Vielleicht war das mit ein Grund, warum dann so viele jüdische Menschen merkwürdige Abweichungen zeigten. Zu einem Kind, heißt es, sei immer so, daß es durch dich die Welt als schön und lieb und ›süß‹ erkennt; denn jeder Mensch hat dort, wo er Kind ist, eine große Sehnsucht, die Welt so kennenzulernen. So ist dann diese Art des Beibringens der Buchstaben, der Sprache, mit dem Honig ein Zeichen: So wird eigentlich der Prophet im Menschen, die Prophetin Debora im Menschen wach, die ›Mutter von Israel‹, wie sie sich selber nennt, fast eingebildet, könnte man sagen; man sagt auch: Bis ich aufstehe, Debora hat auf mich gewartet – der Körper, das Erscheinende. Und Gott ist im Lied der Debora der, der von Seir, von Esau, von der Seite des Körpers herkommt.

Plötzlich wird der Körper wichtig. Und die Stämme von Israel, die hier kämpfen, entsprechen der Körperseite; die andere Seite ist doch nicht da. Genannt werden Sebulon, Naphtali, Ascher, Dan, Ruben, aber nicht Juda; Joseph ist in der Erwähnung von Ephraim enthalten. Das Körperliche, spüren wir, komm hier zur Geltung. Jael, die Frau Hebers, von den Kenitern, war, wie man sagt, verschwägert mit Chobab (Hobab); und Chobab ist ein Name für Jethro, den Schwiegervater des Mose, von Midian, der meßbaren Seite also, der Körperseite. Es geht hier um ein Geheimnis des Körpers, und wir werden uns beim Besprechen der Prophetinnen ganz besonders mit dem Körperlichen auseinanderzusetzen haben, auch mit dem Leiblichen, dem Verhalten. Denn das Prophetische im Menschen ist in seinem Verhalten da, und dann kommen seine Worte schon hervor. Er muß eben nicht sich erst konzentrieren, Berechnungen aus der Bibel anstellen oder das Horoskop untersuchen, um dann etwas zu sagen. Das ist es nicht; Prophetie ist etwas aus dem Menschen Hervorkommendes, dort, wo er kaum weiß, daß es geschieht.

Das gilt für Prophetinnen wie für Propheten. Keiner sagt: Ich bin Prophet!, im Gegenteil, sie protestieren: Nimm einen anderen, nicht mich, ich mag nicht! Er fürchtet sich, in seinem Verhalten so zu sein. Nur bei Bileam sehen wir, daß er sich erst mal mit Gott unterhalten will, um zu hören, was er sagt, als Balak, der König von Moab, seine Boten zu Bileam schickt, damit er Israel fluche (vgl. 4. Mose 22–24). Bei Israel gibt es keinen Propheten, der sagt: Ich muß erst mit Gott sprechen, morgen gebe ich dir dann Bescheid. Dieses Sichkonzentrieren, diese Leistung, durch Vernunft oder Machtbewußtsein bewirkt, ist keine Prophetie, sondern eben das Entgegengesetzte. Gewiß kann man damit Großes, Gewaltiges erreichen. Sissera ist ein Mächtiger, ein ganz Gewaltiger, der auch in unserer Zeit lebt. Wo ist er jetzt?, könnte man fragen. Die Sterne, die Welten kämpfen gegen ihn, gewaltige Heere, die in ihren Bahnen kämpfen. Was geschieht da eigentlich? Es ist ein Kampf, der fortwährend im Gange ist. Auch jetzt noch, kann man sagen, und auch gerade jetzt kämpft Barak mit Sissera; aber Barak kämpft nur, weil Debora mitzieht. Sagt er nicht: Das Wort ziehe mit, das süße Wort, die Biene, die den Honig liefert? Und handelt es sich nicht um das Gelobte Land, wenn in der Geschichte, wie sie im vierten und fünften Kapitel im Buch Richter erzählt wird, Debora den Honig bringt und Jael die Milch hat? Schon hier sind Milch und Honig konzentriert, und die Vorhersage lautet doch: Das Land, das ihr bekommt, fließt über von Milch und Honig.

Sonst ist von Milch nicht die Rede. Gewiß gibt es Ziegen und Kühe, aber von Milch wird weiter nicht gesprochen. Auch nicht von Honig, außer bei Schimschon (Simson), der den Honig braucht. Sonst aber wird nicht gesagt, daß das Land Honig hat. Hier aber, bei Debora, kommen Milch und Honig hervor. Der Segen des Landes stellt sich bei der Prophetin, der einzigen Frau, die auch Richterin ist, dar. Diese Biene bildet, wie es ihr eingeschaffen ist, die Waben, die diese merkwürdige, oft sechseckige Form haben – sechs Winkel; da denke ich wieder an die Sechs vom sechsten Tag, an die 206 und die 306, die uns beim ›Wort‹ und beim ›Honig‹ begegneten. Diese Sechs – dort wird der Honig gebaut, so kommt es durch die Biene zustande.

Debora steht zentral. Wenn wir ihr näherkommen, werden uns auch die anderen Prophetinnen so recht lebendig werden. Und wir werden dann sehen, welch gewaltige Bedeutung die Mitteilung der Prophetinnen – und daß sie in Siebenheit gegeben ist – hat.

Viertes Kapitel

Prophetie als Reaktion des Leibes. Zweifeln und glauben. Ismael spottet. Debora, eine Mutter Israels. Die Kreatur singt. Jephtach und seine Tochter. Lapidoth, Barak, Michael. Das Lied des Leibes

Wir wollen nun versuchen, das Gegenüber zu verlassen und auf den Menschen selber zuzugehen. Wir fragen dann: Was bedeutet die Prophetin im Menschen selber? Bei der Sara bedeutet die Prophetin die Sehnsucht des menschlichen Leibes nach einer Frucht vom Jenseits, nach einem Gespräch mit dem Jenseits. Der Leib glaubt eigentlich nicht, daß das möglich ist, sehnt sich aber sehr stark danach und empfindet dabei seine eigene Herkunft vom Jenseits. Sara und Abraham sind Namen der Hebräer, und Hebräer bedeutet in der Übersetzung ›von jenseits‹. Und der menschliche Leib zeigt sich *hier*. Deshalb ist Sara die viel größere Prophetin als ihr Mann Abraham: die weibliche Seite, das Verhalten des Menschen. Es ist die Seite, wo er nicht denken kann. Zwar weiß er, das Denken gehört dazu, aber der Leib spürt, daß es ihm kommt. Die Befruchtung wird dem Leib gegeben, es kommt von außen her, und der Leib kann es nur erwarten, sehnt sich danach. Eine Prophetin ist die Reaktion des Leibes, also nicht nur des Körpers. Es ist das Sich-sehnen, wodurch sein Verhalten, sein ganzes Sein und Dasein bestimmt werden. Das Überlegen und das Denken sind gerade ausgeschaltet. Denn das Denken ist die Schlange, die immer aus dem Paradies mitkommt und zum Denken verführt, weil man glaubt, sich mit dem Denken emanzipieren zu können und wie Gott Urteile fällen, selber bestimmen zu können. Während der Mensch nur urteilen und bestimmen kann, wenn er liebt und sich geliebt weiß, wenn er sich sehnt. Von dort her ist die Quelle des Urteils und nicht von dort her, wo er ganz scharf überlegt, das Gebiet abgrenzt, um ganz klar sehen zu können. Dann sieht er eben nicht klar, weil er nur das kleine Stückchen sieht. Und es heißt auch: Wenn du diesem Weg folgst, stirbst du. Es bedeutet, deine Sicht ist beschränkt.

Sterben heißt, du siehst nur bis zu einer Grenze. Wie dein Leben, so ist alles, was du siehst, begrenzt. Es stirbt jenseits der Grenze, du kannst nicht über die Zeit weg sehen. Du kannst nicht in den Raum hineinsehen, er ist begrenzt. Was du mit Radioteleskop über viele Millionen Lichtjahre Entfernung erfahren kannst, ist wie das Nichts, Geräusche, die nicht weiter einzuordnen sind. Du spürst Tod, es bedeutet: begrenzt. Du gehst nur so weit, wie die Welt der Vierheit dich gehen läßt. Denn das Wort für Tod im Hebräischen schreibt sich 40–400. Du kannst nicht weiter, jenseits der Grenze ist nicht möglich.

Das Denken ist im Menschen etwas, wo er sehr stark selbstbewußt wird und glaubt, er kann es. Das ist die schreckliche Einbildung der Herren Professoren und Wissenschaftler, Ärzte oder Psychiater und aller Leute mit Titel und Status: Wir können das schon selber. Deshalb auch der Haß von dieser Seite, wenn man die Worte ›Gott‹ oder ›Himmel‹ hört, da wird man ganz verrückt, bekommt einen Kollaps. – Das ist eben die Schlange, die dich immer gern in die Ferse beißt; du aber, heißt es, zertrete der Schlange den Kopf, du sollst sie nicht aufkommen lassen, denn sie wird beißen.

Das will nicht sagen, daß Denken nicht gut ist. Es will sagen, der Baum des Lebens läßt dich von jenseits her denken. Dein Denken wird durch die Prophetie stimuliert, dann denkt es sich bei dir und ist kein Resultat gezielten Studiums, sondern das bist du selbst im göttlichen Bild, dem Antlitz, das strahlt wie ein göttliches Antlitz. Von dort her sollst du und wirst du auch denken und alles ordnen können. Wenn du aber glaubst, über ein Denken von unten her durch das Bauen einer Systematik hinzukommen – sei es über Eiweiß, sei es über PSI, sei es über Meditation –, dann kommst du gerade *nicht* hin. Sara hat deshalb dieses Zweifeln und Glauben bei dieser verrückten Mitteilung, daß sie eine Frucht nicht von hier, sondern von Jenseits bekomme, die aber doch hier sein wird. – Das ist doch unmöglich! Sie zweifelt und sie glaubt. Und Abraham zweifelt und glaubt. Glauben, das ist das Gewaltige, ist eben das Sich-durchsetzen, das Sich-behaupten, indem man schrecklich zweifelt, sogar verzweifelt, dabei aber immer noch glaubend: Ich lebe doch durch das hindurch.

Dort fängt der Leib zu funktionieren an. Denn Sara spürt, diese Hagar mit diesem Sohn Ismael, der dir, Abraham, dir, Mann, doch gefällt, soll gehen, soll nicht hier bleiben. Da ist Abraham sozusagen böse, und dann kommt Gottes Stimme und sagt: Höre auf das, was deine Frau dir sagt! Hier wird also, kann man sagen, Saras Urteil wichtiger genommen. Es ist hier keine Grausamkeit, daß eine Mutter und ihr Kind – das übrigens schon erwachsen ist, biblische siebzehn Jahre alt – in die Wüste geschickt wird; es geht hier um etwas ganz anderes. Warum müssen die beiden fort? Weil beim Menschen diese Mischung mit einer Frucht, die irdisch hervorkommt, kausal erklärt werden kann, nicht bestehen kann; sie spottet nämlich immer über ein Resultat, das vom Himmel kommt. Ismael spottet über Isaak. Das Wort »zachek«, wovon der Name Jizchak (Isaak) stammt, bedeutet sowohl ›spotten‹ als auch das, was Abraham und Sara bei der Verheißung des Sohnes tun, nämlich ›ungläubig lächeln‹ – nicht sehr überzeugt und doch glaubend. Dasselbe Wort, das bei Abraham und Sara als ›lachen‹ erscheint, wird bei Ismael benutzt, und dort übersetzt man es mit ›spotten‹; die Frucht von hier, spürt man, muß über diesen Anderen spotten. Dieses und Jenes läßt sich irgendwie nicht miteinander vereinbaren; zum Beispiel Wissen und Glauben, wie man oft sagt. Man ist stolz auf die Salonfähigkeit der Theologie, eine Fakultät doch an der Universität! Da möchte man als Sara sagen: Vertreib die doch, es geht nicht!, während Abraham sagt: Nein, ich mag das, es ist doch auch eine Frucht von mir. Und Gott greift ein: Höre, was Sara sagt: Sie sollen weg! – Hier ist im Leib des Menschen eine Mitteilung: So ist das nicht zu ertragen. Es ist ein Kampf, und es bleibt ein Kampf das ganze Leben hindurch.

Gewiß, Ismael kommt, heißt es, dort zurück, wo er das fünfzigste Jahr erreicht, dort, wo Isaak zu der »akeda«, zur ›Bindung‹ – man sagt ›Opferung‹ – geführt wird. Das ist auch eine paradoxale Situation, denn einerseits verheißt Gott: Ewig lebt er, nie wird das vergehen, und andererseits sagt er auch: Er soll jetzt weggehen. Es stimmt also überhaupt nicht. Isaak entsteht schon in einer paradoxen Situation. Es ist ›unmöglich‹, daß er kommen kann, und es ist ›unmöglich‹, daß Gott sich widerspricht, indem er sagt, ewig wird das sein und immer, und dann selber sagt, er gehe wieder weg.

Nach der Überlieferung hat Isaak in dieser Situation im Absoluten das Alter von Siebenunddreißig erreicht – Ismael ist dort also fünfzig – und ist dort sozusagen in einen neuen Himmel gekommen, wie es bei der Siebenunddreißig der Fall ist. Denn jeder der sieben Himmel hat doch sieben Hallen, und wenn fünf Himmel passiert sind, sind fünfunddreißig Hallen passiert. Dann kommt man in den sechsten, in die sechsunddreißigste Halle, und dort im sechsten Himmel, in der zweiten Halle, der siebenunddreißigsten, dort geht es mit Isaak, kann man sagen, weg. Und dort ist Ismael, diese Frucht von Abraham und Hagar, schon im Fünfzigsten. Dort kommt er zurück und geht mit. Zwar nicht mit hinauf auf diesen Berg Moria, aber bis zum Fuß des Berges, wie man sagt, bis dorthin, wo man den Berg von weitem schon sehen kann. Es ist der Berg der ›Lehre‹, der ›Unterweisung‹, wie der Name Moria sagt, wo die Thora, was dem hebräischen Wortstamm nach sowohl ›schwängern‹ als auch ›lehren‹ bedeutet, gegeben wird. Bis dorthin gehen Ismael und der Knecht Elieser mit.

Ismael ist also wieder da. Aber bis dorthin, bis in sein fünfzigstes Jahr, bis er die sieben Welten, die sieben Tage durchschritten hat, ist mit Ismael etwas nicht in Ordnung. Er stört dann, redet ständig hinein, verspottet das Andere, indem er es als ›unwissenschaftlich‹ abqualifiziert: zu wenig Fußnoten, keine Quellennachweise, kaum Bibliographie ... Immer muß Ismael spotten und dazwischenfahren – bei mir selber das sagen. Während das Prophetische im Menschen fordert: Der soll weg! In meinem Leib, in meinem Haus ertrage ich den nicht. Grausam, sagst du vielleicht, aber ich spüre, wenn ich das so erzähle, gar nichts Grausames dabei, ich spüre, wie Ismael mich stört, der Sohn von dieser Hagar, der Ägyptischen des Entweder-oder. Der Sohn der Entweder-oder-Frau ist bei mir doch auch mit dabei und spottet: Das stimmt doch alles nicht, da fehlt es und das geht nicht, du spinnst ein bißchen. Wenn ein anderer mir das sagt, bin ich eingebildet und lasse das an mir abprallen; aber selber sage ich mir oft: Du bist ganz komisch, liegst daneben, und schau doch, wissenschaftlich ist das doch sehr schön. Und das Wissenschaftliche ist spöttisch.

Auch Ismael bekommt einen Segen an diesem Brunnen, als Hagar weggeschickt wurde und dann diese Quelle plötzlich hervorspringt; »lachaj roi«, ›Ich sehe das zum Leben‹, heißt dieser Brunnen (1. Mose 16, 14), der dann auch wieder da ist, als sie das zweite Mal weggeschickt wird (1. Mose 21, 13–21). Zwölf Fürsten, heißt es, werden aus ihm hervorkommen, die zwölf Tierkreiszeichen, das Astrologische, könnte man sagen. Auf dem Weg aber wird er ein Räuber, ein Wegelagerer sein. Es bedeutet, Ismael im Menschen liegt immer am Weg auf der Lauer und versucht, den Menschen auf dem Weg zu hindern. Schau, sagt er, du liebst, gibst dich hin und glaubst, es tut dir gut; aber es ist nur ein Rausch, wie ihn auch Drogen erzeugen. Ismael liegt immer am Weg und raubt, nimmt dir, was du bis dahin auf deinem Weg erworben hast, und läßt dich halbnackt zurück. Du mußt wieder neu anfangen, neu aufbauen. Das ist Ismael. Und der Leib sagt – zum Glück der Leib, nicht unser Verstand! –: Ich ertrag ihn nicht. Sara, die Königin, die Herrin im Menschen erträgt ihn nicht, sagt: Schick ihn fort. Abraham will es nicht, aber Gott greift ein: Sie ist eine Prophetin, sei deinem Leib gehorsam! Glaube doch, vertraue, der Leib sagt es dir doch.

Für die Welt ist das ein bißchen komisch, nicht ›wissenschaftlich‹ genug; man muß doch modern sein, zum Beispiel auch Entwicklungshilfe leisten. Aber du tust das schon, wenn du glaubst; wenn du glaubst, hilfst du viel mehr, als wenn du Geld schickst oder ›Brot‹. Das kannst du sowieso schicken, das ist schon gut, aber dazu mußt du nicht eine Organisation aufbauen und Karteien anlegen. Wenn du glaubst, weil du glaubst, funktioniert es dann auch, dann bekommen sie schon Brot. Der Glaube, heißt es doch, versetzt Berge. Wenn du denkst, vom Glauben haben die nichts, das Schicken ist das Wichtige, dann siehst du auch, daß es dort dann gestohlen wird oder durch Korruption versickert. Glaube nur, die werden schon Brot haben. Das ist eine ganz andere Funktion beim Menschen, das ist also im Leib.

Auch Miriam, die Zweite in der Reihe der Prophetinnen, teilt als Leib das gleiche mit. Nach der Auffassung der Welt wird etwas, das Geschenk von jenseits ist, in der Zeit untergehen und es ist nicht möglich, das zu retten. Pharao befiehlt doch, alles Männliche der Hebräer soll ins Wasser geworfen werden. Das bedeutet, all das, was von jenseits im Menschen ist, wird in die Zeit hineingelegt und geht in ihr unter, weil das jedenfalls in der Zeit, im Fluß, nicht leben bleiben kann. Und dann kommt gerade dieses Kind, dieses jenseitige, wo alles im Raum, wenn es da ist, hell wird. Es ist dieses Kind im Menschen, von dem man sagt: Frage doch das Kind, was es ist; wie alle Weisen wieder Kind sind, oft den Namen nach dem Kind haben. Dieses bleibt doch.

Nein, sagt die Welt hier, es soll in die Zeit hinein; die Welt befiehlt, bestimmt das. Dem kann man nicht entrinnen, es muß in der Zeit untergehen. Miriam aber sagt: Es ist bitter, diese Zeit, ich ertrage das nicht. Andererseits aber glaube ich *doch.* Wenn er auch will, daß es untergehen soll, ich fordere heraus, daß es kommt. Und wenn ich sehe, daß sie Recht haben, die anderen, es geht unter, dann stelle ich mich hin und glaube *doch,* vielleicht bleibt es *doch* am Leben, wird *doch* sein. Gerade das im Leib, im Leben mit seinen Funktionen im Körper auch, läßt es nicht zu, das aufzugeben, und hofft und schaut zu und sieht das Merkwürdige: die Tochter des Pharao; wie Hagar eine Tochter des Pharao ist, ist jetzt Batjah, die ›Tochter des Herrn‹, ein himmlisches Wesen. Sie steigt jetzt hinab in die Zeit hinein. Wer hätte gedacht, daß das in der Hitze geschehen kann, wo man glaubt, alles geht unter, das Kind schwimmt in der Zeit weg? Da steigt sie hinab und nimmt es zu sich und bringt es zurück (2. Mose 2, 5 – 10). – Das ist wiederum eine Funktion im Leben des Menschen, die gerne hervorbricht. Laßt also die Prophetinnen leben.

Wir sollten uns klar darüber werden, wer die Prophetinnen sind und was sie im menschlichen Leben bedeuten. Wir können nicht Miriam spielen oder uns darauf konzentrieren, Miriam zu sein; dann lebt sie gerade nicht in uns. Es geht hier um etwas, das nur funktionieren kann, wenn man es sein läßt. Gelassenheit also, die selbstverständliche Gelassenheit des Menschen, es sein zu lassen. Wenn du gelassen bist, wirst du schon selber so funktionieren. Deine Herkunft, dein Leben ist nicht nur biologisch oder kausal oder philosophisch, sondern auch etwas ganz Anderes. Und dieses ganz Andere wird schon zusehen. Überlasse das doch, du mußt dich nicht krampfhaft konzentrieren, um zu beten. Du betest auch, wenn du tust, wenn du gehst, wenn du liegst, wenn du stehst – immer bist du im Gespräch mit Gott.

Dann die dritte Prophetin, Debora. Auch sie ist eine Reaktion im Leib. Dort, wo die Richter sind, und die männlichen Richter merkwürdig versagen, kommt eine weibliche Richterin. Von allen Richtern ist diese Frau die einzige, die eine Mutter Israels genannt wird. Wenn sie Richterin ist, kämpfen die Sterne, der ganze Himmel bewegt sich. Es zeigt, der Leib urteilt als Leben viel besser, als du mit deinem Verstand urteilst. Überlasse es also, der Leib urteilt schon auch so, wie man von einem Tier sagen kann, daß es schon weiß, was es wohl oder nicht lecken oder fressen kann. Und eigentlich ist das Leben des Menschen, wenn er nicht so viel nachdenken und gelassen leben würde, schon in Ordnung. Lasse also diesen Leib doch funktionieren, mit mehr oder mit weniger Kohlehydraten – der wird es schon wissen. Im allgemeinen wissen es die Tiere, wenn sie gelassen sind, auch. Die Erde, die Luft, die Pflanzen, die Steine wissen von selber, die sind sehr prophetisch. Die ganze Kreatur, heißt es, singt: Himmel, Wolken, Sphären, Bäume, Blumen, Löwen, Wiesel, Meerschweinchen – alle singen Lieder, und ihre Lieder, sagt man, sind viel schöner als das menschliche Lied. Das nämlich ist durch dieses Gift der Schlange, durch das Gift dieses Denkens verdorben. Deine Lieder, König Salomo, Sohn von David, sind schon gewaltig, sagt Gott, aber bedenke, das Quaken eines Frosches, das du schrecklich findest, ist viel, viel schöner für mich. Ich freue mich sehr über deine Lieder und die Lieder deines

Vaters David, sie sind bei mir aufbewahrt und ich höre ihnen fortwährend zu. Aber die Kreatur singt tausend mal mehr und schönere Lieder, als es Menschen vermögen. – Dort also, bedeutet diese Mitteilung der Überlieferung, ist die Prophetie stark.

Und tatsächlich, dieses Animalische ist, wie man manchmal sagt, ein Wunder. Wir ziehen aus dem Animalischen einen Nutzen für uns, wollen es praktisch und gescheit hier anwenden. Das geht nicht, es wendet sich selber an; sobald du etwas tust, es anzuwenden, hast du es vergewaltigt, umgebracht. Dann ist es Götzendienst, denn die ›Schlange‹ benutzt es. Die Schlange will König, will der Erlöser sein. Du kannst es nie anwenden, es wendet sich schon selber an, und dann ist es gut. Du kannst auch niemals versuchen, das auf irgend eine Art mit anzuwenden.

Debora spürt, die Richter, wenn sie richten, daß es so nicht geht. Das Männliche kann dort nicht funktionieren, das Männliche ist ›unwissend‹. Wo Richter sind, wo man urteilen muß, wo eine mathematische Gleichung gesucht wird – man kommt zu keinem Ende, die Männer geben es auf. Nach der Überlieferung hat der Mann der Debora drei Namen: Lapidoth, den die Bibel nennt, von der ›Flamme‹, dem Flammenden der Kerzen; Barak, dieser Feldherr, und der dritte ist Michael. Sie hat also einen Mann und drei Männer. Wer ist dann der Mann? Es sind drei und doch einer. Darüber ist in der Überlieferung schon vieles geträumt, gedacht, erlebt und gesagt worden.

Von Lapidoth heißt es, er sei ein Einfältiger. In der Welt der Richter sind die Männer irgendwie nicht ganz in Ordnung. Als weiteres Beispiel nehme ich jetzt einmal den Richter Jephtach. Vielleicht kennen Sie die Geschichte von ihm und seiner Tochter, die in Richter 11, 29–40 erzählt wird. Jephtach macht doch das Gelübde, das erste, was ihm aus der Tür seines Hause entgegenkommt, Gott zu schenken, wenn Gott ihm den Sieg im bevorstehenden Kampf über die Ammoniter verleiht. Nachdem er sie besiegt hat, kehrt er nach Hause zurück, und als erste kommt ihm seine einzige geliebte Tochter entgegen, um ihn voller Freude zu begrüßen. Da schlägt er die Hände vor das Gesicht, will sie nicht sehen, denn er weiß: Sie muß ich nun opfern. – Hier geht es nicht um ein ›Menschenopfer‹, wie das in der Sprache gescheiter Theologen genannt wird; denn es ist niemals der Mensch selber, der auf dem Weg verschwindet, es ist immer etwas anderes, eine andere Seite. Nicht du selber gehst fort, sondern etwas von dem, das mit dir immer auf dem Weg ist. So ist das, als du zehn Jahre alt warst, verschwunden. Etwas anderes aber blieb, wodurch dein Körper neu da war, und du mit elf, zwölf, dreizehn Jahren und weiter immer da bist. Und jeden Tag opfert sich dein Körper, der verschwindet – das ist das Opfer nach dem Sieg. Der Mensch aber glaubt, er stirbt; er glaubt das gerade, wo seine Frucht ist, seine Tochter, der Leib, seine Erscheinung. Das, glaubt er, würde er aufgeben müssen.

Es gibt dann, sagt man, in jener Zeit den Hohenpriester Pinchas, Sohn des Eleasar, Sohn von Aharon. Und Pinchas ist doch mit dem Propheten Elia identisch, denn Pinchas hat geeifert für Gott, als Israel dem Götzendienst verfiel, indem es sich mit den Frauen von Midian zusammentat und dem Baal Peor dienen wollte. Da trat Pinchas auf, hat dieses Paar von Simri und Kosbi mit seinem Speer durchstochen und dem Angriff der Midianiter ein Ende bereitet (4. Mose 25). Du bist, sagt Gott, gerade in dem Moment da, wo man dich braucht, da bist du stark und tust es. Deshalb wirst du immer zur Stelle sein, wenn eine frohe Botschaft kommt; die kann nur sein, weil du das tust. Pinchas lebt ewig, also auch dort bei Jephtach, obwohl das, könnte man sagen, Jahrhunderte später ist. Nun, Pinchas weiß doch, daß die Tochter nicht wirklich geopfert wird. Bezeichnend ist für die Zeit der Richter, daß Jephtach sagt: Ich könnte Pinchas fragen, ob ich es tun soll und was das bedeutet. Aber er soll zu mir kommen, denn ich bin doch der Fürst. Während Pinchas sagt: Ich bin der Hohepriester, er ist ein Unwissender, er soll zu mir kommen.

Das bedeutet: Im Menschen selber können sich diese beiden Seiten nicht begegnen, weil jede Seite irgendwie zu stolz ist, zu eingebildet. Deshalb, heißt es, wird die Tochter dann doch geopfert. Manche Stimmen in der Überlieferung wollen es sanft aussehen lassen, sagen, sie hatte Verwandte in den Bergen, lebte dort dann allein. Aber das wäre auch schon ein Opfern. Es bedeutet, der Mensch glaubt, er müsse den Körper, den Leib, so wie er ist, aufgeben, den muß man opfern, der bleibt nicht. Die Zeit der Richter hat merkwürdig unwissende Leute, der Mann ist unwissend.

Zu Lapidoth, der im Buch Richter als Mann von Debora, der ›Biene‹, der ›Honigmacherin‹, genannt wird, sagt Debora, wie in der Überlieferung erzählt wird: Schau, du kannst nichts, ich habe für dich eine gute Betätigung. Im Heiligtum braucht man Licht. Du selber bist kein Licht, aber mache wenigstens Kerzen aus diesem Wachs der Biene, das ich dir liefere. Und mache sie schön dick, daß es lange und gut leuchtet. Der Mann, dem sie das zu tun aufträgt, ist also sozusagen ihr Attribut. Und der gleiche Mann – Debora hat doch wahrscheinlich, wie die Überlieferung sagt, nur einen Mann – dieser andere Mann mit dem Namen Barak, ›Blitz‹, der Feldherr sagt: Ich habe Angst, gegen den König Jabin mit seinen vier Milliarden Mann zu kämpfen. Wie soll ich mit diesen Zehntausend gegen eine so gewaltige Macht aufkommen? – Nimm die Kinder von Sebulon und Naphtali – den mit der Zahl Siebenundfünfzig und den mit der Zahl Fünfhundertsiebzig –, die Eins und die Zehn, das wird genügen, da werden die anderen sich schon hinzufügen. Die Eins und die Zehn, diese zwei, sollen dabeisein, der Anfang der Reihe und das Ende der Reihe. Sie sollen dabeisein im Zeichen der Siebenundfünzig, diesem Begriff an der Grenze zur Achtundfünfzig; »misbeach«, Altar, hat den Zahlenwert Siebenundfünfzig. Das ist der Ort, wo man sich Gott nähern kann, dort ist der Weg zu Gott, man wirft sich hin vor dem Altar. – Wenn es dann geschehen muß, sagt Barak: Ich gehe nur, wenn du mitgehst, ohne dich kann ich nicht. Der Mann, sehen wir, ist nicht dazu imstande, der Leib im Menschen ist dort ganz entscheidend, das Männliche versagt.

Der dritte Mann kommt merkwürdigerweise in der Bibel gar nicht vor. Nach der Überlieferung trägt er den Namen Michael, der sich mit ›Wer ist wie Gott?‹ übersetzt. Nach der Überlieferung wird Michael dort aber mit ›der ist bescheiden vor Gott‹ übersetzt, wie man den Namen im Hebräischen auch lesen kann. Die Frage ›*Wer* ist wie Gott?‹ zu stellen, bringt mich selber in eine Position der Bescheidenheit, daß ich sage: Also bin *ich* nichts. Wenn Gott alles erfüllt, bleibt für mich doch nur so ein winziger Rest, daß ich gerade noch so am Rande sein kann. Aber Gott ist entscheidend, er ist dasjenige und derjenige, der groß ist. Wer kann sich damit messen? Fortwährend staune ich, daß er da ist.

Im Text kommt dieser Mann Michael nicht vor. Lapidoth wird dort als offizieller Mann – kann man sagen – genannt, und Barak kommt vor als Feldherr, der dann die Schlacht liefern muß. Und Michael findet man nur in der Überlieferung als Mann der Debora. Eine solche Dreiheit findet man öfters in der Bibel: drei Freunde Hiobs, die drei Freunde des Abraham – immer die Drei, die sich zum Vierten gesellen. Das Vierte ist die erscheinende, die weibliche Seite, und die Drei, wie die drei Männer, ist das Innere dessen, was erscheint.

Die Debora-Geschichte zeigt uns, daß der Leib dort, wo geurteilt werden muß, urteilen kann, und es ist dann der Leib, der das schönste Lied singt. Es ist, heißt es, ebenbürtig dem Lied, das Mose singt, nachdem das Meer sich gespalten hat (2. Mose 15). Und es ist Brauch im Judentum, an diesem Sabbath, wo das Lied des Mose gelesen wird, auch das Lied der Debora zu lesen, als Hinzufügung dessen, was in den anderen Büchern mit den Fünf Büchern Mose korrespondiert. Das sind die zwei Lieder, die an der Spitze stehen. Die Richterin ist es wert, bis dorthin erhoben zu sein, bis dorthin funktioniert der Leib.

Der menschliche Leib, das Leben, sagt sozusagen selber: meine Männer? Nein. Der sozusagen unsichtbare Mann – sichtbar in anderer Art –, der Michael-Mann, der Erzengel-Mann, ja, der läßt mich sprechen. Deshalb kann ich singen. Er ist der, der mich als ›Biene‹, als Königin, in Funktion bringt. Aber *hier* kann er nicht sein, wie die Bienen-Männer nicht sein können; sie werden doch gleich getötet, nachdem sie ihre Schuldigkeit getan haben. Aber der andere Mann, der Schöpfer, kann man sagen, der dieses Wort erschafft, das von ihm herkommt und hier erscheinen kann – das ist das prophetische Wort. Jedes Sprechen, »daber«, jedes Wort, »dawar«, ist dieses prophetische Wort. Der Weg in der Wüste, »midbar«, ist doch das ›Sprechen‹, »medaber«; das Reden ist der Weg.

So spüren wir bei der Debora: der Leib funktioniert. Die Männer taugen nicht, Barak ist eigentlich ein Feigling und Lapidoth fertigt diese Kerzen, daß das Licht gut ist, aber nur aus ihrem Wachs, kann man sagen, denn sie ist doch die Biene, die das hervorbringt. Und Jael, die andere Frau, die auftritt, vollbringt das Entscheidende. Barak kommt erst, als Sissera schon tot ist. Wir sehen hier den Leib in ganz merkwürdig starker Funktion.

Nach dieser ersten Dreiheit – Sara rechts, Miriam links und Debora darunter in der Mitte – kommt nun die zweite Dreiheit mit Channa (Anna) an der rechten Seite, Abigail an der linken und Chulda (Hulda) in der Mitte darunter.

Das Verlangen nach einem König. Der dreifache Weg: Passa, Pfingsten, Laubhütten. Channa vor Eli. Das stille Gebet

Channa, die Vierte der Prophetinnen, ist die Frau von Elkana, einem Großen dort in dieser Geschichte am

Anfang des Ersten Buches Samuel. Und dieser Elkana hat noch eine andere Frau mit dem Namen Peninna, die viele Kinder hat – zehn, heißt es in der Überlieferung –, während Channa keines hat. Elkana nun weiß – wie Abraham, könnte man sagen –, daß der Sohn der Channa, wenn er denn kommen würde, für die Welt, für den Menschen etwas Entscheidendes bedeutet: der Sohn Samuel, der Erste in der Reihe der Propheten und derjenige, wodurch die Könige in Israel kommen. Wenn das Volk den König verlangt, dann scheint Samuel ein wenig enttäuscht zu sein und verbittert: Habt ihr nicht alles? Habe ich euch Böses getan? Gott ist doch euer König, was wollt ihr einen König von den Menschen her haben? Der wird euch nur schlimme Dinge bringen. – Wiederum einen langen Weg, kann man sagen. – Jetzt, wo ihr sozusagen am Ziel seid, jetzt wollt ihr einen König hier? Ihr werdet ihn haben, es wird aber gleich ein langer Weg kommen –: Streit bei dir selber.

Als wir davon sprachen, daß Israel zehn Mal auf dem Weg versagte, wurde uns schon klar, daß wir hier nicht so schnell urteilen sollten, denn Israel bleibt dennoch der Geliebte, die Freude Gottes. Aber launisch ist Israel, immer wieder unzufrieden, mal ist dies, mal jenes ihm nicht recht. Warum dann gerade Israel, kann man sich fragen? Israel eben nicht, sollte man denken. Man spürt hier aber ein Geheimnis der anderen Seite. Das Leid, das Versagen des Menschen scheint von einer anderen Sicht aus eine Freude zu sein, ein Verstehen, und deshalb doch auch das selbstverständliche Gefühl, daß das Böse, was du gesagt oder getan hast, wenn du umkehrst, ausradiert ist, nicht mehr gilt. Mache es also nicht so schwer, schau nicht zurück. Wenn du dich und andere ständig analysierst, leidest du, das drückt dich, du hast Schuldgefühle. Versuche doch durchzubrechen, daß du Mensch bist auf ganz andere Art.

Wenn Samuel dann den Saul als König salbt, geht es bald auf merkwürdige Weise schief. Denn Saul hat diesen grausamen Befehl nicht befolgt, Amalek mit allem, was dazugehört, sogar die Tiere, auszurotten. Das ist natürlich, wenn man das nach der Vernunft so als Bild sieht, vollkommen verrückt. Aber auch, wenn man das Bild hinter sich läßt und Amalek als etwas, das ständig im eigenen Leben da ist, erkennt, kann man sagen: Gut, du hast mal versagt. Das gilt auch für Adam, der gleich das erste Mal beim Baum der Erkenntnis versagt hat. Und Mose hat ein Mal versagt, als er den Felsen schlug, berührte, konkret sein wollte, statt nur zu ihm zu sprechen. Muß solches Versagen, fragen wir uns, dann so schwer bestraft werden? Ist das ungerecht oder geht es hier vielleicht doch um eine große Angelegenheit beim Menschen? Ist dieses Versagen nicht fast so etwas wie eine Freude, daß man hier in Übereinstimmung ist mit dem ganzen Plan? Etwas, das wir vernunftmäßig nicht verstehen, aber vielleicht wohl von einer ganz anderen Seite her spüren können? Wie es doch auch bei Paulus heißt, daß die Sünde da ist, damit die Vergebung sein, die Barmherzigkeit walten kann. Ohne Sünde, ohne daß der Mensch versagt, kann doch die Barmherzigkeit, die Liebe nicht sein. Das Versagen ist kein Spiel, sondern etwas im Menschen, wodurch gerade der Weg entsteht: ein Geschenk, ein Opfer Gottes, eine Hingabe des Himmels, die wir mit der Vernunft nicht verstehen können.

Das Volk bekommt also seinen König, und mit Saul, sieht man, kommt dieses merkwürdige Versagen. Da wird ihm das Königtum genommen und einem anderen gegeben. Aber Saul kann es nicht lassen, er wird verrückt, kann man sagen, gerät in einen Wahn. Fortwährend bedroht er den David, verfolgt ihn, versucht ihn umzubringen. Dann kommt der andere König zur Macht, David. Auf ihn folgen eine ganze Reihe von Königen, gute und böse und Götzendiener. Das Reich spaltet sich, ein Durcheinander ohne Ende, könnte man sagen, ein langer Weg, zweiundvierzig Generationen, zweiundvierzig Namen, zweiundvierzig Stationen, ein ganz langer Weg kommt dann.

Und Samuel ist derjenige, der das sozusagen initiiert, und Channa ist die Frau, die diesen Samuel erwartet. Den Namen Samuel übersetzt die Überlieferung als »schem el«, ›der Name Gottes‹; für die übliche Übersetzung ›von Gott verlangt, von Gott erbeten‹, müßte ein Ajin dabeistehen, wie bei Jischmael. Weil im Namen Samuel das Zeichen Ajin fehlt, wird er ›Gottes Name‹ genannt, ›der Name, den Gott gibt‹. Er kommt auch auf merkwürdige Weise zustande.

Von Channa wird erzählt, daß sie sehr unter der anderen Frau des Elkana leidet. Peninna mit ihren zehn Kindern hat die Fülle, und sie ist kinderlos. Aber der Mann sagt hier zu ihr: Du bist mir lieber als viele Söhne. Und jedes Jahr geht Channa mit Elkana nach Schilo, wo die Wohnung Gottes und der Priester Eli ist. Dieses Gehen dorthin, erzählt die Überlieferung, bedeutet den Weg des Menschen, der dreifach ist. Dreifach begibt er sich in den Kern des Kerns, das Allerheiligste, dorthin, wo der Ursprung, das Geheimnis der Welt ist. Diesem

Geheimnis begegnet er am Ort, der jenseits vom Jenseits ist. Nachdem er sieben mal sieben Paläste durchschritten hat, kommt er in den Fünfzigsten: der Weg in die Wohnung Gottes, der später das Hinaufziehen nach Jerusalem heißt.

Dieser Weg ins Allerheiligste des Tempels bedeutet doch eigentlich die Sehnsucht des Menschen, das Geheimnis seines Lebens, den Sinn seines Unsinns zu erkennen, den Sinn des Unsinns der Welt einzusehen, den Sinn des Chaos, des Mißverständnisses, der Sehnsucht zu erkennen, den Sinn, daß es einen Sinn geben muß. All das ist ein merkwürdiges Verlangen im Menschen. Er sehnt sich. Wie er es als Kind schon kennt, wenn er sich an die Welt gewöhnt, nachdem er die ›Entwöhnung‹ erlebt, die ›Vergeltung‹ – »gomel«, ›entwöhnen‹, wie »gimel«, die Zahl Drei, der Begriff ›Kamel‹, aber auch ›vergelten‹. Plötzlich wird er von der Mutter gelöst, steht in der Welt und erfährt das Rätsel der Welt, die ihn angreift, die ihm Fragen bringt, Ungemach, Unfrieden, Unruhe – er versteht nicht.

Und das ist der Weg, der dann anfängt. Der Mensch sucht dann hineinzukommen ins Geheimnis. Drei Wege, die in der Bibel genannt werden, gibt es, drei ›Wallfahrten‹, wie man sagt, die fortwährend im Menschen geschehen. Der eine Weg ist der, den man den Passa-Weg nennt, wo eine Befreiung aus dem Entweder-oder stattfindet, eine Befreiung vom Körper. Vom Leib her – die Miriam spielt da doch eine Rolle – durch Mose kommt die Befreiung vom Entweder-oder. Man kann einen Weg nur gehen, wenn man vom Entweder-oder, der zwingenden Alternative befreit ist; nur dann ist ein Weg möglich. Dieser Weg führt dann über viele

Stationen ins Allerheiligste, ins Jenseits vom Jenseits in dieser schwarzen Nichts-Welt, dort hinein, wo man das *Ganze* entdeckt, das große Glück, das man kaum ertragen kann. Und wenn man dort ist, besteht die Gefahr, daß man niemals mehr zurückkehrt. So gewaltig ist das Ausatmen, daß man nicht mehr einatmen kann. Das Zurückkehren ist wie ein Auferstehen vom Tode. – Das ist die eine Seite des Weges.

Die zweite Seite des Weges ist der Weg des Schwuoth (Pfingsten). Wiederum nicht, daß man warten müßte, bis Pfingsten ist; gewiß zeigt es sich dann auch im letzten Äußersten. Aber Pfingsten bedeutet die Offenbarung des Wortes, das Geheimnis des Aussprechens des Wortes, das die Stimme Gottes ist. Wie Gott dort auch sagt: Ihr habt kein Bild gesehen, macht euch kein Bild, ihr habt eine Stimme gehört. Die Stimme ist entscheidend. Die Bilder, die ihr euch macht, sind *eure* Bilder, Produkte eurer Intelligenz, eurer Schlange. Sie ist es, die Bilder macht, Gegossenes, das Fließende erstarrt dann, und ihr glaubt, das sei es. Nie habt ihr von mir ein Bild gesehen. Aber die Stimme hat euch alle Bilder, die es gibt, gegeben; die Stimme enthält doch alles.

Dieses Wort, »dawar«, wird dort ausgesprochen, »wajedaber«, und es spricht Gott. Bei der Schöpfung steht für das Sprechen »omer«, beim Wort Gottes »daber«, wie Debora, diese Stimme Gottes. Wenn das Wort dort ausgesprochen wird, sind es die Zehn Worte, wie man sagt, und diese Stimme wird dann dort gehört. Und auch *im* Menschen ist ein Weg im Leben, daß man das Wort sucht: Was ist das Wort? Jemand sagt mir etwas, was bedeutet das? Was meint man? Wenn ich Worte lese, bilden sich in mir Vorstellungen, was sind die Bilder, die mir die Worte bringen? – Der Weg des Pfingsten, wo der fünfzigste Tag ist, der Weg zum Geheimnis des Wortes, des Sprechens, dieser Weg kommt also nach dem ersten Weg.

Und dann gibt es den dritten Weg, der in der Bibel der Weg der »sukkoth«, Laubhütten, genannt wird. Nicht nur ist euer Weg, heißt es, ein Weg aus der Knechtschaft des Entweder-oder, sondern diese Befreiung bedeutet auch einen Weg ins Gelobte Land, ins Wunder des Ewigen. Und dieser Weg steht im Zeichen dieser Laubhütte, deren Name ausdrückt, daß sie kein festes Dach hat, daß das Dach durchlässig und durchsichtig ist. Das Dach soll aus Laub, aus Blättern sein, die grün sind und grün bleiben, also von etwas Lebendigem her gefertigt sein. Und das Dach, das sonst die Welt unten von der Welt oben trennt, Erde von Himmel als eine Zweiheit, dieses Dach ist durchsichtig. Man kann durch dieses Dach die Sterne am Himmel sehen, und das Licht vom Himmel, kein anderes Licht, fällt durch das Dach hinein. Und dieses Haus ist eine Hütte in dem Sinne, daß es keine Fundamente hat; es kann abgebrochen und an einem anderen Ort wiedererrichtet werden. Euer Weg, will das sagen, ist so, daß euer Haus niemals die Hauptsache sein wird, nicht entscheidend ist. Der Weg bestimmt das Haus; nicht, daß das Haus dominiert und etwa bestimmt, daß es gar keinen Weg gibt.

Dieses Haus zeigt und bedeutet den Weg ins Gelobte Land, ins ewige Leben, dorthin, wo es keine Krankheit gibt, keine Feinde, keinen Tod, keine Aggression. Dieser Weg ist der einmalige Weg, den man nur gehen kann, wenn man hier nichts festmacht. Es bedeutet, ich kann mich hier über nichts aufregen, denn ich gehe weiter und anderswo rege ich mich nicht mehr auf. Es will nicht sagen, daß ich hier gehen und Entfernungen zurücklegen muß; es bedeutet: Lass es sein, er hat sich aufgeregt, er ist verrückt, der Arme, er soll dort bleiben – mein Weg geht weiter. Daß also nichts den Menschen festhalten oder festnageln kann, wodurch sein Weg unmöglich wird. Plötzlich wird er am Zipfel seines Gewandes festgenagelt und am Weitergehen gehindert, denn es müßte jetzt erst einmal alles ausgesprochen und durchgesprochen, erklärt und Schuld zugewiesen werden ... ach, gehe doch weiter. Suche auch bei dir nicht, du wirst nie verstehen, was Leben ist, Ewigkeit, Unvergänglichkeit, große intensive Freude. Denn diese »sukkah«, dieses Fest ist eine Freude, von der es heißt, wer sie nicht erlebt hat, hat Freude nie gekannt. Die großen Weisen schlagen Purzelbäume, es gibt den Ernst in diesem Sinne überhaupt nicht mehr, auf dem Weg hier ist alles relativ. Freue dich, sei lustig, sei froh, er gehe sich leicht, dieser Weg. Du brauchst dich auf dem Weg niemals vor etwas zu fürchten. – Das ist die dritte Art dieses Weges.

Und so geht Elkana mit seinem ganzen Haus hinauf nach Schilo. Elkana, der aus Juda ist – Juda wiederum mit Ephraim zusammengefügt –, wird in der Überlieferung der weitaus Größte in Israel genannt, das heißt, seine Erkenntnis, seine Einsicht, sein Leben sprudelt so, daß sein Reichtum unerschöpflich ist. Schilo, wohin er sich begibt, heißt später Jerusalem. Der Name Jerusalem ist doch der Name, der aus zwei Namen zustandekommt. Als Abraham mit Isaak zur Opferung geht, und Isaak dann fragt: Wo ist nun das Lamm? – Er sieht doch ein Lamm, er sieht sich selber. – Dann sagt Abraham:

Gott wird schon sehen, das Lamm; wir werden schon sehen. Und dieses Sehen, das man mit ›zeigen‹ übersetzt: »jireh«, er wird zeigen (1. Mose 22, 8), ist ›Jeru‹, der erste Teil des Namens Jerusalem. Das ›salem‹, also »schalem«, ist der Ort des Priesters Malchizedek, ›mein König ist gerecht‹. Und diese beiden, der König und der Priester, kann man sagen, treffen dort zusammen. Das ist Jeru-schalem.

›Gott wird schon zeigen‹: Oft, wenn ich so sage, es wird sich schon zeigen, wir werden sehen, es wird schon gehen – dann meint das: Gehe doch erst den Weg, es wird sich zeigen; ich weiß doch auch nicht, ich *glaube* aber, daß es sein wird, ich bin in Jerusalem, ich weiß von Jerusalem, und es wird sich schon zeigen, rege dich nicht auf, es ist ein Weg.

Und Elkana nimmt auf seinem Weg nicht nur sein ganzes Hausgesinde mit, sondern, wie es heißt, auch alle Leute, die ihm begegnen. Wenn sie sehen, was das für ein Weg ist, kommen immer mehr mit. Es bedeutet, daß wir alles vom Leben, an dem wir vorbeigehen, mitnehmen. Jeder Tag mit den Begegnungen des Tages geht mit, alles wird Teil des Weges. Das bedeutet die Mitteilung in der Überlieferung, daß sich dem Elkana auf dem Weg das ganze Volk zugesellt. An Passa, der Befreiung vom Entweder-oder, geht er den einen Weg, an »schwuoth«, ›die (sieben) Wochen‹, dem Pfingsten, nimmt er einen anderen Weg, den Weg zum Geheimnis des Wortes, da kommen wieder andere mit. Und an »sukkoth«, Laubhütten, geht er wieder einen anderen Weg, den Weg des Relativierens, der größten Freude. Und so ist dieser Weg jedes Mal mit anderen, und die ganze Menge des Volkes kommt mit. Tatsächlich, man erlebt auf dem Weg die ganze Welt und nimmt sie mit.

Man glaubt, man nimmt auf dem Weg nur seine eigenen Erinnerungen mit, seine eigenen Gespräche auf dem Weg. Man hat nicht genügend Glauben, zu erfahren, daß damit wirklich alles mitkommt; man glaubt es nicht. So ist es doch auch bei Elkana und Channa, daß dann, wenn das ganze Volk Israel mitkommt, der Sohn, der ersehnte, doch auch kommen wird. Wenn du diese drei Mal den Weg gehst, und alles kommt mit, dann wirst du schon sehen, daß es kommt.

In Schilo – oder Jerusalem, denn es ist der gleiche Ort mit dem Stein »schetijah« – gibt es einen Hohepriester mit dem Namen Eli, geschrieben mit der Ajin, deshalb lautet die Übersetzung nicht ›mein Gott‹, denn da müßte statt der Ajin eine Alef stehen. Der Hohepriester im Menschen trägt vom Menschen das, was das eigentliche Verlangen, die Erfüllung ist. Er residiert dort und kommt *ein* Mal ins Heilige des Heiligen, ins Allerheiligste, ins Jenseits des Jenseits. Dort ist er, und dort bringt der Mensch auch bei sich selber sein Anliegen vor. Ich möchte eine Frucht haben, die hier im Diesseits erscheint; ich glaube schon, daß es im Jenseits ist – ich bin doch Prophetin –, ich möchte sie aber konkret hier haben. Channa ist Prophetin, das heißt, ihr Leib weiß, daß es jenseits ist, sehnt sich aber, es diesseitig zu haben. Der Leib möchte Mutter dieses Diesseitigen werden. Der Leib möchte, kann man sagen, es erleben, dieser Frucht in die Augen zu sehen, sie zu ernähren, daß sie heranwachsen kann, sie heranziehen, daß eine Beziehung zur Frucht entsteht, daß eine Einheit wird. Das ist das Sich-sehnen der Channa; der Name kommt doch von »chen«, 8 – 50, vom ›Gütigen‹, von ›Gunst‹, ›Liebe‹, ›Gnade‹, etwas Gutem, das der Mensch gern schenkt; der Begriff ›Achtundfünfzig‹ auch, mit dem die Zeit der Welt gemessen wird.

Channa ist schon durch ihren Namen Prophetin; wie sie dann auch als Anna die Mutter Marias ist – diese ›unbefleckte Empfängnis‹ –, die dann den Sohn bekommt. Das ganze Geschehen mit der Channa ist merkwürdig und bedeutsam. Sie kommt dann vor den Hohepriester Eli und betet dort zu Gott. Sie spricht dieses Gebet so, daß die Worte nicht gehört werden, weshalb Eli sagt: Bist du betrunken? Du redest wie eine Betrunkene, ich sehe deine Lippen sich bewegen, höre aber nichts. Was ist mit dir? Ich bin gewohnt, Worte zu hören, zu verstehen.

Es heißt, Channa ist die Erste, von der man sagt, sie spricht die Worte so aus, daß keiner sie hören kann. Das ist das echte Gebet: die Worte, welche schweigen. Von Channa, der Anna, leitet sich im Judentum auch die Tradition des stillen Gebetes her, wo man vor Gott steht wie ein Engel und die Worte nicht gehört werden. Man nennt das im Hebräischen die »amida« – von »omed«, stehen –, das Stehen vor Gott. Man steht mit den Fersen aneinander, denn der Engel hat die Zweiheit seines Weges geschlossen, er kennt nicht das Entweder-oder der Fortbewegung, der Engel steht immer so. Die Engel, heißt es, stehen vor Gott, verbinden Himmel und Erde, Erde und Himmel; sie sind sozusagen die Kommunikation von oben nach unten und von unten nach oben. Und die Stimme der Engel, wenn sie im Himmel auch Jauchzen ist, Rufen und Singen, irdisch ist sie Schweigen.

Und Channa, deren Stimme dort schweigt, spricht. Und das Gebet des Menschen ist dieses Schweigende, das sich in einer Bewegung ausdrückt, einem Verhalten, das wie Stillsein aussieht, im Verborgenen aber, wie die Organe des Menschen, dennoch funktioniert. Es ist ein Verhalten, das ganz stark diese Bewegung schon enthält; Weg will doch sagen: Bewegung. Auch wenn der Mensch steht und ruht und schläft, sind die Bewegungen da, denn der Weg ist da.

Channa bittet um Erhörung, denn sie spürt, dieses Unfruchtbarsein, »akara«, hat mit der ›Hauptsache‹, »ikar«, zu tun: die Hauptsache kommt nicht heraus. Es ist eben zu, weil das Wichtigste nicht herauskommen kann. Das Wichtigste ist im Himmel, hier kann es nicht kommen. Und sie bittet: Gerade weil ich glaube und weiß und sehe, daß es dort ist, möchte ich, daß es hier erscheint. Denn wenn es erscheint, kommt der König von Israel, der die Generationen der Könige bringt, bis der König dann der Gesalbte ist, dieser Gesalbte, auf den alles wartet. – Ich weiß, es ist unmöglich, es ist ausgeschlossen, und gerade deshalb sage ich, ich möchte es haben.

Der Mensch *soll* eben mit seinem Schicksal hadern, sich nicht damit zufrieden geben, daß es ausgeschlossen ist, sondern es doch haben wollen. Es ist die Stimme des Prophetischen in ihm – man sagt doch auch ›bestimmt‹ –, die dann kommen kann, wodurch das auch sein wird, worum er bittet. Das ist dieses Gebet der Channa, und Eli sagt ihr nur, daß es erhört werden wird.

Man wundert sich oft, wenn man liest, wie einer mit einem wichtigen Anliegen zu einem chassidischen Zaddik kommt, und der dann nur knapp mitteilt: Ja, es wird sein. Man hätte doch erwartet, daß er sich erst einmal in Meditation versenkt oder betet oder vielleicht die Bibel zu Rate zieht. Aber nichts dergleichen! Er schaut den Menschen, der zu ihm kommt, kaum an, scheint auch gar nicht über das Anliegen weiter nachzudenken. – Es ist auch nicht wichtig, was er denkt, er soll gar nicht denken, das Denken ist doch der Teufel. Was er hat, ist eben das Vertrauen, dem anderen Freude machen zu wollen, er möchte sich hingeben, ganz, damit der andere glücklich ist. Wenn er erst erst gewisse Handlungen verrichten, allerlei Tiefsinniges anstellen und fromm dreinschauen müßte, um raten oder antworten zu können, wäre er wahrscheinlich ein Heuchler oder ein Betrüger oder ein Scharlatan. Die gibt es überall, natürlich auch dort.

Channa bekommt dann einen Sohn, den sie mit drei Jahren, wenn er entwöhnt ist – »gimel«, Kamel, ›Drei‹, auch ›entwöhnen‹ –, nach Schilo bringt, dem Eli übergibt. Es folgt ihr zweites Gebet, ein Dankgebet. In diesen beiden Gesprächen mit Gott ist sie Prophetin. Sie sieht nicht Dinge im Sinne einer Seherin, sie *sagt* es, das heißt, der Leib sagt es schon. Sie spricht von dem Krüglein und dem Horn: der eine König wird mit dem Öl aus dem Krüglein, »pach«, gesalbt, und der andere König mit dem Öl aus dem Horn, »keren«. Saul, der aus dem Krüglein gesalbte König ist kein Böser, wie man manchmal denkt, sondern ein Großer im Paradies. Ganz sündenfrei, heißt es, sei er, und man nennt ihn den bescheidensten Menschen. Durch seine Bescheidenheit hat er gesündigt, könnte man sagen; gar nicht also, daß er ein Ungehorsamer ist.

Das Ganze hier ist eine prophetische Mitteilung im Menschen; der Leib des Menschen spürt, es kommt dieser Sohn, der »ben« Davids, dieser Messias. Der Leib spürt: Mit mir wird es zusammenhängen, ich habe damit zu tun, bin einbezogen in das Ganze; er wird mich vom Zwang befreien, vom Zwang des Entweder-oder, vom Zwang der Schuldgefühle, des Unzufriedenseins, vom Zwang des Rausches. Kein Er von außen, sondern er, der im Menschen lebt. Und ich bin in ihm, und er ist in mir. Kein Objekt also, dem ich mich gegenüberstellen und hingeben, das ich anbeten könnte. Das gibt es hier so nicht, das gibt es in einer anderen Welt. Hier in dieser Welt gibt es den Menschen, der das erlebt. Auf seinem Weg in den Himmel wird der Mensch auch das Andere sehen. Dort begegnet er allem in einer anderen Wahrheit, anders dargestellt und dort anders lebend.

Fünftes Kapitel

1. Samuel 1,1–2,11. Das Wunder bei Hundertdreißig. Näherkommen in Traurigkeit. Korach im Menschen

Jetzt werde ich erst einmal ein Stück vorlesen. Das Buch Samuel fängt so an:

Es war ein Mann von Ramatajim-Zofim

Ein Ort also, der so heißt; »rama«, ›hoch‹, ›erhaben‹, und »ajim«, ›doppelt‹ – das doppelte Hohe, das doppelte Erhabene. Und »zofim« ist das ›Sehen‹, das Sehen des Propheten, ein Sehen auf andere Art, ein ›Einsehen‹. Es gibt den Berg ›Zofim‹ bei Jerusalem, der im Griechischen ›Skopus‹ heißt. Ein Prophet sieht anders, das Wort läßt ihn sehen. Dabei sind seine Augen gerade geschlossen. Er heißt deshalb oft ein Blinder, weil die andere Sicht entscheidend ist. Ramatajim-Zofim bedeutet also ›das doppelte Hohe, Erhabene‹ und diese ›Einsicht‹. Es ist ein geographischer Ort, denn alles, was im Wesentlichen ist, findet hier eine Erscheinung, also auch geographisch; sogar bis tief in die Erde hinein ist alles da. Wie unten, so oben, wie tief verborgen, so an der Oberfläche. – Diese ›beiden Erhabenen‹ sind auch die beiden Könige, die durch Samuels Salbung kommen, der König von Benjamin, Saul, und der König von Juda, David, also Ephraim und Juda hier zusammen.

vom Gebirge Ephraim, der hieß Elkana,

Elkana bedeutet ›Gott hat erworben‹, ›Gott hat erschaffen‹.

ein Sohn Jerochams,

Jerocham bedeutet ›der Herr erbarmt sich‹, der Herr ist Barmherzigkeit.

des Sohnes Elihus,

Elihu, ›er ist mein Gott‹, kommt auch im Buch Hiob vor.

des Sohnes Tohus,

das ist der ›Niedere‹, der ›Bescheidene‹

des Sohnes Zufs,

auch ein Begriff für ›Wachs‹, ›Honigwabe‹

ein Ephraimiter.

Obwohl er also von dieser Seite Juda abstammt, ein Ephraimiter – immer werden diese beiden Seiten zusammengefügt; ich werde davon noch erzählen.

Und er hatte zwei Frauen; die eine hieß Channa, die andere Peninna. Peninna aber hatte Kinder, und Channa hatte keine Kinder. Dieser Mann ging jährlich hinauf von seiner Stadt, um anzubeten und dem HERRN Zebaoth

Zebaoth bedeutet ›Heerscharen‹, die Menge, die Mannigfaltigkeit im Himmel. Im Himmel ist alles anwesend, was in der Welt in Zeit und Raum erscheint; das sind die himmlischen Heerscharen. Unten kann nichts erscheinen, was nicht oben ist. Was im Wesen nicht ist, kann nicht ausgesprochen werden. Es mag sein, daß das Wesentliche schweigt und nicht ausspricht; dann braucht es unten nicht zu sein, ist aber oben. Die Heerscharen oben aber enthalten alles, was unten sein könnte.

zu opfern in Schilo.

Schilo ist ein Ort, wo Gott wohnt.

Dort aber waren Hofni und Pinchas,

Hofni bedeutet übersetzt ›der Starke mit der Faust‹ und Pinchas ›der Eherne‹, der ›eiserne‹, ›stählerne Mund‹; der mit seinem Wort ›stählern‹ ist.

die beiden Söhne Elis,

Eli, mit Ajin, nicht mit Alef geschrieben, heißt ›aufsteigend‹.

Priester des HERRN. Wenn nun der Tag kam, daß Elkana opferte,

›opferte‹ bedeutet ›Gott näherkam‹, also seine Existenz Gott ›näherbrachte‹.

gab er seiner Frau Peninna und allen ihren Söhnen und Töchtern Stücke vom Opferfleisch.

›Fleisch‹, »bassar«, ist ›Botschaft‹, »bessura«; Opferfleisch bedeutet die Botschaft, die aus dem Näherkommen zu Gott hervorkommt.

Aber Channa gab er ein Stück traurig; denn er hatte Channa lieb, obgleich der HERR ihren Leib verschlossen hatte. Und ihre Widersacherin

Peninna also

kränkte und reizte sie sehr, weil der HERR ihren Leib verschlossen hatte. So ging es alle Jahre; wenn sie hinaufzog zum Haus des HERRN, kränkte jene sie. Dann weinte Channa und aß nichts. Elkana aber, ihr Mann, sprach zu ihr: Channa, warum weinst du, und warum ißt du nichts? Und warum ist dein Herz so traurig? Bin ich dir nicht mehr wert als zehn Söhne? Da stand Channa auf, nachdem sie in Schilo gegessen und getrunken hatten. Eli aber, der Priester, saß auf einem Stuhl am Türpfosten des Tempels des HERRN. Und sie war betrübt und betete zum HERRN und weinte sehr und gelobte ein Gelübde und sprach: HERR Zebaoth, wirst du das Elend deiner Magd ansehen und an mich gedenken und deiner Magd nicht vergessen und wirst du deiner Magd einen Sohn geben, so will ich ihn dem HERRN geben sein Leben lang, und es soll kein Schermesser auf sein Haupt kommen. Und als sie lange betete vor dem HERRN, achtete Eli auf ihren Mund;

denn Channa redete in ihrem Herzen, nur ihre Lippen bewegten sich, ihre Stimme aber hörte man nicht. Da meinte Eli, sie wäre betrunken, und sprach zu ihr: Wie lange willst du betrunken sein? Gib den Wein von dir, den du getrunken hast! Channa aber antwortete und sprach: Nein, mein Herr! Ich bin eine betrübte Frau; Wein und starkes Getränk hab ich nicht getrunken, sondern mein Herz vor dem HERRN *ausgeschüttet. Du wollest deine Magd nicht für eine zuchtlose Frau halten, denn ich hab aus meinem großen Kummer und Herzeleid so lange geredet. Eli antwortete und sprach: Geh hin mit Frieden; der Gott Israels wird dir die Bitte erfüllen, die du an ihn gerichtet hast.*

Sie sehen also, er hat gar nicht gehört, was sie gesagt hat, er weiß nicht einmal, könnte man sagen, worum sie gebeten hat, sagt ihr aber: Er wird erhören. Es genügt, wenn er das sagt.

Sie sprach: Laß deine Magd Gnade finden vor deinen Augen. Da ging die Frau ihres Weges und aß und sah nicht mehr so traurig drein. Und am anderen Morgen machten sie sich früh auf. Und als sie angebetet hatten vor dem HERRN, *kehrten sie wieder um und kamen heim nach Rama.*

das Ramatajim, dieses ›Erhabene‹

Und Elkana erkannte Channa, seine Frau,

das bedeutet, sie bekam ein Kind

und der HERR *gedachte an sie. Und Channa ward schwanger; und als die Tage um waren, gebar sie einen Sohn und nannte ihn Samuel; denn, so sprach sie, ich hab ihn von dem* HERRN *erbeten.*

Nach der Überlieferung heißt Samuel oder Schmuel, nach dem Hebräischen »schmo el«, ›sein Name ist Gott‹

oder ›Gott gibt seinen Namen‹. Von Gott erbeten – die Überlieferung sagt, ›der Name ist von Gott gegeben‹, der Name war von Gott bestimmt. Der ›Königmacher‹, wie man manchmal sagt, hat seinen Namen von Gott bekommen.

Und als der Mann Elkana hinaufzog mit seinem ganzen Hause, um jährliche Opfer dem HERRN *zu opfern und sein Gelübde zu erfüllen, zog Channa nicht mit hinauf, sondern sprach zu ihrem Mann: Wenn der Knabe entwöhnt ist, will ich ihn bringen, daß er vor dem* HERRN *erscheine und dort für immer bleibe. Ihr Mann Elkana sprach zu ihr: So tu, wie dir's gefällt! Bleib, bis du ihn entwöhnt hast; der* HERR *aber bestätige, was er geredet hat. So blieb die Frau und stillte ihren Sohn, bis sie ihn entwöhnt hatte. Nachdem sie ihn entwöhnt hatte, nahm sie ihn mit sich hinauf nach Schilo, dazu einen dreijährigen Stier, einen Scheffel Mehl und einen Krug Wein und brachte ihn in das Haus des* HERRN. *Der Knabe war aber noch jung. Und sie schlachteten den Stier und brachten den Knaben zu Eli. Und sie sprach: Ach, mein Herr, so wahr du lebst, mein Herr: ich bin die Frau, die hier bei dir stand, um zum* HERRN *zu beten. Um diesen Knaben bat ich. Nun hat der* HERR *mir die Bitte erfüllt, die ich an ihn gerichtet hatte. Darum gebe ich ihn dem* HERRN *wieder sein Leben lang, weil er vom* HERRN *erbeten ist. Und sie beteten dort den* HERRN *an. Und Channa betete und sprach:*

Jetzt kommt dieses Lied von Channa; Sie sehen, die Prophetinnen haben ein Lied.

Mein Herz ist fröhlich in dem HERRN,
mein Haupt ist erhöht in dem HERRN.
Mein Mund hat sich weit aufgetan wider meine Feinde,
denn ich freue mich deines Heils.

Es ist niemand heilig wie der Herr, außer dir ist keiner,
und ist kein Fels, wie unser Gott ist.
Laßt euer großes Rühmen und Trotzen,
freches Reden gehe nicht aus eurem Mund;
denn der Herr ist ein Gott, der es merkt,
und von ihm werden Taten gewogen.
Der Bogen der Starken ist zerbrochen,
und die Schwachen sind umgürtet mit Stärke.
Die da satt waren, müssen um Brot dienen,
und die Hunger litten, hungert nicht mehr.
Die Unfruchtbare hat sieben geboren,
und die viele Kinder hatte, welkt dahin.
Der Herr tötet und macht lebendig,
führt hinab zu den Toten und wieder herauf.
Der Herr macht arm und macht reich;
er erniedrigt und erhöht.
Er hebt auf den Dürftigen aus dem Staub
und erhöht den Armen aus der Asche,
daß er ihn setze unter die Fürsten
und den Thron der Ehre erben lasse.
Denn der Welt Grundfesten sind des Herrn,
und er hat die Erde darauf gesetzt.
Er wird behüten die Füße seiner Heiligen,
aber die Gottlosen sollen zunichte werden in Finsternis;
denn viel Macht hilft doch niemand.
Die mit dem Herrn hadern, sollen zugrunde gehen.
Der Höchste im Himmel wird sie zerschmettern,
der Herr wird richten der Welt Enden.
Er wird Macht geben seinem Könige
und erhöhen das Haupt seines Gesalbten.
Und Elkana ging heim nach Rama in sein Haus; der Knabe aber war des Herrn Diener vor dem Priester Eli.

(1. Samuel 1–2, 11)
Die Geschichte geht dann weiter mit den Söhnen von Eli und dem Gericht über das Haus von Eli. Es folgt dann etwas über das Leben Samuels, und das läuft dann aus in das Kommen der Könige und deren Leben. In den beiden Büchern Samuel wird von den Königen erzählt, von Saul, dem ersten König, und von König David, dem zweiten. Die weiteren Könige sind in den zwei Büchern Könige enthalten, beginnend mit Davids Sohn Salomo, der den Tempel baut, bis zu den Königen, wo das Reich dann endet. Im Buch Könige kommt es zur Teilung des Reiches; das eine Reich sprengt auseinander und zwei Reiche stehen sich feindlich gegenüber. Davon erzählt das ganze Buch der Könige bis zum Untergang dieser beiden Reiche.

Wiederum ein Untergang; es ist nicht so, daß man sagen könnte: Jetzt ist es erreicht. Ein merkwürdiges Kommen und Gehen wie das Einatmen und Ausatmen. Es ist kein Bleiben. Hier wird vom Geheimnis des Lebens erzählt, damit der Mensch sich mit diesem Geheimnis verehelicht und die große Freude erlebt, daß das Geheimnis Teil seines Lebens wird und Frucht bringt.

Channa, die Vierte in der Reihe der Prophetinnen, die Erste also in der zweiten Dreiheit, erlebt, was dem Menschen eigentlich in seinem Leben geschieht. Der Mensch sehnt sich danach, daß gerade das hervorkommt, was unglaublich ist. Der Herr hat Channas Leib verschlossen, in ihr Leben kommt es nicht hinein, die Frucht kann nicht werden. Während die andere Seite viele Söhne hat. Peninna – der Name kann mit ›Perle‹, aber auch mit ›Zweig‹ übersetzt werden – hat zehn Söhne, wie erzählt wird, und Channa keinen. Es bedeutet, man sieht in der Welt, und das heißt auch in seinem eigenen Leben, vieles geschehen, Gutes und weniger Gutes, aber man sieht niemals das eintreten, was man eigentlich erhoffte. Diese Söhne kommen und gehen. Die Frucht, die einem während des Lebens kommt, bleibt nicht für immer. Schon brave Söhne, kann man sagen, aber das Eigentliche, die Antwort, die ich mir erhoffe, kommt nicht. Daß jemand mich versteht, wirklich *mich* meint und nicht den Vorteil, den ich ihm bringe, *mich* mit allen meinen verborgenen Gedanken und Hoffnungen, mit meinen Freuden und meinem Schmerz. Aber keiner, auch ich selber kann es nicht ausdrücken: Ich bin ›verschlossen‹. Und diese andere Frucht kann nicht kommen, von der ich weiß, daß sie die Könige bringen wird und den Gesalbten, der tatsächlich der vom Himmel Umhüllte ist; denn »schemen«, 300–40–50, Salböl, hat doch im Hebräischen den gleichen Zahlenwert wie »schamajim«, 300–40–10–40, Himmel. Und man sagt, der Gesalbte ist nicht nur mit etwas Öl auf dem Haupt bezeichnet, sondern *ganz* umhüllt vom Öl, umhüllt vom Himmel. Seine Erscheinung, will das sagen, ist himmlisch, und verborgen in ihm ist das Irdische, das nicht richtig hervortritt. Das aber, heißt es, würde die Welt nicht ertragen, bis die Zeit gekommen ist, denn die Welt erträgt das Himmlische nicht, weil es die selber gebauten Maßstäbe zunichte macht, die Gedanken, die Theorien. Alle selber gemachten Gebilde werden gerade durch das zunichte gemacht, was das Himmlische hier erscheinen läßt. Der Messias, wenn er erscheint, wird verfolgt, als häßlich verschrien, weil er nicht ertragen werden kann. Aber dennoch – das ist das gleiche Unmögliche – erwartet der Leib, das Leben des

Menschen dieses Andere. Es ist unmöglich, daß ich verstanden werde, geliebt werde, aber ich erwarte es *doch*. Ich kann es nicht sagen; wenn ich bete, bewegen sich meine Lippen schon, aber man hört nichts.

Eli hört nichts – das will sagen, diese Worte werden schon erhört. Denn Eli, der ›Aufsteigende‹, weiß schon, daß man nicht genau wissen muß. Er weiß schon, du willst etwas, und ich möchte es dir schenken. Ich weiß nicht, was du willst, aber gönne dir alles, was du möchtest, Frieden und Freude und Glück. Ich muß doch nicht wissen. Wissen würde bedeuten, erst zu analysieren, was du möchtest, und dann zu überlegen, ob das möglich wäre. All das brauche ich nicht zu wissen, es genügt im Schweigen. Und deshalb ist doch auch dieses stille Gebet das Hauptgebet. Damit ist nicht nur das Beten gemeint, wenn man so steht, sondern es bedeutet auch: Du, Mensch, wenn du aufrecht stehst, wenn bei dir dein Leben, dein Leib Himmel und Erde verbindet, dann ist dein Schweigen schon genug. Dann verstehst du schon dich selber, und die Welt versteht dich, ohne zu hören, was du sagst. Denn je mehr du sagst, desto mehr trübst du dich selber und umhüllst es und glaubst, damit wäre es frei. Dieses Stille ist dieses Schweigen, wovon man auch sagt, es ist das Zeichen, das *vor* allen Zeichen steht, die ausgesprochen werden können. Dieses Zeichen ist das Schweigende, das gerade nicht ausgesprochen werden kann: das Zeichen des Lammes.

So ist dieses Channa-Erleben im Menschen ein merkwürdiges, denn von dem, der von Channa kommt, heißt es in der Überlieferung: Längst ist der Name Schmuel im Himmel bekannt als »schmo el«: ›sein Name ist Gott‹. Und dieser kommt, wenn Channa hundertdreißig Jahre alt ist. Wiederum die Hundertdreißig Jahre, die auch genannt werden, wenn Jochewed den Mose und Eva, Chawa, den Scheth gebiert; Scheth, der anstelle des umgekommenen Abel kommt, der umgekommenen ›Nichtigkeit‹, des Nichts, das nicht erscheinen kann. Anstelle des Nichts kam Scheth, der andere Sohn, das ›Fließende‹, was man trinken, aufnehmen kann. Die Hundertdreißig ist entscheidend; sie ist auch der Zahlenwert der hebräischen Schreibweise von Sinai und von »sulam«, der ›Leiter‹ in den Himmel, die Jakob im Traum schaut (1. Mose 28,12). Bei Hundertdreißig, will das sagen, kommt ein Wunder. Keine Empfängnis, kann man sagen, die erwartet wird, sondern eine Empfängnis auf andere Art. Wie es die Legende auch bei der Anna in der anderen Geschichte erzählt, die nicht auf die gewöhnliche Art ein Kind bekommt.

Wir sehen hier, wie das alles schon als Struktur, als Versprechen für den Menschen da ist. Schmuel ist dann auch nicht nur irgendeiner, der die Aufgabe hat, Könige zu salben; er salbt, heißt es, sozusagen auch das, was er selber ist. Sein Name trennt sich aber in zwei: einen Messias aus der Seite der Rahel, des Joseph, des Benjamin, und einen Messias aus der Seite von David. Samuel, der sich in zwei trennt –: ein Erlebnis, das aus dem Leib des Menschen hervorkommt; der Mensch trägt das. Jedes Unbefriedigtsein, jedes Verstimmtsein bedeutet die Sehnsucht nach Samuel im Menschen. Er möchte den Schmoel, diesen von Gott gegebenen, von Gott erbetenen Namen, den möchte er doch eigentlich, möchte mit seinem Namen selber gekrönt sein. Wenn ich ganz unzufrieden bin und um mich schlage und wüte – verzeihe mir die Aggression, mein Leib kanns nicht anders ertragen, ich muß so sein, obwohl ich es gar nicht will, es tut mir leid; so ist im Menschen dieses Channa-Erlebnis, das den Schmuel haben möchte. Sie ißt nicht und trinkt nicht, heißt es. Ja, liest man in den Kommentaren, soll der Mensch, der das erwartet, auch noch essen und trinken?! Eine Bestätigung sozusagen: Sei auch mal traurig und protestiere. Es bedeutet ein Hadern mit Gott. Ich las soeben im Loblied der Channa: ›Die mit dem HERRN hadern, sollen zugrunde gehen‹ (1. Samuel 2, 10); da ist ›hadern‹ eine falsche Übersetzung, denn im Hebräischen steht dort: ›die Gott leugnen‹, ›die Gott ablehnen‹, die Gott also als nicht existent erklären. Während Hadern mit Gott gerade ein Sich-aussprechen mit Gott bedeutet, ein Ausbeten mit Gott, was ich meine. Weder will ich noch kann ich essen und trinken, ich mag keine Begegnung mehr. Hier wird der traurige Mensch erhöht, statt daß man nur sagt, wenn du dich so unmöglich verhältst, kannst du in der Gesellschaft nicht existieren. Sicher sagt man das auch, um ihm zu helfen, denn schließlich muß er hier doch leben; andererseits versteht man ihn ganz gut.

Channa, bedeutet es hier, protestiert, es geht ihr gar nicht gut. Sie mag den Elkana, ›Gott hat erschaffen, erworben‹; »kana« bedeutet ›kaufen‹, auch ›erschaffen‹, auch ›gemacht‹. Von Elkana, der jedes Mal ins Zentrum, ins tiefste Geheimnis geht und alle Menschen mitnimmt, wird gesagt, daß er der Größte der Menschen sei. Im ersten Jahr, wenn er den Weg geht, heißt es in einer Geschichte, kommen fünf mit, im zweiten Jahr zehn, und so immer weiter Jahr für Jahr, bis am Ende ganz Israel mitkommt auf dem Weg. Immer mehr Menschen begegnet er auf dem Weg. Kann man das alles behalten?, könnte man sich fragen. Im Gedächtnis braucht man es nicht zu behalten, es ist in den Leib schon aufgenommen und behalten worden, es ist Teil des Lebens.

Channa geht jedes Mal mit und ist traurig. Ihr Näherkommen zu Gott ist ihre Traurigkeit. Sie ersehnt eigentlich etwas Unmögliches, deshalb ist sie traurig. Und man darf einem Menschen, der eigentlich Unmögliches verlangt, nicht sagen, das gibt es doch gar nicht, also sei nicht traurig. Denn wie es Sara bekommt, bekommt es auch Channa. Das sind die Prophetinnen an der rechten Seite, und beide erhalten den Sohn. ›Unglaublich‹ ist es, ›lächerlich‹, wie der Name Jizchak (Isaak) sagt, und Schmuel bedeutet ›Gott gibt den Namen‹, ›sein Name ist »el«, Gott‹.

So findet sich hier eine merkwürdige Bestätigung für den Menschen, der mit seiner Sehnsucht nach dem Unmöglichen nicht in die Gesellschaft hineinpaßt. Muß man ihn dann gleich zum Psychiater schicken, weil nur der Angepaßte als ›gesund‹ gilt? Sicher braucht er Behandlung, wenn es gar nicht mehr geht, und er sucht gewiß auch Trost. Aber man halte dieses Traurige nicht für eine Anomalität, es ist dieses Geschehen mit den Prophetinnen an der rechten Seite, wie man es an der überlieferten Struktur der Siebenheit sehen kann:

Miriam		Sara
	Debora	
Abigail		Channa
	Chulda	
	Esther	

An der rechten Seite also Sara und Channa. Lächerlich, sagt die eine, unmöglich, ihr könnt schöne Geschichten erzählen, ich möchte es schon glauben, glaube es aber doch nicht. Und die andere sagt, ich ertrag das nicht, die Welt hat alles, ich hab alles, aber dort, wo ich Erfolg haben möchte, wo ich verstanden werden könnte, ist nichts da, bricht es zusammen, könnte man sagen. – Das aber sind die Großen, von dieser Seite her kommt es. Channa prophezeit auch das Ganze, ihr Lied ist eine Prophetie. Das erste Lied wurde gar nicht verstanden, Eli hört nichts. Nach der Überlieferung sagt sie: Ich ertrage das Leben so nicht, schenke es dir gern zurück. Ich möchte keine Begegnungen mehr haben, will gar nichts mehr haben, ertrage das einfach nicht mehr. Und doch bitte ich dich, tue es doch, denn du kannst es. Du bist der Gegenüberstehende, der Unsichtbare, der Verborgene. Ich bleibe treu und glaube dennoch.

Elkana, von dem es heißt, daß er hier eine große Rolle spielt, stammt, wie auch seine Frau Channa, merkwürdigerweise von Korach ab. Von Korach und seiner ›Rotte‹ wird im 4. Mose 16 erzählt; Korach ist es doch, der sich gegen Mose erhebt, der sagt: Warum ist er mehr? Warum nicht auch ich? Korach erträgt das Schicksal nicht, wie es vom Himmel, von der jenseitigen Seite in diese Welt hineinkommt. Es sind die Fragen, die sich der Mensch manchmal stellt: Warum bin ich ein Mann und keine Frau? Warum bin ich zu dieser Zeit und nicht zu jener Zeit, an diesem Ort und nicht an jenem Ort geboren worden? Alles mögliche war falsch, ich möchte es anders. Korach ist unzufrieden mit seinem Schicksal. Korach ist das im Menschen, wovon es heißt, daß es im Laufe seines Lebens vertilgt wird. Es sinkt in die Erde hinein; die Erde öffnet ihren Mund und Korach und sein Anhang sinken in einen Abgrund ohne Ende (4. Mose 16, 32–33). Der Abgrund, sagt man in der Überlieferung, endet dort, wo Channa in ihrem Lied sagt: ›Der Herr erniedrigt und erhöht‹; an diesem Punkt hört das Sinken von Korach auf. Man sagt, die Söhne Korachs – in den Psalmen kommen sie vor – singen vor Gott. ›Söhne‹ bedeutet also ›Frucht‹. Es will sagen, die Unzufriedenheit bei dir, die wird weggenommen, die versinkt bei dir; doch was daraus hervorkommt, ist groß. Die Psalmen der Söhne von Korach sind gewaltig. Der Vater des Großvaters von Elkana ist Asaph, der in den Psalmen oft vorkommt – Lied von Asaph –; es ist die vierte Generation in der Abstammung des Elkana. Wie man auch erzählt, daß die Enkelkinder von Sissera, dem gewaltigen Fürsten und Feldherrn der Kanaaniter, große Lehrer in Israel werden. Nie denke man, daß das Böse und Schlechte keine Frucht habe! Bekämpfe das Böse, und bekämpfe und vernichte es an erster Stelle in dir. Dann wirst du sehen, daß seine Frucht sehr gut ist; es stirbt nicht ab, das Böse hat ein Geheimnis. Die ›Früchte‹ Hamans, weitere Enkel, der doch ganz Israel vernichten wollte, sind, wie ich es in meinem Buch ›Die Rolle Esther‹ beschrieben habe, große Lehrer in Israel. Immer wieder begegnen wir diesem Geheimnis der negativen Seite, auch der negativen Seite in jedem Menschen. Es gibt dort manchmal Perversitäten, Böses, Lästiges, er kann es und wird es bei sich auch umbringen, es wird umgebracht bei ihm – aber was hervorkommt, könnte doch wieder gut sein. Sage nicht, ich habe gesündigt, ich bin ein Verlorener. Ja, die Sünde war falsch, und du siehst ein, daß du dumm und verrückt warst; aber bedenke, daß die Frucht dessen, was dir dort begegnete, doch einmal sehr gewaltig sein könnte. Es ist nicht so, daß etwas für ewig vernichtet ist. Selbst wenn man sagt: Amalek sei vernichtet für alle Ewigkeit!, sind Nachkommen von Haman, von Amalek, große Lehrer geworden. Man spürt hier, dieses Eindeutige, das wir so gern für unsere Vernunft und unseren Verstand haben möchten, um damit alles erklären zu können, diesen ›Schlüssel‹, den du sehen kannst, gibt es nicht. Der Schlüssel im Schlüsselloch, sagt man, funktioniert nur, weil du es nicht siehst. Das Tor öffnet sich gerade, weil du nichts siehst, es öffnet sich unsichtbar. Was dort geschieht, paßt schon hinein, aber es sind kein Schlüssel und kein Schlüsselloch, die du sehen kannst.

Channa nun, sehen wir, bringt diesen Samuel – Schmuel – hervor, der selber wie ein König ist und auch König genannt wird: ›Sein Name ist Gott‹ oder ›sein Name ist von Gott gegeben‹. Aber dieser König wird vom Volk abgelehnt, denn man will einen König, wie alle einen haben, gut oder schlecht. Wir möchten den König hier so haben, sogar von zwei Seiten, einen König, der so und so ist – Sohn von Joseph, Sohn von Juda. Diese Zweiheit wollen wir, wie alle, hier im Leben erleben. Das heißt, wir wollen einen Weg. Der Weg hat eine Länge, eine Dauer; Weg bedeutet ein Näherkommen, die Freude des Gehens, des Lebens.

Hinübergehend zur fünften Prophetin sehen wir, daß Abigail ins Leben des David tritt, des Königs, der bei Samuel verlangt wird. Miriam, wie Abigail auf der linken Seite, erhält Mose, den einen Erlöser für den Weg, und Abigail erhält den David. Ihr Name, von »gila«, Freude, bedeutet ›mein Vater ist Freude‹. Dort also die Frau von der Freude, während Miriam erst das Bittere hat und die Freude nachher kommt, und diese Freude ist Abigail.

Name als Erlebnis. Ephraim, der Dreizehnte.
Sauls Bescheidenheit und Größe.
Krüglein und Horn. Das Bündnis von Jonathan und David.
Jischai, der Reine

Wir haben schon von den Namen gesprochen, die bei Elkanas Ahnentafel aufgezählt werden; wir könnten uns aber auch einmal fragen, was ein Name eigentlich ist. Ich habe das Gefühl, daß durch den Namen etwas objektiviert, etwas zum Gegenstand wird, zum Gegenüber, und gegenüberstehend nicht mehr lebt. Aber wenn man die Herkunft des Namens kennt, erfährt, was er sprachlich bedeutet, ist er eigentlich ein Erlebnis im Menschen. Elkana sagt uns: ›Gott hat erworben, geschaffen, gemacht‹, und Elkana ist ein Sohn von Jerocham, ein Sohn von ›Gott erbarmt sich‹; Channa ist die von der ›Gnade‹, aber auch die ›Anmutige‹, die ›Schöne‹, denn »chen« bedeutet auch ›schön‹.

Im allgemeinen hat der Vater einen anderen Namen als der Sohn. Als Vater Abrahams zum Beispiel wird der Terach genannt, und es heißt, er sei ein Götzendiener, ein ›Heide‹. Wie aber ist es möglich, sollte man sich fragen, daß aus einem Heiden und Götzendiener ein Abraham hervorkommt? Hätte Abraham nicht besser neu erschaffen werden sollen, hervorgehend aus einem ganz Braven? Terach bedeutet ›der Zaudernde‹, ›der Langsame‹, ›einer, der sich nicht entscheiden kann‹. Und wir sollten verstehen, daß Abraham also auch beim Menschen aus diesem Zaudern, dem Verweilen, dem Nicht-weitergehen-können hervorkommt und daraus doch, durch den Glauben, etwas Neues geschehen kann, eine neue Schöpfung mit Abraham kommt. Die

Namen der Väter sind sehr wichtig für die Kinder; *dein* Erlebnis, bedeutet es, hat diese Namen, und dieses Erlebnis kommt aus einem anderen hervor, und das wiederum aus einem anderen. Und das erste Erlebnis ist Adam: ›Ich gleiche Gott‹, wie der Mensch aus diesem ›Ich gleiche‹ zu Gott sagt, und Gott ›in meinem Gleichnis‹ oder ›Ich gleiche dem Menschen‹ zum Menschen, zur Welt sagt – ein Gleichnis. Daraus kommt doch eigentlich die ganze Reihe hervor. Nachweisen, beweisen kann man das nie, aber glauben kann man es. Es bedeutet bei dir, in der Wurzel, wo du ganz nah bei Gott bist, von Gott herkommst, dort heißt du Adam: Ich gleiche. Dann entsteht die Folge der Väter, darunter auch ganz miese, wie es auch in deinem Leben ganz miese Momente gibt, ohne daß du deshalb gleich verloren bist. Alles ist schief, alles ganz falsch gegangen, aber bedenke, von Sissera, von Haman gehen auch große Weise hervor, von Terach kommt Abraham. Man schämt sich der Abstammung von Terach, des Vaters von Abraham, nicht, der Abstammung vom Zaudernden, vom Zweifelnden, vom Götzendiener. Gewiß, er wird schon von den Wundern, die sein Sohn Abraham erlebt, ein wenig überzeugt, aber er zweifelt immer. Es bedeutet, wenn der Mensch Wunder erlebt, ist das, was er erst ist, doch nicht gleich bereit, mitzugehen. Gehe ins Land Kanaan, sagt Gott, dort ist, was ich dir verspreche. Bleibe nicht in dieser Vielheit, dieser Welt, die du erklären, aufbauen zu können glaubst. Gehe doch hin, ich werde dir zeigen. Da geht, wird gesagt, Terach mit Abraham mit – aber nur bis zum Ort Charan, das ist die Grenze. (Charan also heißt dieser Ort, nicht Haran; Haran ist ein Sohn von Terach, ein Bruder von Abraham, der

Vater von Lot.) Der Ort Charan – mit Cheth geschrieben – bedeutet ›Zorn‹; denn es heißt, Gott ist zornig, daß Terach nicht weitergeht.

Warum hat Terach Angst? Er geht bis zur Grenze und wagt es nicht, weiterzugehen, dennoch ist er der Vater von Abraham. Wie auch Korach, dieser Aufrührer und unangenehme Aufsässige, ein Urvater von Elkana ist; Korach ist im Menschen das fortwährend Unzufriedene: Warum bekommt immer der andere und nicht ich das? Sein Haus, seine Frau, sein Geld – *ich* möchte das haben. Aber dennoch, von Korach und seiner Unzufriedenheit kommen Elkana, Channa, Schmuel. Korach, von Levi stammend, und doch heißt Elkana ein Ephraimiter.

Ephraim, sehen wir hier wieder, ist in der Bibel etwas merkwürdig Zentrales. Er ist, könnte man sagen, der Dreizehnte bei den Söhnen Jakobs. Mit Joseph sind es zwölf, aber Joseph teilt sich in zwei, in Ephraim und Menasche. Der jüngste ist Ephraim, der Dreizehnte in der Reihe, der dann den Joschua als Enkelkind bekommt. Ephraimiter wird Elkana genannt, weil Ephraim diese Fruchtbarkeit bedeutet: »phar«, »pri« – die ›Frucht‹ kommt hervor. Joseph nennt seinen Sohn Ephraim: Ich bekomme die Frucht in einem fremden Land, einem Land, das mir nicht gehört, einer Welt, die nicht die meine ist. Und deshalb heißen sie immer wieder Ephraimiter, denn bedenke: es ist ein Weg, die Ahnen, die Generationen. Fremd waren sie einmal, dennoch kam die Frucht dort hervor. Hab also keine Furcht, es ist schon sicher, daß es kommt. So kommt Elkana aus der ›Barmherzigkeit Gottes‹, wie es der Name Jerochams, seines Vaters, sagt, und wie es der

Name des weiteren Ahnen Elihu, ›Er ist mein Gott‹, ausdrückt.

Der Weg, sehen wir, ist schon beim Menschen. Die Ahnen bauen sozusagen den Weg, und man kann sehen, wie das eine aus dem anderen hervorkommt. Es sind menschliche Eigenschaften, menschliche Geschicke, die so zustandekommen. Schmuel wird dann der Große, Wunder geschehen durch ihn und mit ihm, er ist wie ein König. Dann aber kommt das merkwürdige Verlangen: Wir wollen einen König, wie die Welt ihn hat; wir wollen nicht einen, der »schmo-el« ist, ›sein Name ist Gott‹, wir wollen einen *hier* haben. Ist nicht Gott euer König, sagt Schmuel, warum wollt ihr einen König haben, wie die Welt ihn hat? – Dennoch, kann man sagen, ist es auch festgelegt im Plan der Schöpfung, daß die Freude des Weges zum Messias, zum Gesalbten, wovon doch Channa in ihrem Lied auch singt, da ist. Einerseits wird dieses Verlangen im Menschen kritisiert und fast abgelehnt, andererseits sagt Gott zu Samuel: ›Gehorche ihrer Stimme und mache ihnen einen König‹ (1. Samuel 8, 22).

Der erste König ist, wie Sie wissen, Schaul (Saul). Ein so Bescheidener, heißt es, ist er, daß er sich für Nichts hält, und nur staunt, daß *er* gemeint ist. Als er zum König gewählt wird, glaubt er nicht, daß er es ist. Die Überlieferung erzählt, daß er sich hinter einem Faß, hinter einer Mauer versteckt, als er seinen Namen zu hören glaubt: *Mich* kann man doch nicht meinen!? – Wir verstehen, hoffe ich, daß hier nicht nur von einem König in alten Zeiten erzählt wird, sondern daß es sich hier um etwas handelt, das sich fortwährend in jedem Menschen abspielt. Der erste König im Menschen ist eine Bescheidenheit, ein Nicht-glauben-können, daß *ich* gemeint bin, sei es nun Mann oder Frau. Man kann es nicht annehmen, daß man es selber ist. Das ist, wenn man es so nennen will, die Sünde; aber die Größe Sauls ist auch, daß er auch nicht annehmen kann, daß er so wichtig ist. Er soll Amalek doch ausrotten, läßt den König von Amalek aber leben, weil der ihn anfleht und um sein Leben bittet, denn, sagt er sich: Wer bin ich schon? Er fleht doch, und wir haben doch alles von Amalek genommen, Amalek hat sich uns doch ergeben? Gut, mir wurde gesagt, alles auszurotten, kein Pardon zu gewähren, nichts von Amalek übrigzulassen. Aber wer bin ich schon? Muß ich das tun? – Immer wieder zeigt sich im Menschen diese Eigenschaft, daß er sich für ganz unwichtig hält. Aber jeder Mensch ist im Bild Gottes, jeder Mensch ist entscheidend für die ganze Welt. Man kann nicht sagen: Wer bin ich schon!? Wenn du in deinen Augen auch ein Kleiner bist, wirst du hier doch als Großer gesehen. Die Engel, die Heerscharen sagen, daß du entscheidend bist, daß von dir alles abhängt, daß du König bist. Wie oft glaubst du: Was macht es schon, wenn ich das so tue? Es ist in diesem Moment doch gar nicht wichtig. Während in der Überlieferung auch dem unscheinbarsten Tun des Menschen die größte Bedeutung zugemessen wird.

Das ist Schaul, und Schaul wird, wie es heißt, aus einem Krüglein gesalbt. »Pach«, Krüglein, schreibt sich Peh – Kaf, also 80 – 20; das ist die Proportion 4 – 1, daraus wird er gesalbt. Die Könige von der Joseph-Seite haben diese Vier zu Eins in der Salbung. Der andere König, David, wird aus dem »keren«, dem ›Horn‹ gesalbt. Salben bedeutet: Der ganze Mensch wird mit Öl umhüllt. Es ist das Öl der Olive, der Frucht des sechsten Tages, der bitteren, wie der sechste Tag den bitteren Geschmack hat, weil es so aussieht, als ob alles schiefginge. Am sechsten Tag wird die Olive gepflückt und kommt dann in die Ölpresse, »gath schemen« – wovon der Name ›Gethsemane‹ gebildet ist. Am sechsten, siebten und achten Tag wird die Olive gepreßt, bis dann am achten Tag das Öl da ist. Und es ist merkwürdig, daß »schemen«, Öl, und »schemona«, Acht, vom gleichen Stamm Schin – Mem – Nun sind. Die Salbung mit Öl am achten Tag ist vom sechsten Tag her schon vorbereitet. So gibt doch auch Boas der Ruth die sechs Gerstenkörner (Ruth 3, 15), weil er weiß, da kommt der Siebte, David, und der Achte, der Sohn Davids, der mit diesem Öl gesalbt wird, der Messias, für ewig gesalbt. So ist dieser sechste Tag ein sehr wichtiger Tag; die Olive ist bitter, bringt aber, wenn sie gepreßt wird, das Öl hervor.

»Keren«, dieses ›Horn‹, aus dem die andere Seite gesalbt wird, schreibt sich 100 – 200 – 50, der Zahlenwert von »keren« ist also Dreihundertfünfzig. Diese Dreieinhalb, von der ich in meinem Buch ›Schöpfung im Wort‹ sehr ausführlich geschrieben habe, enthält gerade das Geheimnis von der David-Seite. Die doppelte Dreieinhalb ist die Sieben, und mit der Dreieinhalb zeigt sich die Zeit, die doppelte Zeit und die halbe Zeit, wovon bei Daniel (12, 7) die Rede ist. Dieses Öl vom »keren«, heißt es, hat sichtbar Bestand, während das Öl vom »pach«, von der Vier-Eins, hier nicht sichtbar bleiben kann. Der Messias von der Joseph-Seite ist doch der Nichtverstandene, der Leidende, der Untergehende, könnte man denken; der von der David-Seite der Strahlende, der Glänzende, der Siegende. Und doch ist es Einer. Nur wir sehen zwei: Dreieinhalb und Dreieinhalb – Sieben doch.

Es ist eben dieses Geschenk, das an Neumond gegeben wird, und man liest dann im jüdischen Brauch dieses Stück, wo David mit Jonathan das Bündnis schließt (1. Samuel 18). Jonathan ist der Sohn von Saul, dem Widersacher und Verfolger von David, dem Mißmutigen und Traurigen, weil er nicht versteht, warum ihm das geschieht. Warum nimmt man ihm das Königtum? Was hat er schon getan? Er mag diesen anderen, den Strahlenden nicht. Und zu Jonathan sagt Saul: Was hast du mit diesem David? Er nimmt dir doch dein Königtum, wenn er nicht wäre, wärest du König.

Der Name Jonathan, von »jeho nathan«, bedeutet ›der Herr schenkt, gibt‹. Und das Bündnis, das sie an Neumond schließen, gilt für ewig. Der Mond kommt und geht, die Sonne bleibt. Wir werden eins sein. Der Mond korrigiert sich zur Sonne. Das jüdische Jahr ist ein Sonnen- und Mondjahr in einem, ein ganz exaktes Jahr. Gerade weil Mond und Sonne so zusammengefügt werden, stimmt das Jahr in Ewigkeit, stimmt der Kalender vollkommen, bedarf keiner julianischen oder gregorianischen Reparaturen oder Korrekturen. Das ist das Bündnis von Jonathan mit David, von Saul, der Joseph-Seite, mit David, der Juda-Seite. An Neumond – der Mond war verschwunden, nun wird er wieder wachsen und wieder verschwinden. Es sieht so aus, als ob die Joseph-Seite verschwindet, der Körper, das Leidende. Ein Kommen und Gehen – die weibliche Seite, die Erscheinung kommt, wächst, geht zurück und verschwindet. Man wird alt und älter, einmal muß man dann gehen. Aber nein, neu wirst du kommen und ich, David, stehe dafür, unser Bündnis ist ewig.

Das ist das Bündnis von Sonne und Mond: daß es eins wird. Man liest auch am Sabbath von Neumond diese Passage aus Jesaja, wo es heißt, daß am Ende der Tage das Licht des Mondes sein wird wie das Licht der Sonne, und das Licht der Sonne wie das Licht der Schöpfung, das Licht des Anfangs, das Urlicht, das verborgen wurde; dann ist es eins. Keine zwei Messiase – einer früher, einer später, einer da, einer dort –: *Einer.* Und Channa prophezeit dieses Bündnis von Jonathan und David, Saul und David, »pach« und »keren« in ihrem Lied. Nicht daß sie sagt, ich sehe das, ich weiß das – nichts weiß sie, heißt es in der Überlieferung, sie hat keine Ahnung, aber die Worte kommen schon aus ihrem Mund hervor, und diese Worte bleiben. Wie immer ein Großes von selber kommt. Alles Konstruierte ist verzerrt, ein Krampf, ist gezwungen, ist nicht gut. Das Freie ist etwas, das von selber kommt. Man weiß es nicht, staunt, daß es da ist. Die Vorgänge im Leib des Menschen – weiß der Mensch, daß sein Herz jetzt so schlagen und seine Lunge so tun muß? Das tut schon von selber, mische dich da nicht ein. So ist Channa eigentlich die Mutter des Kommenden: Schmuel, aber auch Schaul und David, Jonathan und David, Mond und Sonne.

Für einen Moment möchte ich jetzt zur linken Seite unserer Struktur der Prophetie des Weiblichen hin übergehen, zu Abigail, und in diesem Zusammenhang noch etwas von David erzählen. Sein Name, von »dod«, bedeutet doch ›Geliebter‹, von Gott Geliebter; er ist der Sonnige, kann man sagen, der Erfolgreiche. Gewiß, sein Sohn verfolgt ihn und ein anderer Sohn macht ihm Schwierigkeiten, es sieht gar nicht so erfolgreich aus, aber er kommt durch, kann man sagen. Er macht es falsch und er bereut, er ist sonnig, er wird vom Himmel geliebt. Auf ihn hat man gewartet, denn Adam war es doch, der, wie die Überlieferung erzählt, die siebzig Jahre geschenkt hat, damit David sein kann. Dort in der Wurzel schon wurde er geliebt. Adam, der tausend Jahre leben sollte, gibt seine Einheit um Davids willen auf, schenkt ihm die Siebzig, lebt nur neunhundertdreißig Jahre, denn es soll doch der Messias kommen.

Ich habe bei der Abstammung Davids schon auf Ruth und Boas hingewiesen, die einen Sohn bekommen, den Obed, dessen Name ›Diener‹ bedeutet. Mit solcher Hingabe, heißt es, dient er Gott, daß er sich sozusagen streicht, nur um alles Andere glücklich zu sehen. Seine Hingabe ist eine Hingabe an den Menschen, an die ganze Kreatur, für jede Blume ist er da, jeden Grashalm, jedes Tier. Das ist Obed, der Sohn einer Moabiterin, wo man sagt, was von Moab kommt, kann doch nicht gut sein. Und dennoch, das Durchbrechen-können zeigt eben dieses Große. Obed der Sohn, der so ›dient‹ – Größeres, sagt man, kann es nie geben, und er gehört doch zu David, denn wo das anfängt, ist er der Erste.

Dann kommt Jischai (Jesse), der, wie ich schon erzählt habe, so rein, so vollkommen, so unverletzt ist in jeder Hinsicht, daß man staunt, daß es so etwas überhaupt geben kann. Und in seiner Reinheit sieht Jischai eine Sklavin, eine seiner Dienerinnen. Eine Dienerin im biblischen Sinne bedeutet für den Menschen etwas ganz Besonderes; sie ist dasjenige für den Menschen, was zuhört, was von ihm und durch ihn leben kann. Bei der Einteilung der ›Schüler‹, wie man das nennt, gibt es die ›Frau‹, die ›Nebenfrau‹, dann den ›hebräischen Knecht‹ oder die ›hebräische Magd‹ und den ›kanaanitischen Knecht‹ oder die ›kanaanitische Magd‹. Es bedeutet, *alles* hört dir zu; nicht nur, was dir nah ist, was du kennst, was fortwährend mit dir zusammen ist. Es gibt weiteres, das dir ›zuhört‹ – wenn auch nicht mit den Ohren – und durch dich bestimmt wird; dein Leben, dein Tun, was aus deinem Leben als Schwingung hervorgeht, berührt auch das, zu dem du nicht direkt Verbindung hast. Es hört auch von dir und lebt durch dich: das ist die ›Nebenfrau‹. Aber damit ist es noch nicht zu Ende, dann kommt, was für dich ganz unwichtig ist, der ›Knecht‹. Warum es ›Knecht‹ ist und woher es kommt, weißt du nicht, verstehst nicht, daß es sechs Jahre dienen muß und im siebten Jahr freiwerden kann, wenn es will, und wenn nicht, bleibt es bis ins fünfzigste Jahr ›Knecht‹. Dieses, was ›hebräischer Knecht‹ und ›hebräische Magd‹ genannt wird, hört dir auch zu. Und dann der Kanaaniter, den du nicht bei dir dulden solltest, diese Gleichung, dieses Gesetzmäßige, Naturwissenschaftliche, das ganz Fremde, das gar nicht zu dir gehört, hört auch zu; dein Wort, dein Tun, dein Verhalten reicht auch dort hin, auch das wird mit einbezogen.

Und Jischai nun sieht seine Magd. Es wird nicht gesagt, ob es eine hebräische Magd ist oder eine von Kanaan. Er sieht sie und findet sie sehr schön, strahlend schön, und er mag sie. Man kann sich das im Bild eines Mannes und einer Frau vorstellen. Man kann es aber auch im Bild des Kanaaniters sehen: Gleichung, Funktion, Ursache-Wirkung, eine große Strahlung von dort her, eine Anziehungskraft. Oder im Bild der hebräischen Magd: Warum wurde sie Magd? Weil sie ›arm‹ war, nicht arm an Geld, aber arm an diesem Reichtum des Wortes, arm an Begegnungen mit Gott, mit Engeln, deshalb wurde sie Magd. Und Jischai sieht eine Magd, eine Dienerin, die sich verkaufen mußte, weil sie keine Begegnungen hatte, ihre strahlende Schönheit aber ist anziehend. Kann er, soll er sich da distanzieren? Das darf ich doch nicht, spürt er, wer immer ich auch bin, dann wäre ich ein Hochmütiger, der nur auf seine Reinheit bedacht ist. Sie strahlt so in ihrer Schönheit und Anmut. Die Schönheit also auch der Naturwissenschaften, der mathematischen Gleichung, der Erfahrung durch das Experiment – der Begegnung auf diese Art. Soziologie, Psychologie, Politik, von überall her das Strahlende, Anziehende, es ist schön, es möchte genommen werden.

Dann kommt die Frau des Jischai, die nach der Überlieferung Nizebeth heißt (Talmud Babli, Baba Bathra 91a), und sagt: Mein Mann wird zu dieser Dienerin eingehen und wird glauben, er sündige; ich werde ihr meine Form geben, das Äußere, und Jischai wird denken, zum Glück ist es ja meine eigene Frau. Sie ist es nicht, nur ihre Form hat sie geliehen, geborgt. Es bedeutet, wenn wir dazu bereit sind, dann erkennen wir unser Nächstes, unser Gegenüber, das uns zum Menschen macht, und nicht das weit Entfernte, wo uns Schuldgefühle kommen könnten. Tatsächlich aber, kann man sagen, hat er mit dieser Sklavin geschlafen und als Frucht kam ein Sohn und der heißt David.

Auf großartige Weise wird hier die Bescheidenheit im Königtum gezeigt, eine Herkunft gerade ohne Hochmut. Das Opfer der Frau, die ihr diese Form, ihren Leib borgt, damit er nicht denkt, es sei falsch, er, der weiß, ich kann doch nicht anders, es strahlt so, ich spüre doch, wir gehören zusammen; er nimmt das Äußerste.

Denke also nie von einer Sache, sie sei es nicht wert, daß du sie nimmst; selbst ein Zeitungsartikel kann wichtig sein, kann etwas Schönes erzählen. Erkenne auch das Weit-weg-seiende, und du wirst sehen, es kleidet sich anders. Jenseits wirst du erfahren, daß es gar nicht deine Frau Nizebeth war, tatsächlich war dieses ›Sklavin‹, du solltest nur kein schlechtes Gewissen haben.

David stammt von dieser Mutter Ruth, einer Moabiterin. Fortwährend sehen wir, wie hier das Andere hineinwirkt und uns mitteilt: Die Welt ist nicht umsonst, die Wirklichkeit ist keine schlechte. Du täuschst dich, wenn du denkst, das Irdische ist unwichtig, ist nur Schein. Es ist aber gerade das Wichtige, etwas Großartiges: im Kleinsten, was erscheint, ist Gott: Gott erscheint darin. Weil David auf diese Art geboren wird und Samuel unter den Söhnen Jischais den König von Israel finden soll, ist er der König, der, wie die Sonne, bleibt. Niemals wird die Reihe des Königtums dort unterbrochen, niemals wird in der Welt ein Repräsentant des Königs David fehlen, diese Linie – verborgen, unbekannt – bleibt immer. Das Haus David kann nicht untergehen. Von Jischai heißt es, daß er den Tod nicht kennt, daß er lebendig in den »gan eden«, ins Paradies kommt, denn er ist die Unschuld selber, kennt die Sünde nicht. Sünde wäre es gewesen, kann man sagen, wenn Jischai sich von der Sklavin ferngehalten hätte, um seine Reinheit zu bewahren. Aber er ist so rein, daß diese Tat vielleicht die reinste, die größte ist, und deshalb die Frucht dieser Tat ihn lebendig ins Paradies bringt, wie erzählt wird. Aber diese Tat bringt auch den David und dieses ununterbrochene Königsgeschlecht, das immer, auch heute, da ist, ob man es weiß oder nicht. Wie auch der Leib nicht alles weiß, es ist in ihm da. Immer bleibt das, auch im Menschen ist es da.

Als Samuel in das Haus von Jischai kommt, glaubt er, der älteste Sohn, der wird es sein. Und er nimmt dieses Horn mit Öl und will es gießen, aber das Öl will nicht heraus, bleibt im Horn wie eine feste Masse. Beim zweiten Sohn das gleiche, und so bei der ganzen Reihe der Söhne. Sind das alle? Nun, der David, aber der ist doch nicht von meiner Frau, das geht doch nicht. Der ist Hirte, draußen, der wurde nicht mitgezählt. Jetzt wird er doch hereingerufen. Das Öl, sagt man, springt ihm entgegen, springt wie Perlen, wie Edelsteine und umhüllt ihn.

So fängt die Geschichte von David an. Es kommt dann auch zur Begegnung Davids mit Abigail, der Prophetin, und wir werden sehen, wie der Leib des Menschen, das Leben des Menschen das alles in sich hat. Der Mensch ist im Bild Gottes; das bedeutet, das Wort Gottes ist im Menschen. Also sind alle diese Geschichten Teil seines Lebens, Teil seines Leibes. Das ist der Mensch. Auf diese Art könnte er sich darüber klarsein, wer er eigentlich ist.

Sechstes Kapitel

1. Samuel 25. Nabals Torheit.
Der Leib besteht auf dem Diesseits. Das Weltbild der Hälfte.
Die Freude des Zusammenseins der Welten

Nach dieser Einführung zu David möchte ich jetzt zur Fünften in der Reihe der Prophetinnen kommen und erst einmal diese Geschichte von Abigail und David lesen, die im fünfundzwanzigsten Kapitel des Ersten Buches Samuel erzählt wird.

Und Samuel starb, und ganz Israel versammelte sich und hielt ihm die Totenklage. Und sie begruben ihn in seinem Hause zu Rama.

Sie erinnern sich an Ramatajim-Zofim, das ›doppelte‹ Rama, woher Elkana und Channa kamen. Und jetzt wird Samuel an diesem Ort Rama, also ›erhaben‹, ›hoch‹, begraben. Ein Begraben bedeutet, ins Innere, in die Erde hineinbringen. Was Erde ist, werden wir noch sehen, wenn wir von der Prophetin Chulda sprechen, deren Name ›Wiesel‹ bedeutet. Dort kommen allerlei Wesen aus der Tiefe der Erde vor wie Maus und Kaninchen, die ihre Gänge und Höhlen in der Erde haben. Begrabenwerden, das ist doch etwas Trauriges, weil das Geheimnis auf dem Weg über das Traurige nähergebracht werden kann. Es gibt Geheimnisse, die über Freude nähegebracht werden, und Geheimnisse, die durch Trauer, durch Elend nähergebracht werden.

David aber machte sich auf und zog hinab in die Wüste Maon. Und es war ein Mann in Maon, der hatte seine Tätigkeit in Karmel, und der Mann hatte sehr großes Vermögen und besaß dreitausend Schafe und tausend Ziegen.

Das ist keine Aufzählung für die Vermögenssteuer, sondern einfach eine Aufzählung, was zu diesem Menschen gehört. Kein Besitz also, wie man immer glaubt, daß die Juden so auf Geld und Besitz aus sind – ein Besitz in ganz anderem Sinn.

Und es begab sich, daß er eben seine Schafe schor in Karmel. Der Mann hieß Nabal,

der Name bedeutet ein Dummer, ein Gemeiner, ein Niedriger

seine Frau aber hieß Abigail.

Dieses ›aber‹ gibt es im Hebräischen nicht, ist eine Hinzufügung des Übersetzers, um die Geschichte in Gegensätzen darzustellen, damit der Satz besser läuft. Das Hebräische kennt das nicht.

Und sie war eine Frau von Verstand und schön von Angesicht, der Mann aber war roh und boshaft in seinem Tun und war einer von Kaleb. Als nun David in der Wüste hörte, daß Nabal seine Schafe schor, sandte er zehn seiner Leute aus und sprach zu ihnen: Geht hinauf nach Karmel, und wenn ihr zu Nabal kommt, so grüßt ihn freundlich in meinem Namen und sprecht zu meinem Bruder: Friede sei mit dir und deinem Hause und mit allem, was du hast! Ich habe gehört, daß du Schafschur hast. Nun, deine Hirten sind mit uns zusammen gewesen; wir haben ihnen nichts zuleide getan, und sie haben nichts vermißt, solange sie in Karmel gewesen sind. Frage deine Leute danach, die werden's dir sagen. Und laß meine Leute Gnade finden vor deinen Augen, denn wir sind an einem Festtag gekommen. Gib deinen Knechten und deinem Sohn David, was du zur Hand hast. Und als die Leute Davids hingekommen waren und in Davids Namen alle diese Worte mit Nabal geredet hatten und ruhig warteten, antwortete Na-

bal den Knechten Davids: Wer ist David? Und wer ist der Sohn Isais? Es gibt jetzt viele Knechte, die ihren Herren davongelaufen sind. Sollte ich mein Brot und mein Wasser nehmen und mein Fleisch, das ich für meine Scherer geschlachtet habe, und Leuten geben, von denen ich nicht weiß, wo sie her sind? Da wandten sich die Leute Davids um und gingen ihres Weges. Und als sie zu ihm

zu David also

zurückkamen, sagten sie ihm das alles. Da sprach David zu seinen Männern: Gürte sich ein jeder sein Schwert um! Und jeder gürtete sich sein Schwert um, und auch David gürtete sich sein Schwert um, und etwa vierhundert Mann zogen ihm nach, aber zweihundert blieben bei dem Troß. Aber der Abigail, Nabals Frau, sagte es einer von den Leuten und sprach: Siehe, David hat Boten gesandt aus der Wüste, unsern Herrn zu grüßen, er aber hat sie angeschrien. Aber die Männer sind uns doch sehr nützlich gewesen und haben uns nichts zuleide getan, und wir haben nichts vermißt, solange wir mit ihnen umherzogen, wenn wir auf dem Felde waren, sondern sie sind wie Mauern um uns gewesen Tag und Nacht, solange wir die Schafe in ihrer Nähe gehütet haben. So bedenke nun und sieh zu, was du tust; denn es ist gewiß ein Unheil beschlossen über unsern Herrn und über sein ganzes Haus. Er aber ist ein heilloser Mensch, dem niemand etwas zu sagen wagt. Da eilte Abigail und nahm zweihundert Brote und zwei Krüge Wein und fünf zubereitete Schafe und fünf Maß Röstkorn und hundert Rosinenkuchen und zweihundert Feigenkuchen und lud alles auf Esel und sprach zu ihren Leuten: Geht vor mir her; siehe, ich will sogleich hinter euch her kommen. Und sie sagte ihrem Mann Nabal nichts davon. Und als sie auf dem Esel ritt und hinabzog im

Schutz des Berges, siehe, da kam David mit seinen Männern ihr entgegen, so daß sie auf sie stieß. David aber hatte gedacht: Nun hab ich alles umsonst behütet, was der da in der Wüste hat, so daß nichts vermißt wurde von allem, was er hat; und er vergilt mir Gutes mit Bösem! Gott tue David dies und noch mehr, wenn ich ihm bis zum lichten Morgen einen übriglasse, der männlich ist, von allem, was er hat.

er will also alles umbringen

Als nun Abigail David sah, stieg sie eilends vom Esel und fiel vor David nieder und beugte sich zur Erde und fiel ihm zu Füßen und sprach: Ach, mein Herr, auf mich allein falle die Schuld! Laß deine Magd reden vor deinen Ohren und höre die Worte deiner Magd! Mein Herr errege sich nicht über Nabal, diesen heillosen Menschen; denn wie sein Name, so ist er: er heißt ›Tor‹, und Torheit ist bei ihm. Ich aber, deine Magd, habe die Leute meines Herrn nicht gesehen, die du gesandt hast. Nun aber, mein Herr, so wahr der HERR *lebt und so wahr du selbst lebst: der* HERR *hat dich davor bewahrt, in Blutschuld zu geraten und dir mit eigener Hand zu helfen. So sollen deine Feinde und alle, die meinem Herrn übelwollen, wie Nabal werden! Hier ist die Segensgabe, die deine Magd meinem Herrn gebracht hat; das soll den Leuten gegeben werden, die meinem Herrn folgen. Vergib deiner Magd die Anmaßung! Der* HERR *wird meinem Herrn ein beständiges Haus bauen, denn du führst des* HERRN *Kriege. Es möge nichts Böses an dir gefunden werden dein Leben lang. Und wenn sich ein Mensch erheben wird, dich zu verfolgen und dir nach dem Leben zu trachten, so soll das Leben meines Herrn eingebunden sein im Bündlein der Lebendigen bei dem* HERRN, *deinem Gott,* das ist der bekannte Ausspruch, der auf jedem jüdischen Grabstein steht: »tihjee nafscho zrura bizror hachaijim«: Es sei seine Seele eingebunden im Bündel des Lebens. Das sind die Worte von Abigail, und ihre Anfangsbuchstaben Taw, Nun, Zade, Beth, He werden bis heute jedem Grabstein eingemeißelt. Sie sehen also, welche Kraft diese Worte haben, die beim Weggehen aus dieser Welt jedem Menschen mitgegeben werden.

aber das Leben deiner Feinde soll er fortschleudern mit der Schleuder.

das ist auch die Schleuder von David

Wenn dann der HERR meinem Herrn all das Gute tun wird, was er dir zugesagt hat, und dich zum Fürsten bestellt hat über Israel, so wird das Herz meines Herrn frei sein von dem Anstoß und Ärgernis, daß du unschuldiges Blut vergossen und dir selber geholfen habest.

Sie will also verhindern, daß er den Nabal umbringt. ›Unschuldiges Blut‹ wird gesagt, obwohl der Nabal doch ein Böser ist.

Und wenn der HERR meinem Herrn wohltun wird, so wollest du an deine Magd denken. Da sprach David zu Abigail: Gelobt sei der HERR, der Gott Israels, der dich heute mir entgegengesandt hat, und gesegnet sei deine Klugheit, und gesegnet seist du, daß du mich heute davon zurückgehalten hast, in Blutschuld zu geraten und mir mit eigener Hand zu helfen.

Sie sehen hier, daß Rache bedeutet, wenn der Mensch sich selber hilft.

Wahrlich, so wahr der HERR, der Gott Israels, lebt, der mich davor bewahrt hat, übel an dir zu tun: wärest du nicht eilends mir begegnet, so wäre dem Nabal bis zum lichten Morgen nicht einer, der männlich ist, übriggeblie-

ben. Also nahm David aus ihrer Hand, was sie ihm gebracht hatte, und sprach zu ihr: Zieh mit Frieden hinauf in dein Haus; sieh, ich habe auf deine Stimme gehört und dein Antlitz wieder erhoben. Als aber Abigail zu Nabal kam, siehe, da hatte er ein Mahl zubereitet in seinem Hause wie eines Königs Mahl, und sein Herz war guter Dinge, und er war sehr betrunken. Sie aber sagte ihm nichts, weder wenig noch viel, bis an den lichten Morgen. Als es aber Morgen geworden und die Betrunkenheit von Nabal gewichen war, sagte ihm seine Frau alles. Da erstarb sein Herz in seinem Leibe, und er ward wie ein Stein. Und nach zehn Tagen schlug der HERR *den Nabal, daß er starb. Als David hörte, daß Nabal tot war, sprach er: Gelobt sei der* HERR*, der meine Schmach gerächt hat an Nabal und seinen Knecht abgehalten hat von einer bösen Tat! Der* HERR *hat dem Nabal seine böse Tat auf seinen Kopf vergolten. Und David sandte hin und ließ Abigail sagen, daß er sie zur Frau nehmen wolle. Und als die Knechte Davids zu Abigail nach Karmel kamen, redeten sie mit ihr und sprachen: David hat uns zu dir gesandt, daß er dich zur Frau nehme. Sie stand auf und fiel nieder auf ihr Angesicht zur Erde*

Sie verstehen, daß dieses Auf-das-Angesicht-fallen nicht so wörtlich gemeint ist. Es bedeutet, daß man sich zur Erde wendet und den Himmel auf andere Art erkennt.

und sprach: Siehe, deine Magd ist bereit, den Knechten meines Herrn zu dienen und ihre Füße zu waschen. Und Abigal machte sich eilends auf und setzte sich auf einen Esel, und ihre fünf Mägde gingen hinter ihr her. Und sie zog den Boten Davids nach und wurde seine Frau.

Ich lese noch die beiden letzten Verse des Kapitels hier:

Auch hatte David Ahinoam von Jesreel zur Frau genommen; sie wurden beide seine Frauen. Saul aber hatte seine Tochter Michal, Davids Frau, Palti, dem Sohn des Lajisch aus Gallim, gegeben. (1. Samuel 25, 1–44)

Das ist also dieses 25. Kapitel des Ersten Buches Samuel, das von David und Nabal und Abigail handelt, und wir könnten zu erleben versuchen, was diese Geschichte und was David hier eigentlich bedeuten. Es hieß doch, daß David mit seinen Männern den Nabal hütet, wie eine Mauer um ihn ist, dem Tor nichts von dem Seinigen wegnimmt. In der Überlieferung wird erzählt, was das im Menschen bedeutet. Es will sagen, daß dem Menschen, wie immer er auch ist, sein menschliches Besitztum gehütet, behütet wird, das, wodurch er als Mensch ein Leben mit einem Sinn leben kann; daß sein Leben nicht nur abgeschnitten ist von allem anderen, sondern auch mit allem verbunden ist, daß die Schichten im Leben eine Einheit bilden, sonst ist das Leben doch sinnlos. Auch diese Hut ist von David, der sagt, ich habe all das gehütet.

Aber Nabal weiß davon nichts. Er, der Tor, ein roher Geselle, ein rauher Kerl, ein harter, der genau weiß, was er haben will, und glaubt, er könne sein Leben nach seinen eigenen Maßstäben einrichten, der sich eine Art Weltanschauung macht, die als gescheit und richtig gilt, der weiß davon nichts und will auch nichts davon wissen. Er wird sogar böse, wenn man ihn daran erinnert, daß sein Leben eigentlich umringt wird von ganz anderen Wesen. Daß ganz Anderes jede Sache umringt; daß ein Baum nicht nur schön zum Anschauen und gut für das Holz ist, das man aus ihm gewinnen kann, sondern daß ein Baum auch lebt, eine Seele hat, Ausdruck von einem Jenseitigen ist; daß alle Dinge nicht nur so sind, wie sie aussehen.

Der Tor weiß das nicht. Nabal verkörpert den Menschen in der Welt Davids, der von all dem keine Ahnung hat, der die Welt, wo vom Messias, dem Sohn Davids, gesprochen wird, eigentlich nicht zur Kenntnis nimmt. Nabal ist nicht einer, der Spaß daran hat, böse zu sein; er ist böse, weil er in seinem Sein, seinem Leib, kann man sagen, böse ist. Und sein Leib – seine Frau Abigail – trennt sich von ihm. Warum? Weil Abigail ihrem Namen nach ›mein Vater ist Freude‹ verkörpert. Es heißt deshalb, wenn dein Leib, dein Leben Freude hat und Freude erlebt, muß er nicht in der Freude, dem Rausch der Betrunkenheit des Nabal gefangen bleiben. Die wahre Freude ist etwas Anderes. Dem Menschen wird hier mitgeteilt: Dein Leib hat auch die Abigail, und dadurch wird dein Leib doch mit dem Leib dieses David verbunden sein können und nicht der sein, der mit dem Nabal bleibt. Denn erst wird mitgeteilt, daß dieser menschliche Leib, dieses menschliche Leben mit Nabal verbunden ist, der die Schafe schert und sich freut, daß der Mensch sich von der Wolle eine neue Hülle macht. Eine Hülle ist eine Welt, in die er sich kleidet, die ihn umhüllt, worin er lebt. Das ist die Wolle, die bei der Schafschur genommen wird. Es kommen neue Phasen in der Welt, der Weltgeschichte, in der Art, wie der Mensch lebt. Der Mensch sieht all das ganz getrennt vorsichgehen von dem, was eigentlich David ist – dieses Versprechen, nach dem der Leib des Menschen sich schon fortwährend sehnte. Ist nicht schon die Sehnsucht des Leibes dort, wo er Sara heißt, die ›Herrin‹, die Königin? Ist nicht schon diese Sehnsucht ganz im

Uranfang nach dem Sohn, dem Erscheinen dessen, der nicht sterben kann? Die Sehnsucht, daß nicht nur jenseits ein ewiges Leben ist, sondern auch hier, auch diesseits? Es ist eine sehr starke Kraft in dieser Bibel, das Diesseits; das Jenseits allein wäre heidnisch, das Diesseits bringt das Jenseits und das Diesseits zusammen.

Gott schickt den Messias, den Gesalbten, in *diese* Welt und sagt nicht: Kommt *dorthin,* dort wird es schon sein; er schickt ihn hierher. Das Versprechen gilt *hier.* Und der Leib des Menschen besteht auf dem Diesseits, trotz aller Philosophien, trotz aller Mitteilungen, die leicht, wie im Rausch, sagen: Das ist alles nichts hier, *dort* werdet ihr es erleben. – Nein, es ist diesseits, sagt die Bibel, und das ist das Einmalige, das Gewaltige auch unserer Verantwortung. Und selbst die kleinste Sache hier ist wichtig, jeder Grashalm, jede Blume, jeder Baum, jedes Wasser, nichts ist hier verloren und abgeschnitten und versprengt. So schickt dann auch David seine Knechte – das, was ihm dient – hin zu Nabal und läßt ihn wissen: Glaubst du nicht, daß dein Leben eigentlich von uns geschützt wurde? Hat man je etwas von dir für sich genommen, daß du es vermissest? Du hast doch alles, was du willst, die Welt schenkt dir doch. Aber bedenke, laß uns mit dabeisein, schenke uns von diesem Leben, wir wollen auch hier im Diesseits sein, nicht nur im Jenseits. Diese Worte bitten darum, beten, daß wir auch diesseits sein dürfen.

Was die Bibel erzählt im diesseitigen Bild bedeutet, dein Weg ist diesseitig. Und bedenke, du kannst diese Welt nur voller Freude genießen, wenn das Diesseitige mit dem Jenseitigen verbunden da ist, wenn du die Knechte von David empfängst und dadurch ihn empfangen kannst. Und dann kommt es zu dieser merkwürdigen Konfrontation im Menschen, daß der Mensch sozusagen philosophisch behauptet, er habe alles selber gemacht: Ich denke darüber nach, baue mir ein Weltbild und definiere, was das Sein ist, was jenes ist und was dieses ist. Jischai, der Name von Davids Vater, bedeutet ›das Sein des Herrn‹, der Herr ist das Seiende, das Lebende, das Lebendige. Und es ist doch dieser David, der das Leben bringt; dieses Leben hier ist doch von dort her. Aber immer wieder versucht man, *hier* sich ein Bild zu bauen wie Nabal, ein Bild aus dieser Welt hier.

In meinem Buch ›Die Rolle Esther‹ habe ich doch von diesem König Achaschwerosch geschrieben, der über hundertsiebenundzwanzig Länder herrscht und glaubt, er regiere die ganze Welt, das Weltall, weil er die Naturgesetze, das Gesetzmäßige, das Vernunftmäßige beherrscht. Das Wort für König aber hat im Hebräischen den vollen Zahlenwert Zweihundertvierundfünfzig, gerade das Doppelte von Hundertsiebenundzwanzig. Achaschwerosch hat doch nur die eine Hälfte, die Mauer um ihn herum ist eine Abschlußmauer und keine Schutzmauer; er hat sich eine Welt gebaut, und Achaschwerosch wird wie Nabal ein Tor genannt. Denn ein Tor ist jeder, der die Welt wissenschaftlich, politisch, historisch zu übersehen glaubt; der die Bibel studiert und untersucht, wann das genau war, der aufgrund neuer archäologischer Funde Texte früher oder später datieren zu können glaubt. Das ist eben die Torheit, daß man meint, sich aus dem Erscheinenden ein Weltbild machen zu können. Es endet dann auch in Trunkenheit bei dieser Mahlzeit des Nabal, wo er in Rausch gerät, und sein Herz läßt ihn gleich erstarren.

Der Leib des Menschen aber macht nicht mit. Abigail erhält Botschaft aus ihrer eigenen Umgebung. Sein eigener Leib teilt dem Menschen in seinem Leben mit: Hier lebe ich nicht weiter, das ist nicht mein Mann, das ist nicht die Welt, zu der ich gehöre. Man trennt sich, löst sich von einer Welt mit einem Weltbild der Hälfte. Es bedeutet also, hier ist ein Weltbild dargestellt: Nabal und Abigail – der Mensch dort, wo David ganz nah ist. Ein Weltbild, in dem das, was in der ersten Dreiheit als Miriam den Mose schützt und rettet, aus der Bitterkeit dann das Süße empfängt. Erst sieht sie den Untergang des Mose, denn Pharao will ihn im Wasser, in der Zeit untergehen lassen, weshalb ihre Eltern kein Kind wollen. Und wenn sie dann eines haben, muß es in die Zeit ausgesetzt werden. Miriam, von »mar«, vom ›Bitteren‹. Aber nachher hat sie den Brunnen mit dem *süßen* Wasser. Sie singt auch mit das Lied von Mose, das unverständliche Lied, denn ein Lied kann nie verstanden werden, weil die Melodie, das Erlebnis nur als etwas Gewaltiges zu empfinden ist, während die Worte nur ein Stammeln sind. Wenn Mose mit Israel dieses Lied dann singt, nehmen Miriam und die Frauen Musikinstrumente und singen und spielen. Von da an hat Miriam ein freudiges, ein gutes Leben *jenseits* dieses Meeres. Beim Auszug noch die Angst: Kommen wir durch?, aber dann, jenseits des Meeres ist Miriam freudig.

Bei Abigail sehen wir auch: Erst ist sie die Frau, der Leib des Nabal und erträgt eine Welt der Torheit, des Rohen, des Gemeinen, eine Welt, die das Abgetrennte für das Ganze hält. Das nannte ich das Unglück, das man den Kindern antut, den kleinen und erwachsenen

Kindern bis ins hohe Alter hinein: *Das* soll man studieren, *so* kannst du in der Welt leben und es zu etwas bringen! Das ist Nabals Herrschaft, dort lebt man im Sinne von Nabal.

Dann aber kommt ein Bote, der dir berichtet, daß es so nicht geht, daß David sehr böse auf diese Welt ist und sie untergehen lassen möchte. Eine Botschaft, die man auch bei sich selber empfinden kann. Es könnte sein, daß in deinem Leben etwas geschieht und du spürst: So gehe ich unter, und auch die Welt, in der ich lebe, kann nicht bestehen bleiben. Deshalb will der Leib mit allem, mit dem Schönsten, was er hat – ob es Feigen sind, der vierten Frucht, Rosinen vom Weinstock oder Schafe vom Lamm her – alles von deinem Leben bringst du als Geschenk und willst damit dem David entgegengehen. Unser Leib, unser Leben reagiert.

Wenn sich immer wieder in der Geschichte Unzufriedenheit zeigt, eine aufsässige, rebellierende Jugend, will das sagen: der Leib erträgt das so nicht. Würde man sich immer weiter brav verhalten, eifrig studieren und den Unsinn weiter schlucken, müßte man sagen: Armer Leib, du bist schon wie tot, David naht und bringt alles um. Zum Glück erträgt es der Leib nicht, *so* leben – das geht nicht, das kann ich nicht. Könnte man nicht versuchen, die Welt wie Abigail zu sehen, die diesen Mann anfleht: Lade keine Blutschuld auf dich! Verdamme Zeit und Welt nicht auf diese Art! Überlasse es doch Gott, die Welt von Nabal untergehen zu lassen. Greife nicht ein, indem du jetzt politisch radikal vorgehst – das wird nur Blutschuld werden, du wirst nur Leute umbringen, dich selber zum Tor machen; überlasse das Gott.

Die Überlieferung erzählt sehr viel von dieser ganzen Phase. Abigail, heißt es, kommt vom Berg ›im Schutz des Berges‹, wie die Überlieferung auch übersetzt, in der Nacht hinunter. Es ist der Berg von Karmel, der ›Weinberg Gottes‹, »kerem«, Weinberg, »el«, Gott. Dort im Weinberg, wo der Rausch sein kann, wohnt sie, dort, wo man glaubt, man hätte alles, hätte die Welt verstanden, wo man reich ist und keinen von außerhalb duldet, auch David keinen Einlaß gewährt. Zu Recht sagt Nabal: Nie von ihm gehört! Wie oft erfahren wir das nicht alle: Man hat nie von dem gehört! Es ist nicht so, daß die Menschen irgendwie schlecht oder böse sind; es hat sich eine Welt bei ihnen gebildet, die es unmöglich macht, daß es hineinkommt, daß man es zur Kenntnis nehmen kann. Nabal spielt hier nicht etwas vor, es ist ein Nicht-anders-können. Eine Polarisierung zeigt sich. Aber der *Leib* erträgt es nicht. Der Bote kommt zu Abigail, weil Abigail gegenüber der Rausch-Freude des Nabal die ganz andere, die menschliche, die göttliche Freude hat, ein Spüren des Zusammenseins der Welten.

Und sie hört in der Nacht, daß David kommt, um den Nabal umzubringen. Es bedeutet, der Mensch mit diesem Wesen kann nicht leben. Wie Gott manchmal sagt: Ich werde das umbringen, ich werde die Welt vernichten, denn dazu habe ich sie nicht gemacht. Immer kommt dann ein Mensch – Mose oder David oder jetzt Abigail – und sagt: Nein, tu das nicht, das ist Blutschuld. Was dich dazu treibt, ist Ungeduld. Wenn du selber in allen Welten lebtest, würdest du einsehen, daß du *hier* nicht Rache nehmen kannst, Rache in dem Sinn, daß du ihn bei dir verurteilst: der ist verloren! Diese Rache ist

Blutschuld. Laß das sein, du weißt nicht, was mit ihm ist.

Und weil David das einsieht, erhält er von ihr die Mitteilung: Dein Leben wird verbunden sein mit dem Bündel, wo das Leben, das Ganze verbunden ist. Gott weiß schon, wie es mit ihm gehen wird. Am zehnten Tag, heißt es, stirbt Nabal. Zehn Tage – das kann lange dauern, aber einmal stirbt das, wie Amalek, das wird nicht mehr stören. Aber tue es nicht selber, liebe auch deinen Feind, liebe den Nächsten, auch wenn er, wie es das hebräische »reacha« für ›dein Nächster‹ sagt, der ist, ›der dir Böses tut‹. Es bedeutet, habe zu ihm Beziehung, akzeptiere ihn als Mensch, teile die Leute nicht in solche und solche ein, urteile nicht so. Was weißt du, wo er herkommt, wo er sich auf dem Weg befindet? Alle Wesen, ob Hund oder Katze, Blume oder Schmetterling, sind auf dem Weg, nicht nur der Mensch. Muß alles so sein, wie du glaubst, daß es sein soll? Handle so hier nicht.

Durch Abigail wird also dem Menschen aus seinem eigenen Leben etwas gegeben, daß ihm dann diese Freude, die pure, die reine Freude bringt. Tatsächlich ist Abigail die Prophetin der Freude. Ich hoffe, Sie spüren, daß hier wiederum vom Menschen die Rede ist, von einer Regung, einer Sehnsucht im Menschen, nicht von einer historischen Figur. Gewiß gab es Abigail – aber Abigail gibt es immer, auch jetzt ist sie unter uns, ganz bestimmt ist sie da, wie auch David da ist. Mit uns sind sie da, mit diesem Wort sind wir gemacht. Das Wort, das sind wir.

Adams Opfer seiner Ganzheit.
Geheimnis des Zerbrochenwerdens. Reines und unreines Blut.
In der Nacht kann man nicht unterscheiden.
Rachab in der Mond-Stadt. Bündel des Lebens

Wir hatten beim Besprechen von David diese Herkunft von Jischai gesehen; aus dieser Wurzel stammt David. Sie bedeutet bei der David-Begegnung im Menschen das Erlebnis des Reinen, das Reinsein in einer Art kindlicher Unschuld; man weiß, die Absicht ist gut, du kannst nicht anders, so ist es nun. Und wir sahen auch schon, daß David unmöglich hätte kommen können, wenn sein Vater Jischai geglaubt hätte, etwas besonders Gutes getan zu haben; er war eben nicht überzeugt, Braves getan zu haben, und deshalb war er rein. Und die Wurzel zeigte sich schon in Jischais Vater Obed, dem Großvater Davids, der doch ein ›Diener‹ in vollkommenem Sinne war. Und so kommt dem David dann auch Abigail, denn die Umgebung der Welt bildet sich nach ihrem Wesen. Auch die Umgebung des Menschen, sein Leib, sein Leben, sein Schicksal, bildet sich aus seinem Wesen, das nicht definiert werden kann. Das Wesen ist auch nicht darzustellen, indem man sagt, man sei oder fühle sich so oder so, denn das ist immer schon Ausdruck des Leibes. Was und wer du bist, kannst du weder dir selber noch anderen erzählen, höchstens vielleicht dem nahe kommen. Das Wesen ist ein Sein wie Jischai, dessen Name gerade dieses Sein bedeutet. Daraus kommt David hervor, der ›Geliebte‹. Wie es auch heißt, daß Adam ein Bündnis mit Gott schließt: Ich gebe siebzig von meinen Jahren, das will sagen, ich lasse meine Einheit, meine Ganzheit zerbrechen, daß David sein kann. Und ich möchte, daß der andere lieblich, schön, anmutig, gütig sein wird. Dann ist die Antwort: Wenn du etwas opferst, muß das Opfer etwas Gutes sein. Gibst du nicht deine Einheit, dein Ganzes auf? Sicher wird, was daraus kommt, gut sein.

Die Überlieferung erzählt dann, daß zu diesem Bündnis der Engel Metatron kommt. Metatron ist, wie man sagt, der Größte der Fürsten im Himmel; er wird »sar metat«, der Herr, der König Metat genannt, das »ron« ist zum Namen hinzugefügt – »ron«, wie ein Gesang, ein Summen, ein Singen: ro-ro-ron; »rina« bedeutet auch ›Freude‹, ›Freudengesang‹. Metatron wird als Zeuge dieses Bündnisses mit Adam, mit dem Menschen, von Gott herbeigerufen. Es ist dein Opfer der Ganzheit, das den David bringt, jedes Menschen Opfer, dessen Einheit durch sein Schicksal gebrochen wird. Nicht mit Absicht, das wäre eine demonstrative Tat, kein Opfer. Ein Opfer des Menschen ist es, wenn das Schicksal sein Sein, seine Einheit bricht, dann ist David da, der Vater des Messias, des »ben David«, des Sohnes Davids. Immer zerbricht bei einem Opfer eine Ganzheit und das wird wie etwas Bitteres empfunden. Adam wird sterblich durch das Opfer; denn wenn er diese siebzig Jahre nicht geschenkt hätte, wäre er tausend Jahre gewesen, und »elef«, tausend, ist wie »alef«, Eins – das ist die Einheit. Adams Schenken der Siebzig bedeutet eine Einheit brechen, eine Vollkommenheit, eine Übersicht, das heißt, eine Sicht von einem Ende der Welt bis zum anderen, eine Sicht durch alle Zeiten und alle Räume und alle Welten hindurch. Das gibst du auf, nicht bewußt, es wird dir genommen, weil du als Mensch im Wesen so bist. Es möchte sich so bei dir, deshalb bist du Mensch und hast du dein Schicksal. Wer glaubt, das Opfer nicht ertragen zu können und das Schicksal hier abgerundet und vollkommen haben möchte, der leugnet den Messias, tötet ihn, weil er es *hier* vollkommen haben will. Das Geheimnis ist dieses Zerbrochenwerden; ein Weg entsteht und die Freude: Ich bin mit dem Schöpfer verbunden, ich bin ihm gegenüber und er erkennt mich und ich erkenne ihn. Was im alten Sanskrit heißt: Tat twam assi – Das bist du, lautet im Hebräischen »adam« – Ich gleiche dir, also auch: Das bist du. Es kommt eben durch dieses Zerbrochenwerden, durch das Aufgeben der Einheit.

Und Metatron ist Zeuge. Er ist auch, kann man sagen, der Messias im Himmel. Er bezeugt es, wenn das dem Menschen, jedem Menschen, geschieht. Es ist keine Erbsünde, die zur Erbschuld wird, sondern eine Erb-Freude, ein Erb-Opfer, wo der Mensch ohne weiteres seine Ganzheit opfert. Er verliert seine Vollkommenheit, hat aber die Freude, im Bild des Schöpfers zu sein. Denn der Schöpfer opfert doch auch seine Ganzheit und geht das Abenteuer der Liebe zum Menschen ein, indem er dessen Liebe erwartet. Und ist Liebe nicht ein großes bitteres Geheimnis? Es ist ja nicht so, daß es dann stimmt; Liebe ist ein Auf und Ab, wie es das Hohelied, auch wieder stammelnd, singt. Unverständlich singt das Hohelied diese Liebe. Liebe ist ein großes Erlebnis, man kann sie nicht klar erfahren, sie ist doch Einswerdung. Das ist es, was Gott schenkt, er gibt seine Einheit auf, damit diese Einswerdung entstehen kann.

So sehen wir den Leib, Abigail, bei David, dieser Leib, der so weit weg ist, aber gerade doch dem David sich nähert. Eine Geschichte der Überlieferung erzählt, daß Abigail vom Berg hinuntergeht, weil sie spürt, ich muß ihn beschwichtigen, er kann doch nicht die Welt, das Leben ausrotten. Das geht doch nicht, ich will das Leben kurieren, reparieren, heilen. Und sie begegnet dem David, der voller Zorn mit seinen Männern bereit ist, Nabal und alle seine Leute umzubringen, keinen übrigzulassen. Das bedeutet, die Welt, das Leben der Menschen geht unter, versinkt in ein Nichts, in einen Wahn, ist kein Leben mehr. Und als Abigail seine Wut erkennt, zeigt sie ihm, wie die Überlieferung erzählt, Blut. Dieses Blut, hebräisch »dam«, ›gleichen‹, spielt in der Überlieferung eine große Rolle. Blut bedeutet eigentlich ›gleichen‹, »adam« ›ich gleiche‹. Durch das Blut gleicht der Mensch Gott – oder der anderen Seite, denn es gibt doch auch den Nabal, den Satan. Wem gleichst du in deiner Erscheinung? Und man unterscheidet dann das reine Blut und das unreine Blut. Immer ist diese Unterscheidung eine große Sache. Im Talmud-Traktat ›Naschim‹ gibt es einen Teil, der ›Nidda‹ heißt, und ›Nidda‹ übersetzt man mit ›menstruieren‹; es geht darin um eine Frau in der Menstruation. Was interessiert man sich für das? Es geht auch nicht darum. Hier zeigt sich nur etwas im Menschen, was in allem sich zeigt, im Leib von Mann oder Frau, vom Tier, vom Geschehen in der Geschichte. Es zeigt sich bis in den Körper des Menschen hinein, weil der Leib – das ist das Wunder – alles enthält. Das Leben des Menschen enthält alles; was in der Welt geschieht, geschieht im Menschen, Mikrokosmos und Makrokosmos sind eins, man kann es nicht trennen.

Man sagt, das unreine Blut ist das Blut, das dem Menschen von der Schlange eingegeben wird, dieses

Gift, wodurch dem Menschen der Tod kommt. Der Tod aber – ist er nicht eine Folge des Opfers von Adam, der seine siebzig Jahre schenkt? Weil er die Siebzig schenkt, konnte die Schlange kommen und ihn und seine Frau beißen, das Gift hineingeben. Es war keine böse Tat des Menschen, nein, es war ein Opfer des Menschen. Man stellt sich Sünde und Böses beim Menschen vor und sieht dann einen Gott der Rache, wie das in der Theologie heißt, einen Gott, der droht, vor dem man sich in Angst verkriechen muß. Eigentlich hat man das doch selber gewollt und will es immer, denn es ist ein Zeichen des Menschen, daß er sagt: Gewiß schenke ich das; was ist meine Einheit, was ist mein Leben – ich habe doch nur Freude, wenn es Freude gibt. Die große Freude entsteht doch vom Weg her, einem Weg, der zur Einswerdung führt.

Das unreine Blut entsteht durch die Begegnung mit der Schlange. Dieses unreine Blut, heißt es, ist noch nicht eins; die Einswerdung kann erst sein, wenn das reine Blut da ist. Im Leib des Menschen drückt es sich auch so aus, daß es bei der Frau eine Zeit des unreinen Blutes gibt und eine Zeit des reinen Blutes. Beim unreinen Blut kann keine Einswerdung sein, das heißt, es kann dann kein Kind kommen, beim reinen Blut kann Einswerdung sein. *Im* Menschen ist das ein Zeichen, daß es in der Welt immer so ist. Es gibt in der Welt Zeiten des unreinen Blutes, dann kann die Welt keine Einswerdung erleben, weil es ein Zeichen des Opfers ist, ein Zeichen, daß der Mensch bereit ist, seine Einheit zu zerbrechen. Dann herrscht Zerbrochenheit, Zeiten, in denen der Mensch vielleicht krank ist oder launisch oder aggressiv oder einfach nur blöd. In Zeiten des reinen Blutes fühlt sich der Mensch gesund und vital, es geht ihm dann gut, er ist wach und steht offen. Man soll sich nie grämen, wenn Zeiten unreinen Blutes sind, denn es will sagen, du bist eben ein Mensch und das gehört auch zu dir.

Es kommt in der Welt in allem vor: Zeiten in der Geschichte, in der Natur, im Körper des Menschen, in denen er sich heilen kann oder nicht. Beim Menschen zeigt es sich in einer merkwürdigen Verbindung zum Mond, die sich im Leib der Frau durch ihre Monats-Periode ausdrückt; mit dem Mond – Monat – zeigt es sich. Es ist die Welt, wo der Mond mitregiert, indem hier mit dem Mond gezählt wird, gezählt wird auch mit Saul und Jonathan. Wiederum sehen wir hier Beziehungen im Zusammenhang mit dem Opfer Sauls: der bescheidene Saul, der sich opfern und verschwinden muß. Er möchte es nicht, aber weil er ein Mensch ist, spürt er: *Meine* Regierung ist nur kurz. – Zwei Jahre waren es im Ganzen, und es sieht aus, als ob es viel war.

Der Arme, kann man sagen, der große Mensch, der sich opfert. Adam, der sich opfert, damit David an seine Stelle kommt, und David, der das einsieht und spürt: Ich kann ihn doch nicht töten. Im Gegenteil – er verbindet sich mit Sauls Sohn Jonathan: Wir werden eins sein, du, das ›Geschenk des Herrn‹, und ich, der ›Geliebte des Herrn‹. So ist Saul, kann man sagen, im Zeichen des unreinen Blutes, unvorstellbar launisch, aber niemals nennt die Überlieferung ihn einen Bösen. Vielmehr wird er zu den acht Königen des Jenseits gezählt, die im Hof des Erlösers sitzen: Abraham, Jakob, Amram, David, Jonathan, Benjamin; und es sitzen dort auch Jerusalem und Israel als Gemeinschaft und Levi als Gemeinschaft. Merkwürdige Tafelrunde, kann man sagen, die dort beim Erlöser versammelt ist.

Man denke nicht, Saul sei ein Wahnsinniger, ein Verdüsterter, ein Eifersüchtiger, der den Speer wirft usw. – damit wäre man ihn los. Saul ist im Menschen, in jedem Menschen, diese Phase des unreinen Blutes. Zum Glück sind wir manchmal verstimmt, lassen uns zu bösen Äußerungen hinreißen, das ist »nidda«, unreines Blut.

Der Weise, heißt es, kann das reine vom unreinen Blut unterscheiden. Und dieser Traktat im Talmud handelt gar nicht von der Frau im konkreten Sinn, sondern spricht vom Geschehen in der Welt und beim Menschen, also auch beim Mann, was dies und jenes bedeutet und wie es zusammenhängt; wann Einswerdung nicht sein kann, nicht sein darf, weil dann keine Frucht kommen kann, während man in der anderen Zeit sich nach Einswerdung, nach Frucht sehnen soll.

Nun wird in der Überlieferung erzählt, daß Abigail dem David bei ihrer Begegnung in der Nacht Blut zeigt und ihn fragt: Kannst du mir sagen, ob das reines oder unreines Blut ist? Worauf David antwortet: Du weißt doch, daß ein Weiser in der Nacht niemals unterscheiden *darf,* was reines und was unreines Blut ist. Nacht bedeutet die Herrschaft des Mondes, es ist dunkel, man kann nicht übersehen, wie die Zusammenhänge sind; man kann nicht unterscheiden in der Nacht. David sagt also: Du siehst doch, es ist Nacht, was willst du von mir? Da antwortet Abigail: Und du willst in der Nacht den Nabal umbringen? Es will sagen, hier in dieser Welt, in diesem Leben der Nacht, willst du über Rein und Unrein urteilen? Willst du darüber entscheiden, wer gut und wer böse ist? Was kannst du schon wissen? Überlasse das doch Gott! *Glaube* doch, Gott wird schon wissen. Eile nicht so, es wird Tag werden und Gott wird schon zusehen. Reines und Unreines kannst du in der Nacht nicht unterscheiden; es heißt dann immer, man *darf* es nicht unterscheiden – ja, man *kann* es auch nicht. Wie sich in der Nacht auch die Farben nicht unterscheiden lassen; zum Beispiel das Himmelsblau und das Weiß der »zizith«, dieser geknoteten Fransen an dem, was in der Übersetzung ›Gebetsmantel‹ genannt wird. Sobald man unterscheiden kann, ist es Tag geworden, dann wird Gott schon eingreifen. Und er greift beim Nabal auch ein, wie wir gelesen haben, Abigail aber bleibt behütet. – Man kann das Blut nicht unterscheiden. Man spricht deshalb von Blutschuld, man vergießt Blut. Tue das doch nicht in der Welt von Zeit und Raum, verurteile nicht; anderswo geschieht das schon.

Abigail, der Leib, rettet David; deshalb sehnt sich David nach diesem Leib. Nach der Überlieferung gehört Abigail zu dem, was man die vier Prototypen der Schönheit der Welt nennen könnte. Es ist die Erscheinung, die Schönheit der Frau, die das Prinzip der Welt des Leibes spiegelt. Und jede Frau hat diese Schönheit, die von diesen vier Frauen getragen wird: Sara, Esther, Abigail und Rachab. Die Vierte, Rachab, die Hure, wohnt in Jericho, der Stadt, in die Josua zwei Kundschafter schickt, die herausfinden sollen, wie es dort ist. Der Name Jericho kommt von »jareach«, Mond. Bei dieser Mond-Stadt sehen wir wieder die Zusammenhänge: Mond und Monate, rein und unrein, Kommen und Gehen. Im Monat gibt es immer eine Phase des Unreinen und Phasen des Reinen, die sich abwechseln und zeigen, daß die Welt fruchtbar und sinnvoll ist. (Ja, Menschen haben Pillen erfunden, aber das macht doch dem Mond nichts aus.)

Jericho, diese Stadt des Mondes, wird von einer Hure bewohnt. Was ist eine Hure? Der Name Rachab bedeutet ›breit‹, ›sich ausbreiten‹ in einer Art Fülle. Und es heißt, wenn ein Mann den Namen Rachab bloß ausspricht, ist er schon so erregt, wie er eben beim Orgasmus erregt sein kann; der Name Rachab bringt den Mann dazu. Kein Mann, wird gesagt, widersteht, wenn er den Namen Rachab sagt. Das gilt im Prinzip; im Wesen des Menschen ist das so. Und man sagt, sie ist die schönste Frau der Welt; in den vier Seiten der Welt ist sie die Schönste.

Zu ihr nun kommen die Kundschafter. Der eine ist Kaleb, Sohn von Jephunne, und der andere Pinchas, Sohn von Eleasar, dem Hohenpriester, der dann auch der Prophet Elijahu, der Prophet Elia ist. Als die beiden bei Rachab sind, fürchten die Leute von Jericho, daß man sie angreifen wolle, denn es sind doch Eindringlinge, Gäste von draußen, von anderswoher; Fremdes ist hineingekommen, obwohl die Mauern Jerichos so feststehen, daß sie nie umfallen können. Wie kann das sein? Liefere die Männer uns aus, sagen sie zu Rachab. Es sind keine bei mir, lügt Rachab, um sie zu schützen. Man sagt auch: Um *deines* Seelenheils willen die Wahrheit sprechen? Frage dich doch, ob der andere selig ist. Du kannst sogar deine Seligkeit opfern, wenn du lügst, aber der andere lebt. – Die Einheit opfern!? – Wenn du an deine brave Einheit glaubst, bist du ein Heuchler, lügst dir etwas vor, denn Adam schon hat seine Einheit weggeschenkt.

Rachab versteckt die Männer auf ihrem Dach unter dem Flachs, wie erzählt wird. Aus dem Flachs kommt doch das Leinen, und Leinen ist die erste Umhüllung des Menschen von der Pflanze her. Der Priester ist in Leinen gekleidet, das heißt, seine Kleidung ist von der Welt her, die die Pflanze als Kern hat. Im Unterschied zu den Tieren, die sich fortbewegen, vertraut die Pflanze dem Ort, an dem sie verwurzelt ist, erwartet dort ihr Schicksal. Und deshalb ist die Pflanze grün, denn die Farbe der Vergangenheit, das Goldene, und die Farbe der Zukunft, das Blaue, ist in der grünen Farbe vereint. Die Pflanze hat das Vertrauen, daß die Vergangenheit schon in Ordnung und die Zukunft schon gut ist, und beide können sich mischen, denn das Grüne der Natur bleibt an seinem Ort, hat nicht diese Unruhe der Tiere, die ständig in Bewegung sind, oder die Unrast des Menschen, der sich im ›Schweiße seines Angesichts‹ für seinen Lebensunterhalt abmüht, weshalb Tiere und Menschen dann nicht so gut riechen. Die Natur aber hat den Duft, »reach«, der wie der Geist, »ruach«, ist.

Das ist diese Pflanze, und der Mensch wird von Rachab in der Pflanze verborgen. Rachab, die Frau, der Leib, der die Welt kennt, weiß schon, daß diese Welt untergeht und die neue Welt kommt. Schont mich, sagt sie, denn ich bin es doch, die sie verkündet. Gewiß wirst du verschont, versprechen sie ihr, lasse nur den roten Faden, an dem wir jenseits der Stadtmauer herabklettern und uns befreien können, als Zeichen von deinem Fenster hängen. Der rote Faden – das Rote, Anfang des Spektrums, auch der Mensch, »adam«, wie »adom«, rot. Die Farben fangen doch mit dem Rot an, bewegen sich dann über Orange und Gelb und Grün und Blau ins Pur-

pur, drehen sich dann ins Spektrum: das Rote, Anfang des Weges. Und dieses Rote soll dort am Fenster hängen. Im hebräischen Text steht hier für diesen ›Faden‹ das Wort »tikwa«(Josua 2, 18), das auch ›Hoffnung‹ bedeutet: Der Mensch, der seinen Weg anfängt, wird auch Hoffnung genannt.

Wenn man dann ins Land kommt, wird als erstes Jericho erobert, das heißt, man tut gar nichts, sondern geht nur um Jericho herum und Gott läßt die Mauern der Stadt zusammenbrechen (Josua 6). Dann ist die Herrschaft des Mondes vorbei, das Licht des Mondes ist dann wie das Licht der Sonne, und das Licht der Sonne ist wie das Urlicht der Schöpfung. Jericho, die Mondwelt ist das erste, das fällt. Es herrscht jetzt die Sonne. Jehoschua ist von der Seite, die die Sonne regieren kann, wie er dann auch sagt: ›Sonne, steh still zu Gibeon, und Mond, im Tal Ajalon! Da stand die Sonne still, und der Mond blieb stehen, bis sich das Volk an seinen Feinden gerächt hatte‹ (Josua 10, 12–13). Er beherrscht die Zeiten, er ist die Sonne, das ist Joschua. Und Rachab, diese schönste Frau, die das alles miterlebt, wird nach der Überlieferung die Frau Joschuas. Aus dieser Verbindung von Joschua mit der Hure Rachab, die dort doch geschont wird, kommen Große her wie der Prophet Jeremia, aber auch die Prophetin Chulda (Hulda), die wir noch besprechen werden.

Überlasse es dem Leib, sehen wir, auch wenn er diese Seite von der Rachab hat, dein Leib reagiert schon gut, das ist göttlich – ein Geheimnis. Sei nicht wie Pharao, der sich das nehmen will, denn es ist doch schön, gehört dieser Welt, kann untersucht, behandelt, analysiert werden usw. Laß diesen Leib, der göttlich ist, sein, sobald du ihn berührst, geschieht etwas anderes; laß dieses Leben, untersuche nicht so, *tue* im Leben, nehme alles ernst, auch das Kleinste. Sei gut zu allem, schätze es, gib ihm die Würde, die ihm eigen ist; so sei mit deinem Leib. Abigail gehört zu den vier schönsten Frauen; der Leib zeigt auch diese Schönheit. Abigail rettet David, indem sie sagt: Du kannst in der Nacht doch nicht urteilen, und David sieht es ein.

Das ist so merkwürdig, immer wieder gehorcht der Mann der Frau. Adam ißt von der Frucht, weil ihm die Frau sie gibt. Die Frau hat das Gespräch mit der Schlange, und die Schlange beweist der Frau, dem Leib: Schau, es ist gut, es ist gescheit, du wirst es dann selber tun können, denn der Weg führt am Ende *doch* zum Messias. Mache es doch selber, verdiene dir das! Die Frau wird überzeugt, wird von der Schlange vergewaltigt, das heißt, der Mensch wird vergewaltigt von der Kausalität, vom Denken. Deshalb dieser Ausspruch, den ich immer zitiere: Der Teufel ist der Engel, der zu viel gedacht hat. Und wenn der Leib das tut, dann, heißt es, gibt sie ihrem Mann von der Frucht, und er ißt auch davon.

Wir sind also, will das sagen, ganz abhängig von dem, was unser Leib, unsere Erscheinung tut. Als Mann sind wir nicht so mächtig, sind wir das stille Sein im Menschen. Aber was durch das Tun des Menschen mit uns geschieht, das ist sehr wichtig. Deshalb heißt auch die Frau in dieser Welt die Königin des Hauses, die Königin der Welt, und deshalb sind Prophetinnen hier so wichtig. Und wir werden sehen, daß Esther, die ›Verborgene‹, die siebte Prophetin, die Prophetin für den siebten Tag, das Ganze beherrscht. Die Frau sehen wir als das Tun, das Verhalten des Menschen. Und Verhaltensforschung hätte diesen Ausgangspunkt haben können. Das Verhalten des Menschen nimmt das Sein des Menschen mit. Wie die Frau ist, so ist der Mann, sagt man, und nicht umgekehrt. Zwar ist es der Mann, der eine Frau ehelicht, aber die Frau bestimmt dann das Leben des Mannes. Und der Mann dankt dann der Frau fortwährend für diese Bestimmung, dankt ihr für die Mahlzeit, also für die Begegnungen im Leben. Es bedeutet, deine Begegnungen sind von deinem Leib, deinem Leben her bestimmt, und dein Sein gibt diesem Leben die Seele, einen Sinn. Du kannst das nicht ausdrücken, weil es verborgen ist, es kann nur im Geheimen sein. Wie der König ganz verborgen ist, hinter vielen Palästen und Gemächern. Im letzten geheimen Gemach ist der König, dort im Fünfzigsten, wenn die sieben mal sieben Hallen durchzogen sind, ist er zu finden. Als Esther zum König muß, sagt sie, das geht doch nicht, da werde ich umkommen, worauf Mordechai ihr antwortet: Auch wenn du umkommst, du wirst *doch* gehen! Was bedeutet dein Leben? – Und unser Leben geht dorthin ins verborgenste Gemach, wo der König ist, und der König nimmt uns auf und läßt uns zurückkehren.

Abigail rettet David das Leben – eine dieser schönen Seiten der Frau, der Leib entscheidet. Und David dankt ihr auch, daß sie ihn vor Blutschuld bewahrt hat: Ich hätte es sonst getan, ich hätte geurteilt und umgebracht. Wie Gott, kann man sagen, auch dem Mose dankt, weil Mose ihm vorhält: Du willst das Volk vernichten? Hast du es nicht aus der Knechtschaft herausgeführt, aus dem Entweder-oder, und jetzt willst du es vernichten?

Gott kann schon wohl in der Nacht unterscheiden, sieht Tag und Nacht, aber Gott mag es, daß man mit ihm spricht. Du hast recht, sagt Gott, du bist wirklich gut, verlange es doch. Gott mag, daß man das Unmögliche verlangt. Wenn es auch zum Lachen scheint, ganz unmöglich aussieht und man dann traurig wird wie die Channa – Gott mag das, wird in der Überlieferung immer wieder erzählt.

Abigail spricht dann diese merkwürdigen Worte: Dein Leben, deine Seele sei gebunden in dem ›Bündel des Lebens‹, »zror hachajim«, wie der Ausdruck im Hebräischen lautet. Ich sagte schon, daß jeder Grabstein nach jüdischem Brauch die hebräischen Anfangsbuchstaben dieses Ausspruches am Kopf, am Haupt eingraviert trägt. Es will auch sagen, daß es ein Bündel des Lebens gibt dort, wo alle Schichten zusammen sind, eins sind. Wer hier stirbt, geht in die anderen Schichten, lebt dort; lebt auch hier, zwar nicht sichtbar als Bild, aber im Erleben, als Erlebnis. In jedem Menschen lebt alles, was war, seine eigenen Ahnen und alle Generationen, die waren, leben im Menschen. Das Bild der anderen ist im Bild des Menschen hier aufgenommen. Deshalb sind die Steine, die Grabsteine Ausdruck des Felsens, des Ewigen. »Ewen«, Stein, ist doch eine Zusammenfügung von »aw«, Vater, und »ben«, Sohn, das heißt, die Schichten verbinden sich. Der, der gegangen ist, ist jetzt verbunden, denn es gibt das Bündel des Lebens, nur du bist oft getrennt davon.

Man sagt daher auch, daß diese Welt hier nicht die echte Welt ist, und spricht von der anderen Welt als der »olam ha-emeth«, der ›Welt der Wahrheit‹. Und der Friedhof heißt »beth ha-chajim«, das ›Haus des Lebens‹;

das ist nicht nur ein schöner Ausdruck, das ist eine konkrete Sache, eine Wirklichkeit. Und Abigail spricht diese Worte aus, gibt als Leib, kann man sagen, die Merkmale des Menschen, spricht es als Wunsch aus: Es *sei* deine Seele aufgenommen im Bündel des Lebens. Damit bestimmt sie dieses Leben von David und vom Sohn Davids mit. Abigail ist die große Mutter; es kommt dann noch die andere Mutter, Bathscheba, aus der Salomo hervorgeht.

Wenn wir vom Umkommen des Nabal lesen, spüren wir, Gott sorgt schon dafür, daß diese merkwürdigen Eigenschaften bei uns weggenommen werden. Lasse das sein, zerstöre nicht die Welt, auch dich selber nicht, trage nicht Schuld und Vorwurf; Gott wird den Nabal schon kriegen. Dieser Tor bleibt nicht bei dir. Das ist eine Begegnung auf dem Weg.

Siebtes Kapitel

David und Bathscheba. Geheimnis der Sünde.
Wahre Freundschaft und echte Beziehung.
2. Könige 22, 1 – 23, 30

Wir sprachen doch von Nabal und Abigail im ganzen Konzept von David. Abigail hat einen Mann; das Wesentliche ist also da, wodurch die Erscheinung tatsächlich bestimmt wird. Und umgekehrt ist David, ist der Mann, abhängig von dem, was die Erscheinung tut. Das Weibliche ist entscheidend, wie wir es auch dort sehen, wo die Schlange mit dem Menschen spricht: Es ist das Gespräch mit der Frau. Und wenn die Frau, das Erscheinende, die Vernunft überzeugt ist, tut der Mann das sozusagen von selber, wie es in der Bibel heißt: Die Frau gab ihm von der Frucht und er aß davon. Es bedeutet, daß das Tun, das Erscheinende, auch für unser Sein entscheidend ist. Das Sein ist schon da, dirigiert auf andere Art; es kann sich nicht artikulieren. Aber das Tun zeigt sich, ist auch determiniert, man kann es analysieren. Deshalb heißt die Frau auch immer die Königin, die Mutter in der Welt. Das Andere, das ganze Sein, ist ein Geheimnis. Sobald man ein Wort ausspricht, ist es weiblich; das Schweigen ist das Männliche.

Im Gespräch mit David gibt Abigail einen Hinweis auf das Geschehen von David mit Bathscheba (2. Samuel 11). David sieht eine Frau mit dem Namen Bathscheba, der ›Tochter der Sieben‹ oder ›Tochter des Eides‹ bedeutet; ›Eid‹ und ›Sieben‹ sind das gleiche, denn die Siebenheit bedeutet eine Bestätigung für diese Welten hier. Bathscheba ist verehelicht mit Uria, ›Licht des

Herrn‹, dem Chitti (Hethiter), dem von der ›Acht‹. David sieht sie und ist von ihrer Schönheit ganz hingerissen, möchte sie haben. Er nimmt sie zu sich und hat dann Angst vor den Folgen. Um ihren Ehemann Uria los zu sein, tut er dann etwas Unverständliches, wie wir sagen würden. Er schickt den Uria zu seinem Feldherrn mit einem Brief, in dem er dem Feldherrn mitteilt, er möge den Uria an der vordersten Frontlinie kämpfen lassen. Bis heute spricht man vom ›Uriasbrief‹, der das Todesurteil des Überbringers enthält, denn es ist ziemlich gewiß, daß der in der ersten Schlachtreihe Kämpfende fallen wird. Uria kommt auch um, und David kann die Bathscheba zur Frau nehmen. Es kommt dann der Prophet Nathan zu David und hält ihm vor, daß er da etwas ganz Übles und Mieses getan hat. Das Kind aus dieser Verbindung wird todkrank, und David betet, daß es doch nicht um *seiner* Sünde willen sterben solle und hofft, daß es leben bleibt. Es wird ihm aber gesagt: Du hast gebetet, du hast gefastet, das Kind ist jetzt gestorben. Da ergibt sich David in sein Schicksal und lebt weiter mit Bathscheba zusammen.

Und das zweite Kind, der zweite Sohn, der dann kommt ist der ›Vollkommene‹, wie die Übersetzung des hebräischen Namens »schlomo«, also Salomo, lautet, der ›Ganze‹. Dieses Kind ist es auch, das die Linie von David weiterführt zum Messias. Keine so gute Linie, könnte man sagen, das fing doch gar nicht gut an. Wiederum das Geheimnis einer Sünde beim Menschen, wo er sich fortwährend Vorwürfe machen müßte, daß das so geschehen ist. Denn der Uria ist nun mal umgekommen, den kann man nicht mehr lebendig machen. Dennoch ist diese Linie auserwählt. Gerade dort, wo er sich immer große Vorwürfe machen müßte, kommt für den Menschen die Befreiung. Das bedeutet, du kannst dir keine Vorwürfe machen, du weißt nicht, wie *ich* das gelenkt habe, daß Bathscheba in deine Blickrichtung geriet und du sie sahst. *Ich* habe das gewollt, und *ich* habe gewollt, daß Uria dort fiel, denn er hätte, obwohl in der ersten Linie stehend, auch nicht fallen können. Sieh dein Schicksal nicht so, daß du glaubst, *du* habest das so gewollt. Denke auch nicht, du habest dir das von der Schlange einreden lassen usw. *Ich* habe die Schlange kreiert, *ich* habe sie so überzeugend zu dir sprechen lassen, daß deine Vernunft, die *ich* gebaut habe, das nun verstand.

Schau also nicht so auf deine Taten, daß du dir auf diese Art Vorwürfe machen kannst. Gewiß bleibt dir als Paradoxon gegenüberstehen, daß du das nicht tun sollst; und du weißt auch sehr gut, daß du das nicht tun kannst. Wenn aber etwas geschehen ist, dann ist es geschehen. Und dann tritt es doch auch ein, daß das erste Kind stirbt. Ich habe getan, was ich konnte, habe gebetet, habe Buße getan, habe es bereut, habe mich von der Welt zurückgezogen, war bereit, mich selber zu geben – aber Gott hat das Kind genommen. Es will sagen, nimm das Geschick in der Welt an, du würdest sonst nie Frieden haben. Immer müßtest du sonst sagen, Amalek hat mich angegriffen, hat mich beraubt, oder der Ägypter – ich war dort Sklave, Knecht. Die Bibel selbst sagt auch: Hasse den Ägypter nicht, sei ihm gut, denn du hast als Fremder dort gewohnt. Schönes Wohnen, könntest du sagen, man hat mich sehr gequält und mir alles mögliche Böse angetan. Dennoch, du hast dort gelebt, hasse und bedränge ihn nie! Wir können unserem

Schicksal gegenüber also nicht die Haltung einnehmen, daß wir selber darüber urteilen und sagen: Das ist gut und das ist schlecht. Wir sehen in der Weltgeschichte, wie sie im Mythos, in der Bibel aus der Sicht des Jenseitigen erzählt wird, daß dort vieles nicht stimmt und dennoch gesegnet ist.

Wenn zum Beispiel die Linie, die zum Sohn führt, aus Abigail hervorginge, von dieser guten Tat ihren Ausgang nähme, das wäre schön; oder von Michal, der Tochter Sauls, da wäre die Mutter des Messias jedenfalls eine Königstochter. Aber nein, die Linie geht von Bathscheba aus, der ›Tochter der Sieben‹; gerade dieser merkwürdige siebte Tag, der siebte Himmel auch, die siebte Erde, diese tiefste – gerade diese sind entscheidend. Warum ist *diese* Welt auserwählt, daß *hier,* wie man sagt, die Rettung kommt? Wo Krankheit ist, Gemeinheit, Tod, Mißverständnis – gerade diese? Wäre es nicht besser, auf eine andere Welt, auf bessere Zeiten zu warten? Aber gerade in Zeiten, sagt man, die so schlimm sind, wie es noch nie war, ist die auserwählte Zeit. Vielleicht steht dem Leid dieser Zeit im Verborgenen ein großes Glück gegenüber, eine große Freude, unsichtbar.

Auserwählt ist diese siebte Welt wie Israel auserwählt ist, obwohl es auf dem Weg zehnmal erprobt wird und zehnmal versagt und Gott jedes Mal sehr aufgeregt und böse ist. Dennoch nennt er dieses Volk seinen erstgeborenen Sohn, der erwählt ist. Andere, könnte man sagen, wären ihm doch gleich gefolgt – nein, gerade das! Geheimnis des Bösen, Geheimnis der Sünde; nicht der Sünde, um zu urteilen, sondern der Sünde, um einzusehen, daß der Mensch gerade wegen der Sünde eine

Wende erleben könnte; die Sünde zeigt ihn in einem Konflikt, zeigt, wer er ist, was er ist, zeigt ein Geheimnis in der Welt. Nicht die Sünde als selbstverständlich akzeptieren, sondern sich auseinandersetzen und einsehen, daß die Sünde dazu da ist, damit Barmherzigkeit walten kann. Was wäre Erbarmen, wenn keine Sünde ist? Wem kann man vergeben, wenn er nicht irgendwie gefehlt hat? Gerade dem, der es nicht erwartet, wird verziehen, das ist die Überraschung der Sünde. In diesem Zusammenhang weise ich immer auf die Stelle bei Jesaja hin, wo gesagt wird: Gott erschafft die Finsternis und macht das Licht, Gott erschafft das Böse und macht die Welt (vgl. Jesaja 45, 7). Er *erschafft* es selber! Es ist nicht etwas, das du gemacht hast, es ist ein Geheimnis. Vielleicht deshalb auch die Bitte, nicht von der Frucht des Baumes der Erkenntnis von Gut und Böse zu nehmen. Glaubst du, du könntest von der Welt her, durch deine Sinne je wissen, was Gut und Böse ist? Lasse das doch sein, es ist ein Geheimnis. Und das Prophetische im Leib ist, daß Abigail, die Prophetin, dies dem David klarmacht.

Weil David von Abigail erfährt, daß er nicht urteilen kann; weil sie ihn bittet, in der Nacht, wo man nicht sehen kann, da noch Finsternis herrscht, kein Urteil zu fällen, weiß er in seinem Leben, daß es um die Hingabe geht, um Glauben, trotzdem es anders aussieht, um Glauben, obwohl bewiesen wird, daß es anders ist. In einer alten Geschichte geht es um die Frage, woran man einen guten Freund erkennen kann. Ein Vater, wird erzählt, fragt vor seinem Tod seinen Sohn: Hast du einen guten Freund? Gewiß, antwortet der, sogar viele gute Freunde. Dann, sagt der Vater, sollst du sie erproben.

Nimm einen schweren Sack und geh damit zu deinen Freunden, sage ihnen, du habest einen Mann erschlagen, weil er dir nicht gefiel, und möchtest seine Leiche, die im Sack ist, bei ihm verbergen und dich bei ihm verstecken. Gut, sagt der Sohn, das werde ich tun und geht zu seinem ersten guten Freund. Mach, daß du fortkommst, bekommt er dort zu hören, ich zeige dich an, das ist meine Pflicht als guter Bürger, wenn ich von solch einem Verbrechen weiß! Er geht dann der Reihe nach zu seinen weiteren guten Freunden und sieht bald, daß es keine sind, bis er dann noch einen aufsucht, von dem er denkt, nun, vielleicht der noch. Komm schnell herein!, reagiert der auf sein Geständnis, schrecklich, daß dir das geschehen ist! Verstecke die Leiche hier, wir müssen sie begraben, bleib bei mir wohnen.

Das bedeutet, Freundschaft zu zeigen, wenn du dich brav und gut verhältst, ist eine Art kaufmännische Angelegenheit. Wenn du gute Beziehungen hast, die dem anderen nützen, dann wird er auch dir helfen. Aber einer, der dir hilft, wenn du ganz verloren, sogar ein Mörder bist – das ist ein Freund. So wird diese Geschichte auch wegen des Urteilens des Menschen erzählt. Es geht, wie in der Liebe, um die Beziehung von Mensch zu Mensch, bei der Fragen wie: Ist er brav? Ist sie auch treu? usw., keine Rolle spielen. Selbstverständlich bin ich für dich da, was du auch getan hast; für *dich* ist es schrecklich, umso mehr brauchst du dann mich. Das Schlimmste für einen, der geschlagen oder hingerichtet wird, ist es, daß er weiß, er hat ein Verbrechen begangen und ist schuldig. Aber einer, der verurteilt wird und weiß, daß er unschuldig ist, fühlt sich, kann man sagen, gut dabei. Mit dem, der sich schlecht fühlt, muß man

Mitleid haben wie mit den Verbrechern an beiden Seiten, denn um die kümmert sich keiner mehr. Verloren, würde man sagen, keine Möglichkeit mehr.

Vom Menschen, sehen wir hier, erwartet man, daß er gerade, weil es *nicht* stimmt, handeln soll. Und so sagt Gott: Schau, dein Leben ist gar nicht so schön, was dir versprochen wurde, tritt nicht ein, sogar Gegenteiliges kommt über dich. Und du glaubst immer? *Das* ist groß, dann bist du mein Kind, mein Sohn! Du bist verzweifelt und du glaubst trotzdem. Immer wird in der Welt gebetet, aber wann zeigt sich, daß ein Gebet erhört wird? Ganz selten, kann man sagen, ein Zufall, im allgemeinen bleiben Kranke krank oder sterben; dennoch betet man weiter, das ist das Menschliche und man sagt, das ist der Leib. Der Mensch in seiner Erscheinung ist gewaltig. Die Frau deshalb, die man der Untreue überführt hatte und deshalb gesteinigt werden sollte. Ja, wieso steinigen? Wer wirft den ersten Stein? Laß diese Frau (vgl. Johannes 8). Diesen Leib, dieses Leben steinigen wollen? Ist dieses Leben nicht eigentlich heilig? Wegen der Untreue *braucht* sie dich gerade jetzt! Also nicht sagen: Die soll jetzt mal selber was erleben.

Immer weise ich in diesem Zusammenhang auf die Rechtssprechung hin, wie sie in der Praxis stattfindet. Wenn einer gemordet hat und das vor Gericht von den Zeugen übereinstimmend bezeugt wird und das Gericht nach Wahrheit einstimmig auf ›Schuldig!‹ erkennen muß, bedeutet das: Hinrichtung. Dann gilt das Prinzip: Einer, der *alles* gegen sich hat, der hat mich für sich – er ist frei und kann gehen. Wiederum sehen wir: ›Alles‹ dagegen, und das ist im Leben selber auch so. Vieles, oft alles ist gegen den Glauben, und gerade deshalb ist Glauben etwas so Großes. Wenn du erst glaubst, weil man berechnet hat, daß es stimmt, verlierst du den Glauben. Berechne also nicht, wann das Ende der Tage sein wird, glaube, daß es *jetzt* ist. Berechnen wäre ein Beweis, eine Konstruktion; hat auch zum Glück nie gestimmt. Glauben kommt erst, wenn es nicht stimmt, Glauben ist etwas anderes.

So lehrt Abigail den David: Kein Urteil auf diese Art, überlasse das Gott! Gott wird den Nabal schon zu seiner Zeit treffen, und da wird es weggenommen werden. Du kannst das nicht tun, du sei nur da. Das ist die Geschichte von Abigail und David, von der man noch viel mehr erzählen könnte. Ich möchte aber, da die Zeit fortschreitet, jetzt mit der Geschichte der sechsten Prophetin beginnen, der Chulda (Hulda), die im Zweiten Buch Könige steht. Wie das Buch Samuel ist auch das Buch Könige in zwei Teile eingeteilt, denn es sind doch, wie man sagt, im Buch Samuel die beiden Könige, der König Saul und der König David; entsprechend sind im Buch Könige zwei Arten Königreiche: das Königreich Israel und das Königreich Juda. Es teilt sich, das eine geht verloren, man weiß nicht, wo es bleibt.

Die Geschichte der Chulda wird im 2. Könige 22 erzählt. Sie spielt in der Zeit eines Königs, der Josia heißt, hebräisch Joschijahu, ›der Herr hilft‹, ›der Herr bringt die Rettung‹:

> *Josia war acht Jahre alt, als er König wurde; und er regierte einunddreißig Jahre zu Jerusalem. Seine Mutter hieß Jedida, eine Tochter Adajas aus Bozkat.*

Jedida bedeutet die ›Geliebte‹, Adaja der ›Schmuck Gottes‹, der ›Zierat Gottes‹; »ed« ist ›Zierat‹. Bozkat bedeutet ›Hügel‹, ›Schwellung‹, ›Höhe‹.

Und er tat,
dieser Josia
was dem HERRN wohlgefiel, und wandelte ganz in dem Wege seines Vaters David
das bedeutet Urvater, denn dazwischen sind viele andere gewesen
und wich nicht davon ab, weder zur Rechten noch zur Linken.

Dieses Abweichen weder zur Rechten noch zur Linken ist nicht eine schöne Phrase, wie man denken könnte. Oft ist der Mensch nicht imstande, den königlichen Weg zu gehen, den Weg in der Mitte. Entweder er übertreibt oder er ist sehr nachlässig. Übertreibe nicht im Guten, heißt es, bei Vorschriften oder Geboten, übertreibe nur die Liebe. Denn dort, wo die Frau, die später Eva genannt wird, übertreibt, kommt das Unglück. Gott hatte gesagt, von der Frucht dieses Baumes sollt ihr nicht essen, die Frau aber sagt zur Schlange: Gott hat gesagt, man soll den Baum nicht berühren. Das ist eine Übertreibung. Die Schlange habe dann, wie die Überlieferung erzählt, der Frau einen Stoß gegeben, daß sie den Baum berührte, und gesagt: Siehst du, es geschieht gar nichts! Damit hat sie Eva überzeugt. Deshalb wurde es eine Tradition, daß man im Strengen nie übertreiben darf, denn es ist ein Abweichen nach rechts, wenn man dem, was man nicht darf, immer noch ein ›Und das darfst du auch nicht!‹ hinzufügt; ein Abweichen nach links ist es, die Sache nicht so ernst zu nehmen und zu sagen, das kannst du schon tun, wegen einer solchen Kleinigkeit mußt du kein Aufhebens machen. Gehe den Weg der Könige, gerade in der Mitte, dann kann die Schlange, der Teufel dir nichts tun.

Und im achtzehnten Jahr des Königs Josia

Er regiert, wie wir gelesen haben, einunddreißig Jahre, es kommen also noch dreizehn Jahre.

sandte der König den Schreiber Schafan,

der Name Schafan bedeutet ›Kaninchen‹

den Sohn Azaljas, des Sohnes Meschullams,

Azalja ist ›Gott stützt‹, Meschullam ›der Ganze‹, ›der Vollkommene‹

in das Haus des HERRN und sprach: Geh hinauf zu dem Hohenpriester Chilkija,

Er wird also zum Tempel, in die Wohnung Gottes gesandt. Der Name Chilkija, von »chelek«, Teil, und »jah«, der Herr, bedeutet ›der Teil des Herrn‹.

daß er abgebe alles Geld, was zum Hause des HERRN gebracht ist, das die Hüter an der Schwelle gesammelt haben vom Volk, damit man es gebe den Werkmeistern, die bestellt sind im Hause des HERRN, und sie es geben den Arbeitern am Hause des HERRN, damit sie ausbessern, was baufällig ist am Hause, nämlich den Zimmerleuten und Bauleuten und Maurern und denen, die Holz und gehauene Steine kaufen sollen, um das Haus auszubessern; doch daß sie keine Rechnung zu legen brauchten von dem Geld, das ihnen gegeben wird, sondern daß sie auf Treu und Glauben handeln.

Das Geld, das das Volk für das Haus des Herrn gebracht hat – das will sagen, was der Mensch in seinem ganzen Leben tut, das wird dort eingesammelt und damit wird die Wohnung beim Menschen auch gebaut, niemals aber nach Berechnungen. Dort darf nicht abgerechnet werden, es gibt dort kein Budget, keine Bilanz. Ich erinnere mich, daß in meiner Jugendzeit in der jüdischen Gemeinde einmal eine Rechnung gemacht und ausgehängt wurde. Da gab es Leute, die sich darüber sehr aufregten: Verboten ist das, das muß man sofort wegreißen, es darf keine Abrechnung geben! – Ja aber der Kassier kann sich dann doch bereichern? – Das ist seine Sache. Jedenfalls darf es hier keine Abrechnung geben! Man soll das Ganze haben und dann ausgeben. Es bedeutet, daß es keine Rechnung von dir in dein Inneres, in dein Wesen hinein geben kann. Dort kannst du nicht rechnen. Ob eine Tat sehr gut oder eher schlecht ist, weißt du nicht, das wird gesammelt, das ist das Geld zum Ausbessern des Hauses; das Haus, die Wohnung soll ganz, soll heil, soll schön sein.

Und der Hohepriester Chilkija sprach zu dem Schreiber Schafan: Ich habe dies Gesetzbuch gefunden im Hause des HERRN.

Ich muß wiederum gegen die Übersetzung protestieren, es steht nichts von ›Gesetzbuch‹ im Text, dort steht »sefer thora«: das Buch der Unterweisung, der Lehre. Die Theologen nennen das ›Gesetzbuch‹, weil sie selber solche Zwangsmenschen sind. »Thora« hat nichts mit ›Gesetz‹ zu tun, gar nichts, »thora« ist Lehre, Unterweisung, ›Geschwängertwerden‹; weil ich dich liebe, befruchte ich dich. Gott befruchtet die Welt, damit die Frucht hier kommen kann. Das Gesetz, die Naturgesetze, gibt er, damit die Welt bestehen kann; die Naturgesetze bezeugen seine Treue, garantieren den Fortbestand alles Geschaffenen. Es gibt kein ›Gesetzbuch‹, im Hebräischen steht »sefer thora«. Überhaupt gibt es im Hebräischen kein Wort für Gesetz; »chuk«, das auch mit ›Gesetz‹ wiedergegeben werden kann, ist ›Einsetzung‹. – Er hat also die Thora im Haus des Herrn gefunden.

Und Chilkija gab das Buch Schafan, und der las es. Und der Schreiber Schafan kam zum König und gab ihm Bericht und sprach: Deine Knechte haben das Geld ausgeschüttet, das im Hause des HERRN *gesammelt ist, und haben's den Werkmeistern gegeben, die bestellt sind am Hause des* HERRN. *Dazu sagte der Schreiber Schafan dem König: Der Priester Chilkija gab mir ein Buch. Und Schafan las es vor dem König. Als aber der König die Worte des Buches hörte, zerriß er seine Kleider. Und der König gebot dem Priester Chilkija und Achikam, dem Sohn Schafans, und Achbor, dem Sohn Michajas, und Schafan, dem Schreiber, und Asaja, dem Kämmerer des Königs,*

Achikam bedeutet ›mein Bruder steht auf‹, Achbor ist ›Maus‹, der Name Michaja: ›wer ist wie Gott?‹, Asaja heißt ›Gott tut es‹

und sprach: Geht hin und befragt den HERRN *für mich, für das Volk und für ganz Juda über die Worte dieses Buches, das gefunden ist;*

Stellen Sie sich vor: Das ist vergessen worden! Der Tempel steht, es gibt den Dienst im Tempel, Könige regieren – und es ist vergessen worden! Man wußte nicht mehr, daß es existierte. Es wurde gefunden, die ganze Thora wurde gefunden!

denn groß ist der Grimm des HERRN, *der über uns entbrannt ist, weil unsere Väter nicht den Worten dieses Buches gehorcht haben und nicht alles taten, was darin geschrieben ist. Da gingen hin der Priester Chilkija, Achikam, Achbor, Schafan und Asaja zu der Prophetin Chulda,*

Der Name bedeutet ›Wiesel‹; in Gesellschaft also mit der ›Maus‹ und dem ›Kaninchen‹, alles Tiere, die auch in der Erde leben. Chulda ist aber auch vom Stamm

»cheled«, ›tiefe Welt‹, unterirdische Welt sozusagen, das Verborgene.

der Frau Schallums, des Sohnes Tikwas, des Sohnes des Charchas,

Schallum ist der ›Ganze‹, der ›Vollkommene‹, Tikwa bedeutet ›Hoffnung‹, Charchas ist der ›Scheinende‹, der ›Strahlende‹

des Hüters der Kleider, und sie wohnte in Jerusalem im zweiten Bezirk der Stadt; und sie redeten mit ihr.

Im Hebräischen steht nicht ›Bezirk‹, sondern ›Teil‹: im zweiten Teil der Stadt.

Sie aber sprach zu ihnen: So spricht der HERR, der Gott Israels: Sagt dem Mann, der euch zu mir gesandt hat: So spricht der HERR: Siehe, ich will Unheil über diese Stätte und ihre Einwohner bringen, alle Worte des Buches, das der König von Juda hat lesen lassen, weil sie mich verlassen und andern Götzen geopfert haben, mich zu erzürnen mit allen Werken ihrer Hände; darum wird mein Grimm gegen diese Stätte entbrennen und nicht ausgelöscht werden. Aber dem König von Juda, der euch gesandt hat, den HERRN zu befragen, sollt ihr sagen: So spricht der HERR, der Gott Israels: Was die Worte angeht, die du gehört hast: Weil du im Herzen betroffen bist und dich gedemütigt hast vor dem HERRN, als du hörtest, was ich geredet habe gegen diese Stätte und ihre Einwohner, daß sie sollen zum Entsetzen und zum Fluch werden, und weil du deine Kleider zerrissen hast und vor mir geweint hast, so habe ich's auch erhört, spricht der HERR. Darum will ich dich zu deinen Vätern versammeln, damit du mit Frieden in dein Grab kommst und deine Augen nicht sehen all das Unheil, das ich über diese Stätte bringen will. Und sie sagten es dem König wieder.

Das ist die sechste Prophetin, und das Sechste hat immer einen Zusammenhang mit dem sechsten Tag, dem Freitag, dem Tag der Schlange. Die Mitteilung ist: Es geht jetzt etwas unter!

Und der König sandte hin, und es versammelten sich bei ihm alle Ältesten Judas und Jerusalems. Und der König ging hinauf ins Haus des HERRN und alle Männer Judas und alle Einwohner von Jerusalem mit ihm, Priester und Propheten und alles Volk, klein und groß. Und man las vor ihren Ohren alle Worte aus dem Buch des Bundes, das im Hause des HERRN gefunden war.

Es war also vergessen – stellen Sie sich vor: Vergessen das Ganze!

Und der König trat an die Säule und schloß einen Bund vor dem HERRN, daß sie dem HERRN nachwandeln sollten und seine Gebote, Ordnungen und Rechte halten von ganzem Herzen und von ganzer Seele, um zu erfüllen die Worte dieses Bundes, die geschrieben stehen in diesem Buch. Und alles Volk trat in den Bund. (2. Könige 22, 1–23, 3)

Weiter wird dann erzählt, wie all diese Götzen überall weggenommen, vernichtet und zertrümmert werden. Ich lese jetzt weiter ab Vers 21 vom dreiundzwanzigsten Kapitel:

Und der König gebot dem Volk: Haltet dem HERRN, eurem Gott, Passa, wie es geschrieben steht in diesem Buch des Bundes! Denn es war kein Passa so gehalten worden wie dies von der Zeit der Richter an, die Israel gerichtet haben, und in allen Zeiten der Könige von Israel und der Könige von Juda, sondern im achtzehnten Jahr des Königs Josia wurde in Jerusalem dies Passa gehalten dem HERRN. (2. Könige 23, 21–23)

Stellen Sie sich vor: Kein Passa wie dieses, als dieses Buch gefunden wurde, all die Zeit seit David und Salomo! Eine merkwürdige Geschichte; Chulda, die sechste Prophetin, hat hier wahrscheinlich viel zu sagen. Weiter heißt es, daß Josia die Götzen ausrottet; ich lese nun ab Vers 25:

Seinesgleichen war vor ihm kein König gewesen, der so von ganzem Herzen, von ganzer Seele, von allen Kräften sich zum HERRN bekehrte, ganz nach dem Gesetz des Mose,

Hier steht nicht ›Gesetz‹ sondern Thora: »thorath mosche«: Thora von Mose; nach der Lehre des Mose.

und nach ihm kam seinesgleichen nicht auf.

Keine Übertreibung: vor ihm keiner und nach ihm keiner.

Doch kehrte sich der HERR nicht ab von dem Grimm seines großen Zorns, mit dem er über Juda erzürnt war um all der Ärgernisse willen, durch die ihn Manasse erzürnt hatte.

Ein früherer König von Juda, von dem im 2. Könige 21, 11–16 berichtet wird.

Und der HERR sprach: Ich will auch Juda von meinem Angesicht tun, wie ich Israel weggetan habe, und will diese Stadt verwerfen, die ich erwählt hatte, Jerusalem, und das Haus, von dem ich gesagt hatte: Mein Name soll dort sein. Was aber mehr von Josia zu sagen ist und alles, was er getan hat, siehe, das steht geschrieben in der Chronik der Könige von Juda. Zu seiner Zeit zog der Pharao Necho, der König von Ägypten, herauf gegen den König von Assyrien an den Strom Euphrat. Und der König Josia zog ihm entgegen, aber Necho tötete ihn in Megiddo, als er ihn sah. Und seine Männer

Die Männer von Josia, dem König also.

brachten den Toten von Megiddo und führten ihn nach Jerusalem und begruben ihn in seinem Grabe. Und das Volk des Landes nahm Joachas, den Sohn Josias, und sie salbten ihn und machten ihn zum König an seines Vaters Statt. (2. Könige 23, 25–30)

Es geht dann wieder schief, denn Joachas tut, was dem Herrn mißfällt. – Es ist eine merkwürdige Episode, von der hier erzählt wird: die Geschichte von Joschijahu (Josia) und Chulda (Hulda). Von den sieben Prophetinnen handelt eine Stelle im Babylonischen Talmud, Traktat Megilla, Seiten 14a und 14b. Dort steht alles nur in nucleo, ganz kurz das Wesentliche enthaltend, in der Hoffnung, daß das Licht darauf fällt im Erzählen. Und davon her habe ich es also jetzt erzählt. Es steht dort schon genügend, und ich habe nichts gesagt, was nicht dort steht; ich habe aber das Ganze auserlebt, ausgeatmet, was dort steht.

Nun, diese sechste Prophetin – das Sechste, der sechste Tag, der Freitag, ein Tag der Entscheidung. Die Thora ist im Haus des Herrn verlorengegangen. Es bedeutet vielleicht doch auch, daß es beim Menschen verlorengegangen ist, das zu kapieren, zu erkennen, was es ist. Man kann alles auf Pergament oder Papier oder Stein geschrieben, gedruckt oder graviert haben, sogar schön verziert, und doch nicht haben; verlorengegangen, heißt es in der Überlieferung. Und wer hat es ausgegraben? Ein Wiesel, ein Kaninchen, eine Maus, Tiere, die in Höhlen graben. Sie ist in der Welt, in der Erde, jetzt kommt es aus der Tiefe der Erde hervor. Begraben war sie, ausgegraben ist es. Im Menschen tief im Leib ist es da, der Mensch hat's vergessen, verloren. Und der Leib bekommt es wieder in der Zeit der Chulda. Der

Leib des Menschen, die Prophetin Chulda, Wiesel, tief hineingrabend – dort kommt's hervor.

Es will also nicht sagen, daß etwas aus dem Gedächtnis verloren wurde oder aus den Museen verschwand oder in der Bibliothek von Alexandria oder Babylon vergessen war. Ach, es war *immer* da, heißt es, aber der Mensch hat's nicht mehr gehabt. Vielleicht ist es auch heute vergessen und sollte gefunden werden, vielleicht ist es schon gefunden – was weiß man? Es geht nicht um das Buch, äußerlich, sondern darum, ob es erlebt, gelebt wird. Findet damit eine Begegnung statt, so daß es da ist? Man kann es lesen und doch nicht verstehen. Wer ist David? Nie von ihm gehört!, sagt Nabal. Also, was bedeutet das überhaupt? Hier ist etwas, das uns sehr angeht. Ich glaube, die Chulda-Geschichte hat uns vieles zu erzählen, was uns staunen lassen wird, erfreuen, vielleicht auch traurig machen. Denn was bedeutet dieser Untergang?

Die Thora verloren und wiedergefunden.
Das Dunkle der Tiefe der Erde. 2. Könige 12, 1–16.
Ausbessern des Hauses Gottes.
Das Zerreißen der Kleider. Strafe und gute Taten.
Jeremia bringt die verlorenen zehn Stämme zurück

Diese Mitteilung der Chulda vom Untergang – eine Strafe – tönt sehr düster: Alles wird vernichtet werden. Es ist wiederum der sechste Tag, der die Grenze bildet zum siebten; nach Chulda kommt Esther, aber Esther ist die Königin im Exil. Was bedeutet dieser Übergang von der Chulda zur Esther?

Dieses Buch, die Thora, die Bibel, ist gefunden worden. In den Kommentaren der Überlieferung wird gesagt, daß es natürlich immer da war. Man kann etwas lesen, sieht die heiligen Buchstaben, sieht aber nicht, daß sie heilig sind – dann sind sie also nicht da. Viele Leute lernen Hebräisch, kennen die Bedeutung der Wörter, wie sie im Wörterbuch stehen. Aber sie ahnen nicht, daß die Buchstaben, die Zeichen heilig sind, mit Früchten, mit Sternen, mit Farben, mit dem Lager Israels, mit Leben auf alle Art in Zusammenhang stehen. Der Buchstabe, das Zeichen ist eben viel mehr als das, was man von seiner Funktion in Wort und Sprache wissen kann. Denken Sie an diesen ›Honig‹ der Debora, von dem wir gesprochen haben: das Zeichen ist ›süß‹, gibt dem Leben eine Freude. Wenn man nur den Text des Buches wahrnimmt, ihn analysiert und sagt: Jetzt weiß ich, was er bedeutet, dann, kann man sagen, ist das Buch nicht da, ist die Thora verloren. Und bei jedem Menschen gibt es Zeiten und Phasen, wo sie verloren ist; und dort, wo der Mensch im Sechsten lebt, ist sie verloren. Es gibt in diesem Sechsten aber einen König Joschijahu, dessen Name wie Jehoschua klingt – eine merkwürdige Koinzidenz, könnte man sagen. Am sechsten Tag mit der sechsten Prophetin, wo der Leib die sechste Wiederholung zeigt, ist dieser König da und hat noch dreizehn Jahre vor sich, denn er steht doch da gerade im achtzehnten Jahr seiner Regierung. Die Zahl Achtzehn entspricht doch dem ›Leben‹, »chaj«, 8–10. Diese Achtzehn hat er doch gelebt. Ist er vielleicht hier dann gestorben? Nein, sein Leben in *dieser,* wo er doch weiterlebt, geht hinüber in eine Welt, wo er *Anderes* sieht: die Dreizehn, die jetzt kommen. Plötzlich fällt ihm ein, daß das Haus Gottes ausgebessert, repariert werden sollte; irgendwie stimmt es nicht. Er spürt, daß dort, wo Gott wohnt, ihm so vieles im Leben geschenkt ist, ausgetauscht, ausgewechselt – die Tat bekommt einen Wert, ›Geld‹, sagen wir dann, »kesef«, ›Silber‹. Silber ist das Metall der linken Seite, des Mondes, des Fließenden, des Wassers. Dieses Geld wird, wie ich schon sagte, auf andere Art verwaltet, nicht, indem man rechnet, sondern »be-emunah«, ›in Treue‹, ›in Glauben‹ (2. Könige 22, 7). Du sollst nicht rechnen von diesseits nach jenseits, was hier gut ist und dort gut ist, du sollst das *Vertrauen* haben.

Es geht, spüren wir, hier gar nicht darum, daß es vergessen wurde im Sinne eines Ausgeschlossenseins. Wie sollte von dem Hauptbuch, worum sich doch alles handelt, in der ganzen Zeit der Könige kein Exemplar irgendwo im Tempel gewesen sein? Es war da, aber es ist vergessen. Vergessen meint, betont die Überlieferung: Ihr kennt es auswendig, rezitiert es fortwährend, aber es *lebt* doch nicht bei euch! Ihr habt es nicht mehr, ihr kennt die Zeichen, aber die Zeichen sind nicht das, was ihr kennt.

Sie verstehen, hoffe ich, daß dieses Wiedergefundene etwas Merkwürdiges und nichts materiell Wiedergefundenes ist. Was hat man davon, wenn man Scherben wiederfindet oder einen Sarg oder Knochen oder sogar eine ganze Thorarolle? Ein Museum bauen, die Rolle bei richtiger Temperatur aufbewahren, um sagen zu können, was für eine teure heilige Rolle das ist? Das ist tot, um das geht es nicht. Es geht um ein anderes Wiederfinden, das Wiederfinden des Inhalts. Daß der Buchstabe Alef zum Beispiel mit dem ›Stier‹ zu tun hat, dem »schor habor«, dem ›Urstier‹, und daß der ganzen Reihe der Buchstaben doch das ›Lamm‹ voransteht; daß alles im Zusammenhang lebt, daß es nicht ›tote‹ Buchstaben sind, die man *brauchen,* die man *benutzen* kann. Sie sind heilig, man darf sie nicht benutzen; eine Zeitung mit ihnen zu drucken, ist entsetzlich. Man tut es doch, sogar Porno-Bücher werden mit ihnen gedruckt, böse Geschichten, Verleumdungen aller Art, wie alles auf diese Art vergewaltigt wird. Das bedeutet, es ist verlorengegangen, man hat es vergessen. Je mehr es so erscheint, desto mehr verliert man's vielleicht in Wirklichkeit. Große Kongresse machen, mit Ärzten zum Beispiel, bedeutet vielleicht, daß man den *Menschen* verloren hat. Hunderte, Tausende kommen zusammen und berichten gescheite Dinge und keiner kann vor lauter eigenen Gedanken, die er mitteilen will, mehr richtig zuhören – der Mensch ist verlorengegangen. Es ist dieses Sich-zeigen nach außen. Deshalb sagt Josia auch: Jetzt müssen wir diese Vielheit der »ba-alim«, der Götzen, der Ascheras, der Göttinnen, dieser Entwicklungstheorien, ausrotten – nicht beim anderen, bei sich selber! Spüre doch, jetzt ist die Freude der Entdeckung, entdecke es jetzt!

Hier wird auch ein anderes Geheimnis erzählt. Nicht umsonst heißt der Schreiber Schafan, ›Kaninchen‹; das Kaninchen wohnt in Höhlen in der Erde, gräbt sich dort ein. Und die Prophetin Chulda heißt ›Wiesel‹ und der andere Priester Achbor, ›Maus‹. Es hat also auch etwas mit der Erde zu tun, mit dem, was in der Erde verborgen da ist. *Wir* können es nicht konstruieren, es kommt aus dem Verborgenen, Verborgenes bringt es uns, nicht Klares, was man erkannt und aufgebaut hat, sondern merkwürdige Tiere aus der Tiefe her. Wie schön, sagt man, ist doch die Schöpfung, alles hat seinen Sinn. Die Mäuse sind da, daß einer Achbor heißt, Maus, und daß dieses Wort wiedergefunden wurde und leben kann. Und deshalb gibt es Kaninchen und Wiesel – wie schön und gewaltig die Schöpfung, wie Gott das alles von Anfang an wußte! Du glaubst, daß das, was im Dunklen bleibt, keine Bedeutung hat; aber gerade von diesem Dunklen aus wird es gefunden. Es ist auch die Zeit, in der die Erde sozusagen ganz irdisch ist, die Zeit, in der ausgegraben wird. Es kommt dann doch das hervor, sie finden es im Haus Gottes, weil dem König einfällt, es bricht zusammen, es ist baufällig, es muß ausgebessert werden. Dazu ist vieles eingesammelt worden, denn Joasch, ein anderer König, hatte das eingeführt, damit man mit dem eingesammelten Geld das Haus immer reparieren könnte. Es fällt auf, daß der Name dieses früheren Königs Joasch dem des Königs Joschia sehr ähnlich, fast gleich ist. Von ihm wird im 2. Könige 12 erzählt:

Und Joasch war sieben Jahre alt, als er König wurde.

Sie sehen, die Könige werden sehr jung König

Im siebenten Jahr Jehus

ein anderer König von Juda

wurde Joasch König und regierte vierzig Jahre zu Jerusalem.

Einige Verse weiter, nachdem der Priester Jojada als sein Lehrer genannt wurde, heißt es:

Und Joasch sprach zu den Priestern: Alles für das Heiligtum bestimmte Geld, das in das Haus des HERRN gebracht wird – Geld, wie es gang und gäbe ist –, nämlich das Geld, das jedermann gibt, wie er geschätzt wird, und alles Geld, das jedermann aus freiem Herzen opfert, daß er's in das

Haus des HERRN *bringe, das sollen die Priester zu sich nehmen, jeder von seinen Bekannten. Davon sollen sie ausbessern, was baufällig ist am Hause, wo sie finden, daß es baufällig ist. Als aber die Priester bis ins dreiundzwanzigste Jahr des Königs Joasch nicht ausgebessert hatten, was baufällig war am Hause, rief der König Jojada samt den Priestern und sprach zu ihnen: Warum bessert ihr nicht aus, was baufällig ist am Hause? Darum sollt ihr nun nicht mehr das Geld an euch nehmen, jeder von seinen Bekannten, sondern soll's geben zur Ausbesserung für das, was baufällig ist am Hause. Und die Priester willigten ein, daß sie vom Volk kein Geld mehr nehmen sollten, aber auch das Baufällige am Hause nicht mehr auszubessern brauchten. Da nahm der Priester Jojada eine Lade und bohrte oben ein Loch hinein und stellte sie auf zur rechten Hand neben dem Altar, wo man in das Haus des* HERRN *geht. Und die Priester, die an der Schwelle wachten, taten alles Geld hinein, das zu dem Hause des* HERRN *gebracht wurde. Wenn sie dann sahen, daß viel Geld in der Lade war, kam der Schreiber des Königs mit dem Hohenpriester herauf, und sie zählten das Geld, das sich in dem Hause des* HERRN *vorfand, und banden es zusammen. Und man übergab das Geld abgezählt den Werkmeistern, die bestellt waren für das Haus des* HERRN*, und sie gaben es aus an die Zimmerleute und Bauleute, die am Haus des* HERRN *arbeiteten, nämlich an die Maurer und Steinmetzen und an die, die Holz und gehauene Steine kaufen sollten, daß das Baufällige am Hause des* HERRN *ausgebessert werde, und für alles, was not war, um am Hause auszubessern.*

Ich überspringe zwei Verse und lese weiter ab Vers 16:

Auch brauchten die Männer nicht Rechnung zu legen, denen man das Geld übergab, daß sie es den Arbeitern gäben, sondern sie handelten auf Treu und Glauben. (2. Könige 12,1–16)

Das Geld – wie auch Salomo für den Tempelbau Geld sammelt – bedeutet, was der Mensch hier an seinem Tun einbringt; das wird dann umgesetzt in eine andere Welt, wo es »kesef«, Silber, heißt. Hier sagt man ›Geld‹. Einmal gezählt, wird es ausgegeben, ohne daß jemand Rechnung ablegen soll, denn hier herrscht Treue, hier herrscht Glauben. Viel später dann wird diesem anderen König Joschia plötzlich klar, daß das Haus Gottes baufällig ist. Gibt es nicht beim Menschen immer wieder diese Situation, daß er kein Haus Gottes hat, daß ihm das Ganze sehr unklar ist? Wie war das mit den alten Völkern vor der Eiszeit, was geschah da? Unklar – es bedeutet, das Haus muß ausgebessert werden. Was wird sein, was tun die Menschen? Das Haus Gottes ist nicht so, daß ich eintreten kann, ich habe Angst, in ein Loch zu stürzen, es gibt Risse, es könnte etwas zusammenbrechen, das Haus ist nicht da.

Bringe all das aus deinem Leben dorthin. Dort wird es umgesetzt in das, was die Bauleute dort dann bauen. Dort wird bei dir dieses Haus gebaut werden. In einer anderen Schicht sieht es so aus, als ob es tatsächlich ein Bauwerk ist. Hier ist es dein Leben, hier siehst du nichts anderes. Aber du kannst versichert sein, bei dir baut sich das Haus Gottes dann auch. Und wenn *du* baust, findest du plötzlich auch das Andere, es kommt plötzlich hervor. Nie habe ich geahnt, daß es das gibt. Ich habe als Kind und Jugendlicher so bis siebzehn, achtzehn Jahre viel gelernt und dachte, ja, ich weiß nicht, was es eigentlich mit dem auf sich hat. Aber dann plötzlich baut man am Haus Gottes. Mein Bauen zum Beispiel war, daß ich die Philosophen las, Schopenhauer war eine Art Hobby von mir. Ich baute nicht, um ein frommer Jude zu werden, ich suchte Zusammenhänge, las zum Beispiel Maeterlinck und sah da das Leben der Bienen, der Ameisen und Termiten, das Leben der Blumen. Ich las das und jenes, und es war ein Bauen am Haus Gottes, ich baute die Zusammenhänge, ich besserte das Gebäude aus; ich tat es nicht einer Karriere wegen oder um irgendwelcher Vorteile willen.

Denn Gott lebt in der Welt, und die Welt ist auch der Mensch mit seinem Leib. Und jeder Mensch sucht doch das zu bauen. Er geht zugrunde, wenn er das nicht bauen kann – und wenn er nur ein mathematisches System baut. Wie leider die Philosophie ein mathematisches System geworden ist oder die Volkswirtschaft jetzt Ökonometrie heißt, quantitative Ökonomie, nicht mehr philosophisch fragt, wie der Mensch handelt. Alles ist mehr und mehr *quantitativ* geworden, und das erträgt man nicht, dann geht man auch zugrunde, das Bau-Haus Gottes bricht zusammen.

Und es ist das Bauen am Haus Gottes, das es finden läßt. Man kann das Buch nicht haben, indem man es liest und studiert, mit vielen Kommentaren. Oft werde ich nach einem guten Kommentar gefragt. Ja, es gibt viele Kommentare, aber viel weiter, denke ich mir, kommst du nicht, denn du mußt das Haus Gottes bei dir reparieren; die ganze Welt, dein ganzes Leben ist das Haus Gottes. Dann findet es sich schon. Tief aus der Erde kommt's hervor, schmutzig, sagt man, Erde klebt daran; Maus und Wiesel und Kaninchen bringen es hervor. Ganz vergessen in der Erde ist es, baue aber das Haus, du wirst es finden.

Dieses Bauen des Hauses zeigt auch die Bedeutung der Welt. Nicht Engel kamen hernieder und haben das Buch gebracht, es wird aus der Tiefe der Erde hervorgebracht. Chulda ist die Prophetin des sechsten Tages. Von *dieser* Erde, wo die Tiere kommen, der Mensch kommt, von dort her kommt es. Dann auch diese merkwürdige Prophezeiung: Der König liest darin und erschrickt: Ich dachte, diese achtzehn Jahre, wie ich lebte, das ist das Leben, das ganze Leben!? (Eine Art Aberglauben bei den Juden bis heute, daß sie diese Achtzehn, »chaj«, das Leben, eine ›gute‹ Zahl nennen; man spendet zum Beispiel gern achtzehn Franken oder achtzehn Mark für einen guten Zweck. Gar nicht so schlecht, obwohl man auch neunzehn spenden könnte, aber man glaubt eben, das sei das Leben.) Und plötzlich sieht er es und zerreißt seine Kleider, zerreißt die Kleider, die er hat. Die Überlieferung erzählt davon: Tatsächlich, mit diesen Kleidern, dieser Umhüllung, die er hat, kann er nicht weiterleben.

Sie erinnern sich vielleicht, daß die Chulda einen Mann hat, Schallum, von dem gesagt wird, daß er ›der Hüter der Kleider‹ ist, der Meister über die Kleider, zuständig also für neue Kleider, und daß sie ›im zweiten Teil‹ der Stadt Jerusalem wohnt; also nicht in dem Teil, der bis jetzt gilt, es gibt einen anderen Teil, eine zweite Wirklichkeit, könnte man sagen, ein anderes Jerusalem. Der ›erste Teil‹ von Jerusalem, der ist sozusagen ganz irdisch.

Das Zerreißen der Kleider – hier denke ich auch an das Bild beim Propheten Sacharja, wo es um den Hohenpriester Jehoschua geht, dem seine schmutzigen Kleider weggenommen werden und der neue, reine

Kleider erhält (Sacharja 3, 3–5). Das bedeutet, diese Welt, in der wir leben, die du jetzt als deine hast, die kann zerrissen werden. Gott sagt auch, diese Welt wird untergehen; nicht *du* wirst zugrundegehen, denn wie könnte Gott in seiner Gnade und Güte *dich* untergehen lassen. Deine Welt, in der du lebst, die wird zusammenbrechen, wofür du dankbar sein wirst, denn dich selber kannst du nicht loswerden. Fürchte dich nicht, König Josia, daß du stirbst, du gehst in dieses Grab hinein. Und die alten Geschichten erzählen so schön davon: Weißt du, wo dein Grab ist? Dort lebt Chulda, dort lebt der Priester Achbor, die Maus, dort lebt Schafan, das Kaninchen, dein Schreiber. Du gehst im Grab nicht verloren, du gehst in diese Welt, wo sie dieses Wort, das Ganze für dich gefunden haben. Hab keine Angst, daß etwas untergeht. Hier ist eine gewaltige Mitteilung am Ende des sechsten Tages, kann man sagen. Du wirst fallen im Kampf mit Pharao Necho, dem König von Ägypten, der heraufzieht gegen Aschur. Hab keine Angst, du wirst in *Frieden* dort hineingehen, Friede ist dort, kein Unglück, es leuchtet dort, du wirst empfangen, schön und gut ist es, wo du stirbst. Wie du deine Welt jetzt verlierst, so kommst du mit deinem Leben jetzt in eine neue Welt. Freue dich doch, denn deine eklige Welt, wo alles stimmte und berechnet wurde, in der man glaubte, alles sei in Ordnung, und die doch auch schmutzig und heuchlerisch war, die ist zugrundegegangen. Bist du nicht glücklich darüber? Jetzt hast du eine neue, die ist für dich auferstanden.

Viele Geschichten gibt es über diese Chulda und über dieses Geschehen mit dem König Josia, und alle erzählen: Es ist eine Freude, daß es untergeht. Untergang bedeutet nicht Strafe. Der Herr, der Barmherzige, der Gnädige, der Gütige, wie er sich selber nennt, von dem sagt ihr, er werde *dich* strafen? Nein, diese Strafe betrifft diese Welt, die sich um dich herum gebaut hat, das sind die ›Kleider‹, die zerrissen werden, die schmutzigen Kleider. Das wird dir weggenommen, *du* ziehst weiter und bist froh, es los zu sein, denn du dachtest, daß du es nicht mehr loswerden könntest. Der Barmherzige nimmt dir nichts weg, er liebt dich. Glaubst du, heißt es in einem Gespräch der Weisen, ich gebe dir das große Gebot: Liebe den Herrn, deinen Gott, mit ganzem Herzen, ganzer Seele, mit allem, was du vermagst, und: Liebe deinen Nächsten! – und *ich* werde dich nicht lieben, werde dich strafen? Ich, der ich dir sage, daß du dem, der dir Böses antut, verzeihen sollst – *ich* würde da schlagen und strafen und vernichten? So geht dieses Gespräch der Weisen, bis einer sagt: Aber es soll doch Gerechtigkeit sein, denn es sind doch böse Dinge und böse Leute! Können wir es ertragen, daß denen, die immer Böses getan haben, vergeben und verziehen wird? Das ist doch nicht richtig? Man bespricht nun das Für und Wider und entscheidet am Ende: Strafe soll doch sein. Da ertönt eine Stimme aus dem Himmel – »bath kol«, wörtlich ›Tochter einer Stimme‹, der Leib spricht, die »bath«, die Tochter von dort – und sagt: Euer Gerichtshof sagt, daß Strafe sein soll; mein Gerichtshof sagt: Keine Strafe, verzeihe! Worauf die unten sagen: Ihr im Himmel könnt sagen, was ihr wollt, wir hier sind frei und sagen: Strafe soll sein! Große Krise zwischen Himmel und Erde, kann man sagen. Da kommt, heißt es, der Prophet Elia: Ich bringe euch eine gute Nachricht. Ihr habt ein Mißverständnis, ihr sagt ›Strafe‹, meint aber ›gute Tat‹. Und plötzlich sehen sie ein, daß die Strafe die gute Tat ist. Von daher sagt man: Häufe glühende Kohlen auf sein Haupt, das heißt, mache es deinem Feind peinlich, indem du ihn mit guten Taten überhäufst, daß er sein Unrecht einsieht. Dann ertönt wiederum die Stimme vom Himmel: Ich danke dir, Elia, daß du diese Botschaft gebracht hast, wodurch keine bösen Taten mehr vom Gerichtshof hier verhängt werden; du wirst es sein, der den Messias verkünden darf.

Das ist, glaube ich, eine sehr schöne Geschichte, die uns sagt, daß wir versuchen sollen, *unsere* Auffassung von Gerechtigkeit loszuwerden. Wir haben immer ein ungutes Gefühl, daß einer frei ausgeht. Dem sollte man eigentlich ... und wenn nicht jetzt, dann ein anderes Mal ...! – Nun, man wird ihn schon finden. Bedenke, weißt du, woher es kommt? Erbmasse, Millieu, Erziehung, Freunde – kennst du all die Einflüsse auf dieses Leben? Weißt du, was Gott mit dem bezweckt hat? Gott hat sogar den Pharao von Ägypten, der doch sehr böse war, gerettet und zum König von Ninive gemacht, wie ich es in meinem Buch über Jona beschrieben habe. Willst du *deine* Gerechtigkeit hier durchsetzen? Sei du hier nicht im Zorn, sei gütig! Gottes Zorn bedeutet, daß er schnell all das Böse von dir wegnimmt. Sein Zorn ist Langmut. Er urteilt bei Tag, bei hellem Licht.

Diese Prophetin Chulda hat uns Wichtiges zu sagen in der Krise des Freitags, wenn der Mensch vom Baum der Erkenntnis nimmt und man von Strafe und ›Erbsünde‹ spricht. Nein, sagt der Himmel, nur euer Gerichtshof sagt das, ihr wollt rechthaben. Ich schicke euch den Propheten Elia, der euch sagt: Strafe ist, indem ihr ihm

Gutes tut. Das wird ihm eine Lehre sein. Gewiß sehr peinlich für ihn, aber er wird eine große Freude haben, die Erleichterung, befreit zu sein vom Gewicht seiner bösen Taten. Vor allem du selber, heißt es, mit deinem eigenen Gerichtshof über dich, den deine bösen Taten von früher, jetzt und auch künftighin belasten, bedenke: Tue Gutes, das Böse wird ganz bedeckt werden vom Guten! Der himmlische Gerichtshof ist voller Güte. Gott nennt doch seinen Namen der Herr, der Barmherzige, der Gnädige, der Gütige, der vergibt. Und wenn er straft, dann nimmt er nur das, was deine Hülle ist, weg, bis ins dritte und vierte Geschlecht – die Hülle also und nicht den Kern, dein Wesen.

Das sind Mitteilungen gerade dort, wo der Mensch aus dem Paradies vertrieben wird, wo der Tempel untergeht und das Exil, die dunkle Welt anfängt. Und deshalb sagt man, nie gab es solch ein Passa wie bei diesem König: die Befreiung aus den Begriffen von Strafe und Gerechtigkeit, die Befreiung vom Entweder-oder deines Rechthabens. Du hast es gefunden, und was du gefunden hast, zeigt dir das große Glück, das große Licht, die Freude jetzt. Dieses Passa, diese Befreiung war nie und wird nie mehr sein. Tatsächlich, ein Passa wie das ägyptische vom sechsten in den siebten Tag hinein, kann nie in der Geschichte sein, denn nach dem Kalender ist es unmöglich, daß Passa auf einen Freitag fällt, der Kalender läßt es einfach nicht zu. *Jenseits* ist es so, dieses Passa dort, wo dein Exil anfängt. Hab also keine Angst, Chulda ist da. Und bedenke, was du für unwichtig hältst, diese Tiere, die nur Löcher in die Erde graben – wozu sind sie eigentlich nützlich? – in ihrer Zeit wird es gefunden.

Warum, wird in der Üerlieferung gefragt, gehen sie zu Chulda, wo doch zu dieser Zeit der Prophet Jeremia lebt? Beide, Chulda und Jeremia, stammen aus der Ehe von Rachab, der Dirne, und dem großen Jehoschua. Der König Josia dachte, heißt es, Jeremia ist ein Mann, sein Name bedeutet ›der Herr ist erhaben‹, der wird streng sein, aber Chulda, eine Frau, wird Gutes sagen; das bedeutet, der Leib, die Welt, die Erde wird zum Guten sprechen. So ist man Jeremia ausgewichen und es steht die Frau, die Prophetin dort, wo dieses Buch wiedergefunden wird, das heißt, sein Inhalt, sein Wert, sein Sinn. Das ist ganz gewaltig, daß der Mensch hier auf die Barmherzigkeit vertraut, daß es die Frau sein wird.

Eine andere Geschichte erzählt, daß Jeremia gar nicht mehr da war, sondern die zehn verlorenen Stämme Israels holen ging, als das Buch gefunden war. Er begab sich, erzählt die Überlieferung, in die andere Welt zu den zehn Stämmen von Israel, die vom König Tiglat-Pileser von Aschur in die Verbannung geführt und verlorengegangen waren. Jeremia hat sie geholt und zurückgebracht. Das ist, sagt man, die männliche Seite dieses Findens des Buches: Alles, was im Inneren verborgen und verloren war, kommt zurück. Was wir im Leben erlebt haben und was die Welt erlebt hat und vergessen wurde und zugrunde ging, all das wird zurückgebracht. Jeremia bringt es zurück, er, der so geklagt hat: ›Wie sitzt einsam die Stadt … einer Witwe gleich geworden die Herrin über Völker … Sie weint in der Nacht … ihren Feinden geht es wohl‹ (vgl. Klagelieder 1, 1–6). Jeremia ist hingegangen und hat die Zehn heimgebracht, damit das Volk vollkommen da ist. Denn man sagt, das Passa hätte nicht so gefeiert werden können wie nie zuvor und nie danach, wenn nicht ganz Israel und Juda vereint gewesen wären. Und der König Josia wäre nicht ein König wie keiner vorher und keiner nachher, wenn Jeremia es nicht zurückgebracht hätte.

Der Mensch habe die Sehnsucht, daß alles, was verloren war, was nie Recht bekam, nie erfüllt wurde, befriedigt und erfüllt zurückkommt, daß man es hier sieht und erlebt. Dann lebt die Geschichte der Chulda bei dir, es steht doch in diesem Buch, das gefunden wurde, in deinem Leib, in deinem Leben ist das alles Wahrheit. Jeremia ist es, der das Verlorene, das Mißverstandene, das Versprengte zurückbringt. Er, der geweint hat, hat die Freude des Zurückbringens. Ich hoffe, Sie verstehen, daß Chulda auch eine Qualität im Menschen, in jedem Menschen ist. Jeder Mensch kann selber das Verborgene finden, ist nicht auf jemanden angewiesen, der es ihm sagt. Jeder Mensch hat es in sich und kann diese Freude des Wiederfindens erleben – nur in sich selber, nicht von außen. Dann wird er sehen, daß das Außenstehende dasselbe ist, was in ihm lebt, daß es nicht entfernt von ihm, sondern Teil seiner selbst ist, daß Außen und Innen das Gleiche und das Projizieren immer nur ein Zeichen des Bruches, des Risses ist. Diese Einheit am Ende dieses sechsten Tages ist gewaltig. Der König Josia geht in Frieden zu den Vätern.

Wenn wir jetzt zu Esther, der Siebten der Prophetinnen kommen, dann werden wir verstehen, daß die Esther-Geschichte im Exil spielt. Gott ist jetzt als Verborgener im Exil da, als ›ich, der verborgen bin‹, wie sich der Name Esther übersetzen läßt. Verborgen wie das Buch, das verlorengegangen war, in der Erde versunken, könnte man sagen. Und was sich in die Erde gräbt, bringt es hervor.

Exil kann uns jetzt als etwas Neues vor Augen stehen. Beim Buch Esther stellt sich auch die Frage: Gehört es nun zu den heiligen Büchern oder nicht? Soll es in den Kanon hinein oder nicht? Gilt es oder nicht? Ist es griechisch, ist es hebräisch? Gehört der König Achaschwerosch zum Ganzen dazu? Die Frage auch bei uns: Ist unser Leben, unsere Welt tatsächlich Teil dieses Anderen? Sind wir in diesem Siebten hier mit den Sechs verbunden oder nicht? Eine sehr wichtige Frage.

Achtes Kapitel

Verbindung der Sechs mit der Sieben.
Kein Vorher und Nachher in der Bibel. Heilige Zeichen.
Passa als Grundlage im Sechsten.
Zerbrechen der Gefäße. Lus

Es gibt, wie Sie wissen, dort, wo die Zahlen als Proportionen im Absoluten gesehen werden, einen merkwürdigen Zusammenhang zwischen der Sechs und der Sieben. Das ist ein Wissen, das wie die Mythen, Sagen und Legenden aus dem Menschen hervorkommt. Er glaubt vielleicht, er phantasiert eine Geschichte jetzt bewußt, aber das ist eine Einbildung; es kommt aus ihm hervor, genau so, wie der Mensch nun ist. Wir bilden uns oft ein, daß *wir* es sind, die etwas tun, bedenken aber gar nicht, daß das schon in uns ist und daß wir auf diese Art fast reden und erzählen *müssen.*

Diese Sechs und diese Sieben sind also auf merkwürdige Art verbunden. Die Sechs wird auch als eine ›gefährliche‹ Zahl gesehen, das Wort Hexe stammt doch vom griechischen Wort für Sechs, und nach der Sechs als der gefährlichen Seite folgt die Sieben, heißt es, als eine Art Aufatmen. Mit den sieben Zwergen und den sieben Bergen sind wir sozusagen heimisch, in unserer Welt.

Die Verbindung der Sechs mit der Sieben kommt auch in der Schöpfungsgeschichte zum Ausdruck. Die Anfangsbuchstaben der beiden letzten Worte, wo vom sechsten Tag gesprochen wird, und die Anfangsbuchstaben der beiden ersten Worte, mit denen der siebte Tag eingeführt wird, bilden den Namen des Herrn

(1. Mose 1, 31 – 2, 1). Es ist eine Verbindung, die vom Sechsten ins Siebte so hinübergeht, daß das Sechste ohne das Siebte und das Siebte ohne das Sechste nicht bestehen können. Eine merkwürdige Beziehung ist hier da. Das Sechste können wir kaum mehr in uns finden; und wenn wir es empfinden, dann ist es verschüttet und unklar, weil wir unsere Klarheit jetzt ausschließlich aus dem Bewußtsein, dem Wissen schöpfen und nicht mehr aus uns selber, wo das Wissen plus noch viel mehr in einem zusammen ist. Wir sind nicht mehr imstande, etwas klar zu nennen, wenn es nicht bewußtseinsklar ist. Der ganze andere verschüttete Komplex in uns macht uns unsicher, wir glauben ihm nicht, glauben uns also selbst nicht dort, wo wir in unserer eigenen Wurzel stehen. Das bringt natürlich gewisse Probleme. Gewiß hat es auch seinen Sinn, daß das jetzt so ist; aber es ist vielleicht auch wichtig festzustellen, was eigentlich los ist.

Die Sechs ist, wenn man sie in unsere Art des Denkens übersetzt, das, was man das Unbewußte nennt, das alles andere im Menschen, ohne daß er es ahnt, sehr stark beeinflußt. Und das Siebte ist, wie wir gegenwärtig leben und oft nicht wissen, daß es auch vom Sechsten herkommt. Deshalb können wir in unserer Realität, die der siebte Tag, diese siebte Welt, das Siebte überhaupt genannt wird, so vieles nicht erklären und sind die Erklärungen, die wir dann doch machen, unklar, stimmen auch nicht, weil wir gewisse Faktoren, die das Ganze mitbestimmen, nicht zur Kenntnis nehmen können oder wollen – das kommt aufs Gleiche raus. Diese wichtige Verbindung der Sechs mit der Sieben will also sagen: Es gibt nichts Bewußtes, Klares ohne dieses Andere.

Ob man dieses Andere das Unbewußte oder Unterbewußte nennt, wie es in der Psychologie manchmal auch noch unterschieden wird, ist eigentlich egal. Man sucht für dieses Nichtbewußte ein Wort, weil man nicht weiß, wie man es ausdrücken soll. Es ist aber sehr wichtig, daß man die Doppelheit im Menschen kennt und daß man deshalb auch nicht nach dem, was sich hier bewußt und bewiesenermaßen klar hervortut, urteilt, sondern immer berücksichtigt, daß vieles aus diesem gleichen Menschen mitkommt, das nicht kausal bedingt ist, wo ohne weiteres die Ursache in der Reihenfolge später ist als die Wirkung; wo also Zeit nicht die Rolle der erzwungenen sicheren Reihenfolge spielt, wie wir sie kennen.

Im alten jüdischen Wissen wird deshalb seit jeher gesagt: Es gibt kein Vorher und Nachher in der Bibel. Damit ist also jedes historische Sehen der Bibel im Prinzip unmöglich. Wenn es kein Vorher und Nachher gibt, keine Reihenfolge von causa und Wirkung, dann heißt das auch, daß unsere Art des kausalen Denkens sehr armselig sein muß, weil das im Prinzip beim *Menschen* gar nicht gilt. Es ist eben auch das, was man die Knechtschaft in Ägypten nennt, weil man dort nur das Entweder-oder kennt und in dieser Einseitigkeit das Leben nicht ertragen kann. Immer hat man das Gefühl, es geschieht Unrecht, und wenn Recht geschieht, dann nicht zur rechten Zeit, es hätte früher sein sollen, sagt man dann, was habe ich jetzt davon? Daß etwas in uns Zeit auf andere Art erlebt, als wir uns Zeit vorstellen, erträgt man nicht.

Was im Prinzip für den Zusammenhang des Sechsten mit dem Siebten gilt, sehen wir auch bei den Prophetinnen. Mit Chulda wird das Wort Gottes im Menschen wiedergefunden. Im Menschen selber ist es immer da, aber der Mensch hat gar nicht gewußt, daß es bei ihm ist. Es ist kein Wissen, das etwas von außen herbeibringen muß. Es gibt dort kein Innen und Außen, denn wenn es Zeitreihenfolge nicht gibt, gibt es auch kein Raumnebeneinander und -nacheinander. Es gilt auch im Raum nicht die Unterscheidung: Das bin ich, und das andere ist weit weg – nein, das alles bist du! Du siehst es nur außerhalb von dir, weil du gezwungen bist, das heißt, weil du selber dich zwingst, es so zu sehen.

Die Chulda-Geschichte will also sagen: Man findet dort, wo sie den Leib, das menschliche Leben mit ihrem Namen ›Wiesel‹ bestimmt. Gott als der Verborgene, der Gegenüberstehende, kann bei dir wohnen, wenn du anfängst, das Haus auszubessern. Wohnen kann bei dir das Verborgene, was du eigentlich immer ansprichst und von dem du angesprochen wirst, von dort, wo du nicht an Gesetze gebunden bist, wo Freiheit herrscht, wo du so gern die Liebe suchst, die Überraschung, die Freude, weil das Kausale, das Sichtbare dir *nie* richtige Freude bereiten kann. Immer ist deine Freude hier beschränkt, weil du zum Beispiel denkst, in einer Stunde geht der Zug, da muß ich abreisen, oder das Telefon läutet und du erfährst schlechte Nachrichten. Die Freude kannst du doch nicht genießen, denn im Entweder-oder bist du ein Gefangener.

Und dieses Ausbessern des Hauses ist beim Menschen das Verlangen, alles aus seinem Leben, was er erlebt, was er getan hat und was ihm widerfuhr – das ist dieses ›Silber‹ – umzutauschen dem Verborgenen gegenüber, ihm sein Haus zu bauen, seine Wohnung, daß er bei ihm zu Hause ist und er zu ihm kommen kann, daß dieses Gegenüber ihm bekannt und frei und lieb ist. Das ist dieses ›Reparieren des Hauses‹, wie man sagt, im Hebräischen »bedek habajith«, ein bekannter Ausdruck, wenn man für die Synagoge spendet.

Diese Wohnung Gottes im Menschen, die Wohnung des Verborgenen, des Gegenüber, wie uns alles hier gegenüber steht mit seinem Geheimnis. Ein Mensch ist doch nicht das, wie er erscheint. Man spürt schon etwas, es braucht aber Reparatur, das will sagen, alles aus deinem Leben, bringe das dorthin! Und dann findet sich merkwürdigerweise dort das Geheimnis des Wortes – zum Entsetzen, kann man sagen, aber das ist dann da. Warum, kann man sich fragen, sind so viele Leute nicht imstande, dieses Andere zu erfahren? Wenn bei einem selber das Verlangen, diese Suche nach Zusammenhängen nicht da ist, dann ist es verlorengegangen, vergessen, man weiß nicht, daß es da ist, kennt die Sprache gar nicht. Gerade im Buch Esther ist die Sprache sehr wichtig, spielen die Schrift, die Zeichen, wie sie hier im siebten Tag gezeichnet werden, eine große Rolle. Denn die Esther-Geschichte ist ganz eng mit dem Schreiben der Rolle verbunden. Das Buch Esther ist das einzige Buch der Bibel, wo man von einer Rolle spricht: Die Rolle Esther. Auch die Thora ist eine Rolle oder Ruth oder das Hohelied – da wird aber nie von einer Rolle gesprochen.

Bei Chulda, also tief verborgen im Menschen, in der Sechs, die eine Gefahr bedeutet, sehen wir in der Geschichte des Königs Josia eine überrumpelnde Vielfalt an Götzen, an Ansichten, Theorien, Eigensinnigkeiten, weil eben dieses Buch nicht gefunden ist. Nochmals: Man meint nicht eine Rolle, die man entziffern und ins Museum bringen könnte, man meint das Verständnis, deine Beziehung zur Schrift, daß du mit ihr zu tun hast, das ist gefunden. Der König, sein Schreiber Schafan, der Priester Chilkija – alle sind entsetzt: Schau, das haben wir nicht gewußt, wir dachten, die Buchstaben sind tot. Die Buchstaben kann man deshalb nur zum Heiligen benutzen, sonst tötet man sie weiter. Sie sind heilig, jedes Zeichen hat eine derartige Kraft, daß man sich davon keine Vorstellung machen kann. Aber bedenke, nicht die Kraft der »ba-alim«, der Götzen. Es ist eine Kraft des Heiligen. Die Kraft der Götzen ist Magie, man glaubt, man kann etwas erreichen, schreibt die Buchstaben auf ein Stück Pergament, trägt es auf der Brust, damit einem besser wird. Götzendienst ist das, wenn du glaubst, die Buchstaben können das. Es geht aber um deine *Beziehung* zu den Buchstaben, du bist aus ihnen gebaut. Es sind ›Buchstaben des Lebens‹, keine toten Buchstaben, ein Leben, das sich auch in Zeichen ausdrückt. Im alten Wissen werden die Zeichen auch ›Schreie aus dem Nichts‹ genannt, sie müssen sich manifestieren. Wie alles, was wir um uns herum sehen, Schrei aus dem Nichts ist, das *hier* auch sein möchte. Unsere Nase, die Haare, die Knie – alles eine Manifestation aus dem Nichts, das hier sich als Zeichen ausdrückt, proportional, gewisse Maße, gewisse Zusammenhänge dieser Maße. Es ist ein Ganzes; man kann so ein Zeichen nicht zum Schreiben für irgendetwas benutzen, das ist Magie, man weiß nicht, was man damit tut. Es ist eine falsche Anwendung dieser Zeichen. Deshalb benutzt man zum Schreiben und Lesen andere Zeichen, die nicht so nah an diesem Feuer sind. Denn diese heiligen Zeichen werden ›schwarzes Feuer auf weißem Feuer‹ genannt, Feuer aus dem Nichts, das Schwarze, das sich hier im Sein ausdrückt.

Deshalb ist das Finden dieses Buches kein historisches Ereignis, das man datieren könnte. Als Buch, das kann man sich schon vorstellen, geht ein solches Buch wohl nicht verloren, es ist gewiß im Tempel und an anderen Orten immer dagewesen. Dennoch hatte man es nicht. Und die Vielfalt der »ba-alim«, der Götzen, zeigt eben, daß man in die Vielheit gerät, wenn man dieses eine Zentrale im Leben nicht kennt. Je mehr das vergessen wird, desto mehr verbreitet man sich ins Viele, rennt im Raum unruhig hin und her, will in der Zeit alles regeln, jede Stunde, jede Minute ist festgelegt, daß dann das und das geschehen muß. Es ist dieses Viele, das den Menschen eigentlich sehr unglücklich macht.

Und Chulda findet das aus dem Verborgenen. Nun heißt der Name Esther ›Ich verberge mich‹, ›Ich bin verborgen‹. Wieder finden wir den Zusammenhang vom Sechsten, diesem ›Wiesel‹, das mit dem Kaninchen und der Maus in der Erde herumkriecht, mit dem Namen Esther. Daß das Sechste und das Siebte sich mit dem Verborgenen abzugeben haben – hier ist, wird uns gezeigt, ein Geheimnis des Leids am siebten Tag. Unser Leben in der Realität, die wir *jetzt* kennen, ist merkwürdig; wir glauben, alles lenkt sich nach Zeit – Raum – Kausalität, und der Leib teilt uns mit: Ich heiße ›Ich bin verborgen‹, ›ich verberge mich‹. Denn die Prophetin, die strahlend schöne Frau, heißt Esther. Und Gott sagt von sich: ›Ich werde mich verbergen‹, zeigt sich als der Verborgene, den man nicht finden kann, im Namen Esther (5. Mose 31, 18). Das bedeutet, du hast vom sechsten Tag her unbewußt das Geheimnis in dir, daß dort etwas gefunden worden ist, worüber du sehr gestaunt hast, und daß du dort ein Passa, eine Befreiung gefeiert hast wie nie zuvor und nie nachher. Das ist eine Grundlage bei dir, tief in dein Leben eingebaut. Und im Siebten jetzt weißt du, dein Leib heißt ›Ich verberge mich‹, ›ich bin der Verborgene‹. Und es ist richtig, daß du deinem Leib, deinem Leben, dem Materiellen sehr große Aufmerksamkeit schenkst, denn in allem ist Gott verborgen, im Apparat hier, in der Brille, in dem Stück Kreide – es ist alles ein Geheimnis. Dieses Buch, das du dort gefunden hast, enthält das ganze Leben von vorher und nachher, ohne Anfang und Ende in die Ewigkeiten hinein. Das ist es, was wir mit uns mittragen und deshalb manchmal gedrückt und traurig sind, weil wir irgendwie zu große Wichtigkeit dem, was erscheint, beimessen. Jemand ärgert dich zum Beispiel, da bist du ganz verstimmt und verstört. Bedenke dann doch das Verborgene, von dort her ist doch alles gut, wie kannst du dich ärgern, es *ist* doch gefunden! Bei dir lebt doch dieser König Joschijahu, der wie keiner vorher und keiner nachher mit solcher Intensität umkehrte, es ist der gleiche wie der, dessen Name ›der Herr hilft‹ lautet. Dieser Gewaltige ist bei dir da und ist eben sozusagen ins Grab gegangen, um für dich im siebten Tag der Verborgene zu sein. Versuche nicht, ihn irgendwo festzustellen, er ist einer aus einer ganz anderen Schicht bei dir.

Wir sprachen von der Gefahr des Magischen beim Sechsten, wo du glaubst, es benutzen, einen »ba-al«, einen ›Herrn‹ daraus machen zu können. Es werden dann viele »ba-alim«, viele Herren sein und viele weibliche

Seiten. Aber bedenke, es ist bei dir schon ausgerottet worden beim Passa, der Auszug aus Ägypten hat stattgefunden, es ist bei dir nicht mehr existent. Aber du könntest es aus dem Nichtbewußten wieder hervorkommen lassen, diese ganze Magie, und dann ist das Buch verloren. Das entspricht den achtzehn Jahren des Königs Josia, wo er den Götzendienern Tribut zollte, denn er sagte: Mein Volk tut das, dann muß ich es auch tun. Mit anderen Worten: Die Welt tut so, da mache ich doch selbstverständlich mit. Es kommen dann die dreizehn Jahre, wo er diesen großen Schock erlebt, daß es ganz anders ist. Es ist hier wiederum keine Reihenfolge, daß man zuerst achtzehn Jahre des Lebens den Götzen dient und dann dreizehn Jahre sich wendet, in der Umkehr lebt. Es gibt kein Vorher und kein Nachher, *beide* Seiten sind bei dir da und haben eine fortwährende Auseinandersetzung. Sie sind so miteinander verflochten, daß immer in deinem Leben das kommt und jenes kommt.

Als wir uns mit Abigail beschäftigten, sprachen wir im Zusammenhang mit Saul und David auch vom Mond und seinen Phasen, wie er wächst, voll wird, wieder abnimmt usw.; es ist nicht nur das *oder* das. Bei jedem Menschen ist die Zeit der achtzehn Jahre so äußerlich da, wo man sich in der Art der Welt ausdrückt, denn alles tut doch so. Und das Andere sagt: Es *ist* bei dir doch schon gefunden. Nie kann man sagen, die Erlösung muß noch einmal kommen, denn die Erlösung war schon, ist und wird sein. Es gibt hier keine Konkurrenz: Wann war die, und welche war wichtiger – es ist *eine,* wie die beiden Seiten des Messias, Sohn von Joseph und Sohn von David, *Einer* ist. – Ja, aber es sind doch zwei!? –

Nein, das Reich wird doch zusammengefügt. In der Vision des Hesekiel (Ezechiel) werden die beiden Bäume – zwei Stücke ›Holz‹, wie man immer übersetzt – eins; das Haus von Juda und das Haus von Joseph, von Ephraim, werden zu *einem* zusammengefügt. Es sind nicht zwei verschiedene. Nur unter dem Druck der ›Reihenfolge‹ stehend glaubst du, daß es ein Vorher und Nachher gibt, obwohl es ausdrücklich heißt: Es gibt kein Vorher und Nachher. Es ist eins bei dir. Es gibt *dich;* dein Sein, auch wenn du in der Zeit lebst, ist gar nicht an Vorher und Nachher gebunden.

Deshalb ist das Sein des Menschen nie zu beschreiben, es gibt dafür keine Worte. Die Worte, die Buchstaben, wie *wir* sie benutzen, *brechen* die Einheit. Man sagt auch: Das Schweigen wird gebrochen. Das Fassungsvermögen des Menschen zerbricht, dann fängt er zu reden an, zu schreiben. Gott, heißt es, macht dieses Gefäß, die Welt, die Menschen. Das Gefäß faßt die Liebe nicht, die Liebe ist zu groß, zu gewaltig. Und das Gefäß zerbricht, und die Scherben, das sind die Buchstaben. Und das Leben ist die Sehnsucht, die Buchstaben in vielen, vielen Geschichten zusammenzufügen: erzählt, erlebt, geschrieben, geträumt, daß sie wieder eins werden. Wenn ich in meinem Leben alles zusammenfüge, habe ich die Liebe gefaßt und erfaßt – aber nur zusammengefügt. Wenn ich es erzählen müßte, *wie* ich es getan habe, müßte ich wieder reden und das bedeutet, es zerbricht wieder.

Das Schweigen ist etwas Merkwürdiges. Dem Laute nach haben das Wort für Schweigen im Hebräischen und das Wort für den Grundstein der Welt, den Ursprung der Welt – dieser Stein, der ›fließt‹, also ›Zeit‹

ist, und zugleich eben Nicht-Zeit ist, ›Marmor‹ – diese beiden Worte haben die gleichen Fundamente in der Aussprache: »schetika« und »schetijah«. Das Schweigen und dieser Stein – es bedeutet, dein Leben ist gefaßt in einem. Das ist der Grundstein der Welt, das Fundament auch jeden individuellen Lebens, denn alle Leben gehören doch zusammen. Es ist nicht so, daß wir unsere Individualität verlieren, wenn die Einheit da ist, weil der Mensch zu seinen Vätern und Völkern eingesammelt wird, im Gegenteil, dort erst hat seine Persönlichkeit ihren vollen Glanz in der Harmonie des Ganzen; denn seine Persönlichkeit umfaßt das Ganze, das Gefäß ist wiederhergestellt.

Der Weg des Menschen fängt an, indem das Gefäß zerbricht. Aber der Weg fügt das Gefäß zusammen, die Erlebnisse, die Zeichen, die Worte, das Atmen, die Tränen, das Glück – alles faßt sich zusammen und es ist unaussprechbar. Jeder Mensch hat doch gewiß hier einmal das Gefühl, daß er so glücklich sei oder so verzweifelt – denn es ist das Gleiche. Das eben ist die Zweiheit des Messias – ›früher‹ oder ›später‹ –: es ist *eins.* Daß es so ist, daß er es nicht fassen kann, daß Worte es nicht erzählen könnten, und daß hier eigentlich etwas wie ein Gefühl des Ewigen ist.

Das sind Dinge, von denen man sagt, sie sind in der Esther-Geschichte verborgen. Aber in *allem* ist es da; sei zufrieden, das Buch ist gefunden. Und deshalb ist die Rolle Esther als Rolle, die man rollt, so wichtig. In diesem Traktat Megilla – das bedeutet ›Rolle‹ – unterhalten sich die Weisen über die Art, wie die Rolle geschrieben wird, wie man die Zeichen schreibt und was das Schreiben der Zeichen überhaupt bedeutet.

Wie baufällig und reparaturbedürftig das Haus Gottes im Menschen auch sein mag, immer bleibt etwas, es ist nichts versunken, sogar die Außenmauer eines Pseudo-Hauses können die Archäologen hier noch finden. Wie wir in unserer Existenz vielleicht die Außenmauer eines Pseudo-Leibes sind. Aber wir sind da, etwas ist da, verloren geht es nicht. Selbst wenn der Körper des Menschen chemisch ganz in Nichts aufgeht, bleibt, wie es heißt, doch ein Teilchen des Menschen da – quantitativ nicht meßbar, dennoch bleibt es. Man nennt dieses Teilchen »lus«, das bedeutet ›Mandel‹; es ist auch etwas an der Wirbelsäule, sagt man, anatomisch aber nicht zu finden. Dann aber ist es ein Ort, der Ort Lus, zu dem Jakob kommt, wenn er vor Esau, der ihn umbringen will, flieht. Dort schläft er ein und träumt von der Leiter, die in den Himmel reicht, und sieht auf ihr die Engel hinauf- und hinabsteigen. Er gibt diesem Ort den Namen »beth el«, Haus Gottes (1. Mose 28, 19). Das Haus Gottes ist der unverwüstliche Teil in unserem Leben, diese ›Mandel‹, die doch die Frucht des achten Tages ist – nie geht das bei dir verloren. In jedem Menschen ist etwas davon da, im einen viel, im anderen wenig, es ist von hier aus nicht zu messen, und es gibt das Gefühl, es ist einer da, ich bin nicht allein. Man könnte es in *jedem* Menschen erkennen, denn es ist in jedem Menschen auch tatsächlich anwesend.

So sehen wir die Beziehung der Sechs zur Sieben bei Chulda, wo es gefunden wird und wo es verloren war, weil man die Buchstaben nur für die »ba-alim« benutzte, die Götzen, für die Vielheit. Bei der Esther dann kommt das mit, in allem ist es jetzt verborgen, man braucht nicht mehr zu suchen, es ist da. Der siebte Tag ist geheiligt, im siebten Tag geht Gott mit. Den siebten Tag empfängt man als Königin, man geht ihr entgegen, wie es im Lied zu Beginn des siebten Tages heißt: ›Komm mit, mein Geliebter, der Braut entgegen …‹. Man empfängt sie, denn, sagt man, diese Königin hat es in sich, da kommt in diese Welt das Andere mit und ist in dieser Welt auch anwesend.

Das ist der Anfang dieser Esther-Anwesenheit hier. Und Esther wird eine Prophetin genannt. Wo steht das, fragt man, worauf gründet es, daß sie eine Prophetin ist? Es ist die Stelle, wo gesagt wird: ›und Esther kleidete sich in königliche Gewänder‹ (Esther 5, 1), da ist sie Prophetin. Denn die königlichen Gewänder, die sie anzieht, um zum König zu gehen, sind dieses Andere, das ist das Prophetische. Die königlichen Gewänder – das ist der Geist Gottes, der heilige Geist, wie man sagt, der Duft Gottes, der Brunnen, der von Gott her fließt, von Jerusalem, wo am Ende der Tage das Wasser nach der einen und der anderen Seite hin fließt. Damit ist sie bekleidet, nicht sichtbar, aber es umhüllt sie; dadurch ist Esther Prophetin. Sie sagt nichts, sagt auch nichts vorher – das Prophetische ist im Sein da, im Leib. Das ist das Wunder des Leibes und das Wunder der Erscheinung, des Göttlichen, daß das alles im Leib, aber auch im Leben, in jedem Körperfragment, ganz da ist.

Nichts ist unwichtig. Deshalb das Wunder, daß man im Judentum in der Halacha *alles* wichtig nimmt, bis ins Kleinste. Die Menschheit ärgert sich: Das ist doch verrückt, alles bis ins kleinste Detail zu beachten. Aber was klein und was groß ist, läßt sich gar nicht nach Quantitäten, die *wir* wahrnehmen, entscheiden. Es ist ganz anders. Dieser Teil »lus« im Menschen ist der wichtigste Teil, das ist das Haus Gottes, quantitativ gar nicht sichtbar, die ›Mandel‹ – wo ist sie? Daß sie das Ganze zeigt, ist ein Wunder dieser Erscheinung in Zeit und Raum.

Es ist sehr wichtig, daß uns diese Verbindung zwischen Chulda und Esther, zwischen dem Sechsten und Siebten klarwird: Es ist gefunden, und jetzt sagt sie es von sich selber: Ich bin verborgen, aber *da,* verborgen. Das ist der Grund, daß wir alles wichtig nehmen und der Mensch recht hat, wenn er sagt: Ich möchte es *hier* haben. Versprechungen für's kommende Leben im Himmel – ganz schön, möchte ich schon glauben, ich weiß nicht, aber *hier* möchte ich es haben. Und ich sage immer, du sollst das verlangen, du hast die Pflicht, das zu verlangen; damit wird es befreit, der göttliche Funke will erkannt werden.

Buchstaben des Lebens. Schreiben der Rolle.
Glaube an die Gesetzmäßigkeit.
Das Kind. Sprache, die sich nach dem Ursprung sehnt.
Der ›Onkel‹ als ›Geliebter‹.
Wie das Dritte mit dem Siebten zusammenhängt

Im Zusammenhang mit dem Auffinden des Buches wird selbstverständlich auch von den Buchstaben erzählt. Es gibt sogar einen Traktat mit dem Titel ›Die Buchstaben des Akiba‹. Dort wird auch darauf hingewiesen, daß nicht das Buch verloren war, sondern die Beziehung zum Inhalt, und daß die Beziehung gefunden wird, wenn man das Haus instandsetzt. Das will sagen, wenn man die Zusammenhänge im Leben und in der Welt sucht und dann entdeckt, wie die Zusammenhänge einen gewaltigen Palast bauen, der einen Weg durch viele Paläste bietet. Das ist das Auffinden des Buches. Und wenn einem das im Leben geschieht, ist man, heißt es, dem König Josia begegnet, erlebt man in seinem Leben die Zeit des Königs Josia, denn dieser König lebt immer.

Es gibt eine Anekdote von Weisen, die sich miteinander unterhalten, und einer sagt: Ich erwarte jetzt den König von Juda. Man soll das Haus schön herrichten und sich darauf vorbereiten. Da könnte man einwenden, im ersten oder zweiten Jahrhundert unserer Jahreszählung, aus der die Geschichte stammt, gibt es doch längst keinen König von Juda mehr, wie kann er kommen? Bedenkt doch, heißt es dann, er ist *immer* da; ihr glaubt das nicht, weil ihr euch innerlich distanziert habt, dann ist er weit weg. Er ist aber immer da. So verhält es sich auch mit diesem Auffinden des Buches; es ist ein Auffinden im Menschen selber, plötzlich erkennt man's. Und die es nicht kennen, sind wie Nabal, der Tor, dem von David berichtet wird, der um ihn herum ist, und der darauf sagt: David? Nie gehört von dem! Wer ist das und was hat er hier zu suchen? Der soll mich nicht stören.

Es geht um die Beziehung zu diesem Buch. Die Zeichen des Buches können nur in ihrer Beziehung zum Menschen Zeichen sein. Sobald diese Beziehung verlorengeht, hat der Mensch auch die Beziehung zum Inhalt verloren. Deshalb wird im Zusammenhang mit dem Buch Esther so viel von den Zeichen gesprochen, wie sie sind und was sie sind und daß man sie als Schöpfungszeichen, als Lebenszeichen für den Menschen erkennen könnte. Und zum Schreiben der Rolle, sagt man, braucht es im Prinzip einen ›reinen‹ Menschen, was in der Praxis natürlich nie nachzuweisen ist. Es bedeutet, das Leben *hier* ist im Zeichen der Prophetin Esther, die im göttlichen Geist gekleidet ist, der Duft Gottes umhüllt sie. Man nennt sie doch auch Schoschana, die Rose, Urblume der jenseitigen Welt, mit der alle Blumen hier und jeder Duft zusammenhängen. »Reach«, Duft, und »ruach«, Geist – im Hebräischen praktisch das gleiche Wort –: der Geist also kommt auch von dieser Schoschana her. Und man sagt, der diese Rolle Esther schreibt, schreibe im Geist dieser Blume, habe den Duft. Gemeint ist nicht das materielle Schreiben, das es natürlich auch gibt, aber eigentlich schreibt das Leben im siebten Tag die Rolle. Unser Leben hier ist die Rolle Esther. Unser Leben schreibt sich, während in der ganzen Rolle Esther der Name Gottes nicht vorkommt. Nie kann man also hier sagen, Gott ist das, ich beweise Gott. Gott ist in der Rolle nicht genannt, er ist verborgen, der Verborgene. Würde er genannt und bewiesen, wäre er ein wissenschaftliches Objekt und dann würde es sich um Götzendienst handeln. Deshalb wird einer, der im Gespräch der Weisen etwa von einem Beweis für das Walten Gottes spricht, gleich von den anderen angefahren: Wie kannst du von einem Beweis sprechen? Wir *glauben* doch an Gott! Er ist doch der Verborgene uns gegenüber! Eben kein Beweis!

Und so ist unser Leben diese Rolle. Und die Buchstaben sind die Art, wie das Leben geschrieben wird: Buchstaben des Lebens. Es ist sehr wichtig, daß man sie als eine Sache mit einem Inhalt erfährt. In jedem Buchstaben, jedem Zeichen steckt ein Inhalt, der sich nach allen Seiten hin verbindet, der nach allen Seiten hin Beziehung hat: zu Sternen, Planeten, Früchten, zum menschlichen Körper, zu den Stämmen von Israel, usw. Das heißt, jeder Buchstabe, sogar jeder ungeschriebene Vokal lebt und ist voll von Leben; jedes Zeichen, das in deinem Leben erscheint, sei es irgendein Gegenstand, ein Buch, die Sonne, ein Baum oder was immer, enthält all das. Je stiller es ist, je unbeweglicher, sagt man, desto göttlicher, desto näher dem ›Fels‹, diesem Stein »schetijah«.

Jedes Zeichen kann sich nicht anders manifestieren als es erscheint, seine Form ist vom Traum her gekommen, und man spürt in dieser Form all das andere. Es gibt ein schönes jiddisches Lied, das von dem Kinderlehrer handelt, der die Kinder die Zeichen lehrt, indem er ihnen erzählt, was an Leben, an Freude, an Trauer in ihnen steckt. Und dieses Leben beschreibt die Esther-Geschichte in einer Welt des Königs Achaschwerosch, der sich einbildet, die ganze Welt zu beherrschen, weil er die Gesetzmäßigkeiten kennt, die Gesetze von Persien und Medien, wie man sagt, unveränderliche Gesetze, auf denen die Welt gegründet ist. Deshalb wird dieser Achaschwerosch ein Tor, ein Blöder genannt, denn er hat mit der Gesetzmäßigkeit nur die Hälfte und glaubt, das sei die ganze Welt. Als König, heißt es, herrscht er über hundertsiebenundzwanzig Länder; »melech«, das hebräische Wort für König, schreibt sich in seinem vollen Wert als Zweihundertvierundfünfzig, also genau zweimal Hundertsiebenundzwanzig. Er hat doch nur die Hälfte, er weiß eben nicht von der anderen Seite der Gesetzmäßigkeit, wo die Freiheit herrscht. Wie es auch von den Tafeln, den Stein-, den Edelsteintafeln erzählt wird, die von Gottes Finger beschrieben dem Mose aus dem Himmel gegeben werden; »charuth«, das Wort für ›graviert‹, schreibt sich wie »cheruth«, Freiheit (vgl. 2. Mose 32, 16). Man würde denken, in Stein Graviertes ist fest, bleibt unveränderlich so, aber das gleiche Wort sagt selbst: Freiheit.

Der König Achaschwerosch also hat keine Ahnung. Aber wir leben am siebten Tag beherrscht von diesem König und im Glauben an das Gesetz. So sagen wir zum Beispiel, dieser Mensch hat nach der Feststellung unserer medizinischen Wissenschaft noch etwa eine Woche zu leben. Entsprechend der Esther-Geschichte könnte man dann sagen: Du Blöder, du Tor, wie kannst du so etwas behaupten, eine Woche? Das ist nicht wahr, er *lebt!* Man weiß natürlich nicht, ob er dann länger lebt, einmal wird er hier vielleicht doch sterben. Aber die Feststellung, er lebt nur noch eine Woche, ist falsch, denn in anderen Schichten lebt er sowieso weiter. Das ist das Verborgene. Du glaubst, das *Hier* sei alles. Deshalb enthalten die Zeichen viel mehr, als man hier sieht und liest. Und so ist es ein Brauch, wenn man im Haus Gottes aus der Thora gelesen hat, zu sagen: Und noch viel mehr, als wir jetzt gelesen haben, ist darin da, viel mehr, als wir je verstehen könnten, ist in diesen Zeichen enthalten. Und das gilt für jedes Zeichen, das sich uns zeigt: *Alles* ist da. So teilt es uns diese Rolle, die unser Leben zeigt, mit. Unser Leben ist ›eingewickelt‹, aber die Geschichte steht schon da. Und mit dem Aufrollen fängt man an, die Geschichte zu lesen: »wajehi bimee achaschwerosch …«, ›Und es geschah in den Tagen des Achaschwerosch …‹. Da steht also, sagt man, dein Leben, das du auch liest, indem du es erlebst. Es steht fest, würde man sagen, die Zeichen stehen fest, mein Leben ist festgelegt. Nein, heißt es, was *in* den Zeichen, hinter den Zeichen und zwischen den Zeichen ist, das steht eben nicht fest. Mit dem Lesen der Zeichen sagst du: Geboren an diesem Tag, zu dieser Stunde, dann kommt das und dann das … – das ist das Äußere, das ist gezeichnet. Aber all das Andere ist nicht gezeichnet, das Hebräische kennt keine Zeichen für die Vokale, damit das Leben nicht festgelegt wird. Es wird nur gezeigt, angedeutet das Äußere, so liegt das nicht fest. Aber was du weiter in den Zeichen siehst, ist das, was von dir abhängt. Viele weitere Geschichten kannst du darin sehen. Man kann, wie ich schon sagte, viele Bücher über die Rolle Esther schreiben. Und wenn man sein eigenes Leben hier im Zeiträumlichen schreibt, schreibt man die »megilla«, die Rolle. Und man liest sie im Laufe des Lebens, immer ist eine Kolumne offen, aufgerollt, die man gerade liest. Die vorherigen Kolumnen sind wieder zugerollt und die künftigen noch nicht aufgerollt. Wie es auch im Leben ist: Das Vergangene wird zugerollt und vergessen und das Kommende ist noch nicht entrollt. – Es steht doch fest, sagst du. Ja, wissenschaftlich, beschränkt, steht's fest, aber das ist nur das äußere Zeichen, alles andere steht nicht fest.

In den Büchern der Bibel, die doch alle Rollen sind, gibt es Worte, die gar nicht mit Zeichen geschrieben sind und dennoch gelesen werden. Man weiß, das Wort steht da, aber geschrieben ist es nicht. In den gedruckten Bibeln wird es kleingedruckt eingefügt und mit einer Fußnote versehen. Andererseits stehen auch Worte in der Rolle, die man *nicht* liest. Es will sagen, hier ist nichts fest, diese Freiheit des Menschen ist so schön.

Man sagt deshalb, nur ein Kind, ein Mensch, in dem das Kind noch lebt, kann das lesen. Denn ein Kind spielt damit, sieht darin jetzt einen Wolf, dort einen Tiger; auch wenn etwas ganz anderes dasteht – für das Kind lautet es wie ›Wolf‹, ein Kind darf das. Deshalb erzählt auch die Überlieferung, daß Mordechai, der in der Esther-Geschichte die entscheidende Rolle spielt, der Lehrer in einer Schule ist, wo zweiundzwanzigtausend Säuglinge gelehrt werden. Sich das realistisch vorzustellen, ist natürlich vollkommen unsinnig. Es bedeutet, daß diese Kinder *im* Menschen, in jedem Menschen leben.

Wie es kein Vorher und Nachher in der Thora gibt, so gibt es das auch nicht in unserem Leben. Nur wenn wir so ganz im Gesetz des Vorher und Nachher gefangen sind, dann glauben wir, daß unsere Kindheit längst vorbei ist und schämen uns, ein Kind zu sein, zu vertrauen wie ein Kind. Dabei heißt es doch: Wenn ihr nicht werdet wie die Kinder ..., nur dann ist es möglich, sonst gibt es doch gar keinen Zutritt! Nehmt kein Ärgernis an den Kindern – gerade das Kind im Menschen ist entscheidend. Das Kind nimmt sich die Freiheit, ist ganz selbstverständlich dort in der Freiheit. Und so ist Mordechai mit den Kindern, und das führt zum Untergang Hamans, des Aggressors. Die Kinder sind Hamans Untergang, gegen sie kann er nicht aufkommen, ihnen gegenüber ist er vollkommen ohnmächtig.

So ist das Lesen dieser Rolle so wichtig. Deshalb wird von der Art, wie man die Rolle schreibt, so viel erzählt. So gibt es zum Beispiel eine Überlieferung, nach der am Anfang jeder neuen Kolumne das Wort »hamelech«, der König, stehen soll, und es ist die Kunst der Schreiber dieser Rollen, jede neue Kolumne mit »hamelech« zu beginnen, ein Wort, das in der Esther-Geschichte öfters vorkommt. Jede Geschichte, heißt es, beginnt mit dem König; doch nicht mit Achaschwerosch, sagen die Kommentare, der glaubt, er sei König, wo er in Wirklichkeit nur eine halbe Portion ist, nein, mit dem König ist Gott gemeint. Wo »ha-melech« steht, sagen die Kommentare, meint man Gott, denn er nennt sich nicht, er nennt sich ›König‹ dort. Wie im Schreiben, so im Leben: Jeder Tag beginne mit dem König! Er fange an mit dem Gefühl, du bist der Löwe, der den Tag weckt, der aufsteht und brüllt und der Tag kommt. Es heißt doch, der Löwe brüllt in der Nacht: Du, Mensch, bedenke, wecke den Tag wie der Löwe! Stehe auf, mutig, stark, mit dem Gefühl, *ich* beherrsche den Tag, der Tag wird sein, wie mir ist. So bin ich König, sorge für mein Volk, daß es ihm gut geht, daß meine Herrschaft über den Tag gut ist.

Dann stellt sich im Gespräch der Weisen die Frage: Soll dieses Schreiben der Rolle nur auf Hebräisch sein? Der Sprache mit dem Geheimnis in jedem Zeichen? Es ist doch die Rolle des siebten Tages, dieser Welt von Zeit und Raum? *Muß* das auf Hebräisch sein? Und wenn sie diese Sprache nicht verstehen? Da sagt einer der Gesprächsteilnehmer: Griechisch ist auch gut. – Griechisch ist doch die Sprache der Welt, die die entgegengesetzte Richtung hat. Hebräisch schreibt man von rechts nach links – wie Jona wegfährt nach Tarschisch, die ›Taube‹ hinausfliegt, und Jona bedeutet doch nicht nur ›Taube‹, sondern ist auch der Ionier, der Grieche, Jawan – und der Grieche kommt zurück, das Griechische schreibt man von links nach rechts; jetzt am siebten Tag ist auch das, nicht nur das, was an den sechs

Tagen war. Am siebten Tag, in diesem Leben hier, selbst wenn du vom Ursprung nichts weißt – aber du *sehnst* dich nach dem Ursprung. Das Griechische sehnt sich nach dem Ursprung, und mit Griechisch sind alle anderen Sprachen gemeint. Von links nach rechts, anders also, entgegen: ein Sich-sehnen nach dem Ursprung. Die Welt jetzt, im siebten Tag, kann so sein.

Deshalb ist es auch erlaubt, daß man in die »megilla«, die Rolle Esther Dinge hineinzeichnet, während in eine Thorarolle – Gott behüte! – nichts hineingezeichnet werden darf, keine Vokale, keine Satzzeichen, kein Punkt, kein Komma, gar nichts, nur die Zeichen, wie sie vom heiligen Geist überliefert sind. Steht ein Zeichen auf dem Kopf, dann steht es auf dem Kopf, ist ein Zeichen klein, dann ist es klein – du kannst es nicht ändern, das ist so. Aber die »megilla« kann auch auf Griechisch geschrieben werden, denn es ist möglich, das auch von der anderen Seite zu sehen, und man kann auch hineinzeichnen, Verzierungen machen, alles mögliche.

Unser Leib, unser Leben hier im Verborgenen, wie es sich als Esther zeigt, dieser Prophetin, die sich mit dem königlichen Gewand umhüllt, wenn sie zum König gerufen wird und dann die Königin ist – wer ist ihr Mann? Ist es Achaschwerosch, der Perser? Ja, sie ist mit ihm zusammen. Und Mordechai ist ihr Onkel, ihr Lehrer, jedenfalls ist er der Entscheidende, er ruft den Ärger hervor, mit ihm kommt es zur Konfrontation mit Haman, mit Amalek, ohne ihn wäre die ganze Geschichte nichts. Von ihm wird auch im Targum zu Esther einiges erzählt. Targum bedeutet eigentlich ›Übersetzung‹, aber eine solche Übersetzung ins Aramäische ist zugleich eine Erklärung, eine Art Parallel-Text zum hebräischen Text. In diesem Targum wird erzählt, daß der Mordechai nur von einem Teil der Judenheit, die er doch vom sicheren Untergang errettet und befreit hat, als König anerkannt wird. Die anderen Juden sind gar nicht zufrieden, reden abfällig von ihm, weil er von Achaschwerosch zum König gemacht worden ist. Er ist also am Ende nicht der mit Jauchzen anerkannte Große. Man wundert sich, wenn man liest, daß er noch abgelehnt wird. Die eine Seite akzeptiert ihn, die andere Seite mag ihn nicht – das ist Mordechai.

Esther, die Königin, ist die Frau des Achaschwerosch, einem – würde man hier sagen können – ›Wissenschaftler‹, der nur die eine Seite kennt und sieht. Die andere Seite, Mordechai, wird doch als ihr Onkel genannt; im Hebräischen bedeutet das Wort für Onkel merkwürdigerweise ›Geliebter‹. Onkel heißt doch der Bruder des Vaters oder der Mutter, in diesem Fall des Vaters. Im Wesentlichen, also nicht konkret hier, ist ein Bruder ein Geliebter, nicht der Vater, der älter ist als diese Frau; der Bruder des Vaters, der daneben steht, der nicht der Erzeuger, aber der Geliebte ist. Wie der Name Achaschwerosch mit dem »ach« auch das Wort für ›Bruder‹ enthält. Dieses Bruder-sein bedeutet, *neben* dem erzeugenden Vater steht auch ein anderer wie ein Bruder. Es ist nicht so eindeutig, hier spielt noch ganz Anderes mit eine Rolle.

Wenn sonst der Mann so entscheidend ist, so hatten wir doch bei einer der Prophetinnen gesehen, daß der Mann nicht so bedeutend war. Debora war es, die den Lapidoth, einen etwas dummen Mann hatte, und den Mann Barak, der ein bißchen feige war, also beschränkt, nicht wagend den Schritt, den dann doch Michael unternimmt, der dritte Mann, der aber nicht genannt wird. So ist auch hier bei Esther, der siebten Prophetin, der Mann nicht eindeutig da. Achaschwerosch, ein Armer, erst sogar ein Feind, danach dann der Wohltäter, nun ja, schon gut. Mordechai, ja, Mann oder nicht Mann, gewiß entscheidend, der »dod«, der Onkel, der ›Geliebte‹ – »dodi« im Hohenlied ist immer ›mein Geliebter‹, natürlich könnte man auch ›mein Onkel‹ übersetzen.

Wir sehen, daß es bei der dritten und siebten Prophetin merkwürdige Paralellen gibt. Von anderen Texten in der Bibel wissen wir, daß das Dritte und das Siebte in der Urstruktur zusammenhängen. Wenn zum Beispiel von einer Reinigung die Rede ist, die Umhüllungen gewaschen werden und der Mensch dann gereinigt, wie getauft, könnte man sagen, neu auferstehen kann, heißt es immer: Er tue das am dritten Tag, dann ist er am siebten Tag rein, frei. In meinem Buch ›Schöpfung im Wort‹ habe ich zum Beispiel auch gezeigt, daß die dritte Weltzeit mit ihren eineinhalb Zeiten und die siebte Weltzeit zusammenhängen: Was in der dritten Weltzeit die Offenbarung Gottes ist, ist dann am Ende der siebten der Messias, der endgültig für die Welt da ist. – Ein solches Erkennen, daß das Dritte und das Siebte in der Struktur immer zusammenhängen, bedeutet eben »bedek habajith«, Instandsetzung, Reparieren des Hauses; ich sehe es da und da, eine Harmonie herrscht im Haus, die Harmonie des Ganzen. Die Dritte, Debora, das Wort – die Siebte, Esther, das Schreiben der Rolle: wiederum Zusammenhänge. Das Wort mit dem Honig, das dem Kind gelehrt wird, damit es süß das Leben empfängt, sieht, daß es gut und schön ist und jemand da ist, der schaut, wie es einem geht. Und im Siebten sieht mein Leben wie eine Kette von aneinandergereihten Zufällen aus – Purim, ›Zufälle‹, heißt doch das Fest, dieses Geschehen von Esther, »pur« ist ›Zufall‹, wie ein ›Los‹. Zufall, sagen wir, aber dennoch wird das Ganze von dort gelenkt. In einer anderen Schicht, wie sie zum Beispiel der Targum erzählt, ist es keine Kette von Zufällen, sondern ein schönes Epos, und man staunt, wie das alles zusammenhängt. In meinem Buch ›Die Rolle Esther‹ habe ich von diesen Zusammenhängen erzählt. Alles ist gelenkt von dort. Lese nur das Buch in deiner Freiheit, lese von rechts nach links oder von links nach rechts, du erzählst *deine* Lebensgeschichte in diesem Buch.

Und dieser Name Esther ist prophetisch, denn die Geschichte von Esther ist umhüllt mit dem königlichen Gewand. Der König erzählt die Geschichte, sie ist königlich, vom heiligen Geist her erzählt. So sind die Zeichen heilig und es ist, könnte man sagen, verboten, sie nur als Zeichen so zu benutzen. Die Zeichen erleben, hineinsehen: Viel mehr, als hier erzählt wird, ist darin. Und so in jeder Geschichte und in jedem Zeichen, das sich im Wald oder im Feld oder auf dem Meer zeigt – überall ist viel mehr darin enthalten, als du auf den ersten Blick glaubst. Man könnte sagen, wenn du nur siehst, was wissenschaftlich feststellbar ist, dann ist es Kitsch, denn du siehst nur die eine Seite. Wahr aber ist es erst, wenn du das Andere drinnen auch siehst. Deshalb gibt es Gedichte oder Lieder oder Gemälde, die Kitsch sind oder prophetisch sind. Das ist eben in jeder Hinsicht mit allem so.

Wenn es heißt, dieses Schreiben der Rolle soll *rein* geschehen, dann bezieht sich das auf dich, der du deine Lebensrolle schreibst oder liest. Bevor man die Rolle Esther liest, sagt man einen Segensspruch, wie man auch einen Segensspruch sagt, bevor man etwas ißt; dieser Segensspruch will sagen, die Rolle nehme ich jetzt zu mir. Und nach dem Lesen der Rolle, wie auch nach dem Essen eines Apfels oder dem Trinken eines Glas Wassers, spricht man einen Dank aus. Dieses *rein* bedeutet: Verbunden mit der anderen Welt; du kannst dein Leben niemals *rein* erfahren, wenn du es nur diesseitig erfährst. Und deshalb ist es ein Brauch, diese Rollen und alles, was mit diesen heiligen Zeichen beschrieben ist, nicht einfach so wegzuwerfen, in die Müllabfuhr zu geben, sondern in einer Kiste, wie in einem Sarg, auf dem gleichen Friedhof zu begraben, wo auch die Menschen begraben werden. So werden diese Zeichen aufbewahrt, weil sie viel mehr in sich haben, als man sieht. Wie auch der menschliche Körper viel mehr hat als Fleisch und Knochen und Haare und Nägel, die nur der Ausdruck im Äußersten sind von all dem vielen Anderen, das sich hier wissenschaftlich eben nicht feststellen läßt. Und deshalb ist es heilig; ob man es nun so oder so benutzt – es ist heilig. Und das ist der Grund, daß diese Rolle *rein* geschrieben werden soll, wie man auch dem Menschen im Leben *rein* begegnen soll, weil der Mensch ein Zeichen ist. Sein Name wird mit den gleichen Zeichen geschrieben, das will sagen, sein Leben, wie sein Name es ausdrückt, enthält viel mehr, als äußerlich zu konstatieren ist. Man vergewaltigt den Menschen, wenn man ihn nur in seinem faktischen Lebenslauf sieht. Bedenke doch, er ist ein Mensch mit einem Namen, ist also viel mehr, als man von außen sehen kann. Du liest eine Lebensbeschreibung und glaubst, das ist also dieser Mensch. Richtig, kann man sagen, aber bedenke, noch viel mehr, als du gehört hast, alles ist darin.

So ist diese Rolle Esther, wo die Zeichen geschrieben werden, eine sehr wichtige Angelegenheit; die ganze Rolle ist prophetisch, weil es heißt, Esther ist umhüllt vom heiligen Geist. Nicht zufällig heißt die Stadt, in der diese Geschichte spielt, Schuschan, dem Wort nach wie der männliche Ausdruck von ›Rose‹, »schoschana«, denn es bedeutet den Duft der Blumen und das ist der ›Duft‹ der Esther, der Geist, der da ist. Hier ist ein reiner Geist, den man einatmet, der Geist dieses siebten Tages, und alles, was hier erscheint, trägt das Prophetische. Und der Leib des Menschen, dieser Leib mit dem Körper also, wie er in der siebten Phase, am siebten Tag in unserer zeiträumlichen Welt erscheint, ist heilig. Und man kann einen Menschen, auch wenn er als Böser auftritt, nie anders als so behandeln, es geht nicht. Deshalb auch wird im Targum erzählt, daß die Kinder, die weiteren Enkel von Haman, dem Bösen, große Lehrer in Israel werden. Sie werden mit Namen genannt, um zu sagen, auch Haman gilt in dem Ganzen, man kann nichts ablehnen, obwohl er doch von Amalek stammt, Abkömmling von Agag ist – dennoch.

Neuntes Kapitel

Gottes Verborgenheit in den Genen.
Amalek als das Destruktive. Die aussätzige Welt will sich nicht zeigen. Geheimnis der Erscheinung.
Mordechai verbeugt sich nicht vor Haman

Wir haben doch diese enge Verbindung des Sechsten mit dem Siebten gesehen. Und es ist nun eigentlich so, daß der sechste Tag die körperliche Seite ist, das Fundament, auf dem das andere am siebten Tag heranwächst. Wir leben auf einem Fundament, wo Chulda dem König Josia mitteilt, was in dem gefundenen Buch steht: Es kommt ein Ende, alles wird untergehen. Der Mensch selber kennt diese Tiefen mit Wiesel und Maus und Kaninchen und weiß, es wird auferstehen. Du wirst in Frieden gehen; was du verläßt, ist nicht das einzige, es kommt diese andere Seite. Und so ist bei der Esther das Vorherige verborgen mit dabei; es ist nicht mehr fraglich, was es ist, das Vorherige ist jetzt Gottes Verborgenheit in jeder Sache.

Im Menschen manifestiert es sich auch in dem, was wir die Erbmasse nennen, die Gene, die Vorfahren, Ahnen; bis hinein ins Leben der Pflanzen und Steine ist alles mit da. Darin zeigt sich Gottes Verborgenheit, all das lebt verborgen auch in dir. Du verhältst dich, wie sich auch deine Eltern und Ahnen verhalten haben. Man erkennt es manchmal und sagt dann: Genau die Augenbrauen wie die Großmutter! oder: Deine Tante hat die Hand auch immer so gehalten! oder: Schau, er nickt, wie der Onkel immer genickt hat! Das kommt merkwürdig verborgen im Leib mit, der Leib trägt das alles.

Es ist nicht so, daß wir plötzlich da sind und erst lernen müßten, uns hier zu verhalten. Das Lernen, das Einstudieren ist gerade der Zwang des Menschen.

Vielleicht könnte man einmal die Esther-Geschichte von dort her sehen, unter dem Aspekt des Zwangs. Wer ist es, der dort zwingt? Wer ist der Bedränger? Er heißt in unserem Leben Amalek, ›das herrschende Volk‹, könnte man diesen Namen übersetzen. Amalek in uns ist das, was uns zwingt und immer knechten möchte, und zwar knechten auf eine destruktive Art. Was die Gemeinschaft, die Welt der Prophetin Esther, dieser Königin, fortwährend bedrängt, heißt Amalek; das ist eben jeder Zwang im Menschen. Und diese Geschichte zeigt, wie Amalek, der glaubt, den Menschen unterwerfen zu können, weil er die Gesetze beherrscht, sich täuscht; er täuscht sich, weil er niemals des Menschen Freiheit beherrschen kann, das Menschliche in Gottes Bild. Dieses Geheimnis des Leibes, des Lebens überhaupt, besteht darin, daß wir all das Vorherige in uns haben, von Sara über Miriam, Debora, Channa, Abigail bis Chulda. All das ist in uns da, wie diese sechs Tage der Schöpfung das Fundament des Kommenden sind. Und der Kampf gegen Amalek ist von Geschlecht zu Geschlecht, wie es im 2. Mose 17, 16 heißt, es ist immer das, was dich gezielt ablenkt. Amalek ist destruktiv ohne Sinn – das ist das Teuflische, das Dämonische. Kampf und Auseinandersetzung können eine Freude sein, wenn der Angreifer dir deine Weltanschauung bestreitet, um seine eigenen Anschauungen durchzusetzen; dann kämpfst du gegen ihn mit dem Gefühl: Schade eigentlich, daß wir uns nicht verstehen können. Aber Amalek ist das Destruktive an sich; er liegt am Weg auf der Lauer, und wenn einer schwach ist, wird er mitgenommen und umgebracht. Amalek ist einfach destruktiv um des Destruktiven willen, eine Art Lebensverderber, damit man keine Lust zu leben mehr hat. Vielleicht ist die heutige Art des Unterrichtens so, daß einem die Lust am Leben, an Idealen vergeht; vielleicht ist die heutige Politik destruktiv und vergällt einem die Lust am Leben. Amalek ist sehr schwer zu finden, aber er ist immer da, wo man sich selber Zwang auferlegt, wo man glaubt, keine Zeit zu haben, weil man dies noch tun muß und das; dann macht das Herz nicht mehr mit, Blutdruck muß dauernd gemessen, Beruhigungsmittel eingenommen werden.

Amalek hat kein Ziel, nur Lust am Verderben. Es ist das höhnische Lachen, das man oft bei gesellschaftlichen Anlässen hören kann, wo man seinen Spaß daran hat weiterzuerzählen, daß es dort schiefgeht und da auch nur Korruption herrscht – dieses höhnische Zeigen: Es taugt doch alles nicht! Dort ist Amalek. Und wir sollten uns hüten, Amalek immer bei den anderen auszumachen. An erster Stelle, heißt es, findest du Amalek bei dir selber. Wo lebst du *so* und hast diesen Zwang? Amalek ist eigentlich sehr schwach, aber mit Aufregung, Lärm und Geschrei kann er nie erfolgreich angegriffen werden. Geschlagen wird Amalek durch die selbstverständliche Ruhe von Israel, das selbstverständliche Bewußtsein, daß alles doch da ist, daß ich alles habe. Wer kann mir da etwas tun? Er soll nur schreien, der Arme, es tut mir doch nichts.

Die Rolle Esther ist bestimmt von diesem Kampf mit Amalek, und es sieht ganz danach aus, daß Amalek siegt. »Megilla«, Rolle, enthält das Wort für ›entblößen‹, ›offenbaren‹, ›zeigen‹, aber auch für ›Form‹. Denn Form bedeutet schon ein Entblößen, eine Form zeigt etwas, das eigentlich verborgen ist; eine Proportion, schön oder nicht schön, zeigt das Verborgene. Form ist Ausdruck des Verborgenen. Im Wort »megilla« steckt »gal«, Form, das wir in »galil« erkennen, Galiläa: Geheimnis der Form, der Formwerdung, das Andere zeigt sich in der Form.

Diese Esther-Geschichte ist eigentlich die Auseinandersetzung mit Amalek. Denn der König, der nur die halbe Welt hat, glaubt, er hat die ganze, und ist sehr eingebildet und stolz auf sein Königtum. Er gibt, wie gleich zu Beginn erzählt wird, ein großes Fest, eine Begegnung, zu der alle Welt eingeladen ist. Alles tut mit, mit oder ohne Zwang, jeder ist da. Und, so wird erzählt, bei diesem Fest werden die Gefäße – das, was das fassen kann – aus dem Tempel benutzt, den sein Ahne Nebukadnezar verwüstet hat; dies ist nun in die Welt hineingekommen, ist sein Besitz geworden. Und er glaubt, mit diesen Gefäßen der Welt etwas vormachen zu können. Er benutzt, obwohl er nur die halbe Seite hat, nur das Erscheinende zeigt, die gleichen Worte und Begriffe und glaubt, die Welt einfangen zu können. Waschti, die Frau des Achaschwerosch, seine Erscheinung, ist aussätzig. Sie kann sich nicht zeigen, ihre Haut ist voller Aussatz, denn die Frau, die Erscheinung von einem Mann, der nur die halbe Welt hat, ist krank. Achaschwerosch aber glaubt, er kann seine Erscheinung zeigen, macht ein Fest, läßt die Waschti rufen und fordert von ihr, wie die Überlieferung sagt, sich splitternackt zu zeigen, daß alle Großen seines Reiches und das Volk sie sehen. Er glaubt nämlich, daß man seine Erscheinung, die Welt, die er regiert, bis ins Tiefste sehen kann. Eine Welt aber, die ausschließlich von Naturgesetzmäßigkeit bestimmt ist, erscheint aussätzig, kann sich nicht zeigen. Waschti will nicht, sie weigert sich. Muß ich denn, denkt sie, meinen aussätzigen Körper zeigen? Das Drama ist, daß Achaschwerosch die Begegnung bringen und zeigen will, wie die Welt eigentlich ist. Und die Welt zeigt sich dann aussätzig; was man tut, riecht nicht gut, ist krank, ist verwesend. Das ist dieses Drama.

Er schickt sie weg, er weiß nicht, was er mit ihr machen soll. Von seinen sieben Ratsherren bekommt er den Rat, daß man doch eine Erscheinung suchen soll, die gut ist. Denn diese Erscheinung widerspricht geradezu dem Willen des Königs. Gut, sie ist aussätzig, das ist noch schlimmer als ihr Sich-weigern. Warum ist sie aussätzig? Ich dachte, ich hätte die schönste Frau der Welt, und Waschti sollte doch die Schönste sein? Es wird nun gefordert, alle schönen Frauen des Reiches sollen vor den König gebracht werden. Es bedeutet, man sucht eine schöne Erscheinungsform, eine gute Form der Gesellschaft, eine gelungene Formulierung der Wissenschaften – wie kann man das darstellen? Aber keine ist befriedigend, bis dann plötzlich eine durch Zufall gefunden wird: Esther, die ›Verborgene‹; die Verborgene wird sozusagen gefunden.

Er weiß nicht, wer sie ist. Mordechai, Esthers Onkel, der »dod«, der ›Geliebte‹, hat sie gebeten: Bitte nicht sagen, wer du bist und wo du herkommst! Es bedeutet, es gibt in der Welt und im Menschen ein Geheimnis – und das ist die Rettung. Wenn die Welt kein Geheimnis mehr kennt, dann herrscht Amalek, wie in der Welt Achaschweroschs, dessen erster Ratsherr, der über allen steht, Haman ist, von Amalek. Seinen Namen leitet die Überlieferung von dem Wort »hamin« her, mit dem Gottes Frage im Paradies beginnt: »hamin ha ez ...«, ›Hast du etwa von dem Baum gegessen, von dem ich dir gesagt habe, nicht zu nehmen?‹ (1. Mose 3, 11). Auf Haman also hört er.

Esther kommt nun in den Palast und der König bittet sie, zu sagen, wer sie ist; das heißt, die Welt, der Mensch möchte gern wissen, was das Geheimnis der Erscheinung ist – das Geheimnis, daß in der Erscheinung Lebensfrucht möglich ist. Die Erscheinung hat Ewiges in sich; wie aber – das ist ein Geheimnis. Und dieses Geheimnis, der Leib ist, wie man sagt, keusch, es läßt sich nicht sagen. Und das ist das Geheimnis des Körpers, des Leibes: Man kann es nicht ausdrücken, dieses Merkwürdige, das den Mann, der es gern erfahren möchte, so anzieht. Erst einmal, heißt es, ist der Mann destruktiv wie Amalek, er möchte das Geheimnis nur vernichten – vergewaltigen, wie man sagt. Statt daß er es schätzt und sich freut, möchte er es nur besitzen, beherrschen, um es dann wegzuwerfen, nachdem er es vergewaltigt hat. Und wie sich das Geheimnis im Leib der Frau zeigt, zeigt sich das Geheimnis der Welt in allem, was erscheint. Es trägt dieses Geheimnis tatsächlich das Jenseitige: diese Frucht, die erwartet wird, daß *hier*, konkret das alles sein wird. Dort ist das Geheimnis, dort ist die Öffnung, das Tor, wo die Frucht hervorkommt. Das ist die Mitteilung in der Rolle Esther, wo Mordechai, der geliebte Onkel, zu Esther sagt: Hüte, behüte das! (vgl. Esther 2, 10). Einzig dadurch besteht *diese* Welt. Es geht hier nicht um Geheimniskrämerei, daß man es nicht wissen dürfe. Es ist ein Geheimnis, das sich selber schützt, das einfach nicht in Worten auszudrücken, nicht zu betasten, zu ergreifen ist, eine Keuschheit der Welt, der Materie, der Erscheinung, die eben zeigt: In dieser Erscheinung ist Gott verborgen. Das ist es auch, was man den göttlichen Funken in jeder Sache nennt, den Funken, durch den alles sein kann. Man kann lange suchen, die Materie vergewaltigen, dem Geheimnis kommt man keinen Schritt näher; das Geheimnis *ist* gerade das Verborgene.

Und Esther ist nun im Palast des Königs Achaschwerosch, der ein Blöder genannt wird, weil er in seiner Beschränktheit glaubt, man beherrsche die Welt, indem man alles erklärt. Dabei dreht er sich mit den Ursache-Wirkung-Erklärungen fortwährend im Kreis herum und kommt nicht heraus, denn er kennt keine andere Dimension. Das ist das Königtum von Persien und Medien, von Achaschwerosch, von Haman und Amalek. Und dort lebt Mordechai, die Mann-Seite, die verborgene, stille Seite dieser Prophetin, und man versteht, daß er keinesfalls bereit ist, sich vor Amalek zu verbeugen. Denn es wird eine königliche Verordnung erlassen, daß alles, was am Tor vorbeikommt, sich vor Haman verbeugen muß (vgl. Esther 3, 2). Es bedeutet, verbeuge dich vor dem Destruktiven, lasse es zu. Und da zeigt sich im Menschen etwas Kompromißloses, denn bei dem, was die Wurzeln des Destruktiven in sich trägt, gibt es keinen Kompromiß. Ich vermag nicht anzuerkennen, daß es mich beherrschen kann, das wird mir nicht passieren. Ich bin im Prinzip nicht bereit, mich vor Amalek zu verbeugen, das heißt, anzuerkennen, daß er eine Macht ist, die auch über mich herrschen kann.

Das ist Mordechai, der Jehudi, der von Israel, der Hebräer, der von Jenseits; in jedem Menschen ist das da. Wenn man dieses Jenseitige bei sich unterdrückt, dann zeigt es sich, daß man Mordechai und sein Volk nicht mag. Und Haman sieht, wie Mordechai jeden Tag, ständig, vorbeikommt; es bedeutet, er begegnet ihm zum Beispiel in der Art, wie Mahlzeiten gegeben werden, wie man Bücher schreibt, Bilder malt, Fotos macht – in allen Arten begegnet er ihm und bemerkt immer: Der will das nicht mitmachen, dieses Destruktive. Warum nicht? Und er ärgert sich. Er geht dann zum König und sagt: Es gibt im Menschen eine Gemeinschaft, einen Komplex, der ist im menschlichen Bild Gottes. Das ertrage ich nicht, das soll aus dem Menschen entfernt werden. Hier in der Welt der Gesetze soll Amalek herrschen. Denn Amalek ist der Welt der Naturgesetze sehr nah; wo sie herrschen, kommt immer Haman hervor und wird groß und immer mächtiger. Wenn man die Naturgesetze immer weiter entwickelt zur Lebens- und Weltanschauung, sogar zur Religion, dann bedeutet es: Haman ist groß; dann wächst das Destruktive im Menschen und freut ihn, eine Art Masochismus. Die Perversitäten, auch der Sadismus, gehören zu Amalek im Menschen. Der Mensch hat Spaß daran, sich selber kaputtzumachen – Alkohol, Drogen, Tabletten, alles mögliche, ›ausgeflippt‹, wie man heute sagt. Zu allen Zeiten gibt es solche Phasen.

Haman also, der diese Gemeinschaft nicht erträgt, bittet den König um die Erlaubnis zu einer Verordnung, daß dies im Menschen ausgerottet werde, gänzlich vertilgt von klein bis groß. Man kann es aber niemals kollektiv in der Erscheinung ausrotten, weil man es im Wesen nicht vertilgen kann. Ist auch nur *einer* da, der es bei sich nicht zuläßt, funktioniert die Vernichtung niemals und nirgendwo. Der Kampf gegen Amalek ist ein Kampf, der in anderen Welten geführt wird. Wie im Kampf gegen Jabin, den König von Kanaan, Sonne, Mond und Sterne, Quellen und Flüsse in anderen Welten streiten. Man braucht nicht hier zu kämpfen, man kann ganz ruhig sein, nur im eigenen Leben den Zerfall nicht zulassen. Habe die Freude, erlebe doch Abigail bei dir: ›mein Vater ist Freude‹, die Prophetin, die dann David bekommt, den Vater des Messias. Dann gewinnt das Destruktive keine Macht, fällt von selber weg.

Nun ist gerade hier bei Esther, im siebten Tag, in diesem Zeiträumlichen, der Hang zum Gesetz sehr stark. Man anerkennt die Allmacht der Naturgesetze und möchte alles regeln und ordnen: das ist erlaubt, das ist verboten, usw.; da kommt im Keim schon das Destruktive mit. Und der König entscheidet dann tatsächlich mit Haman, daß dieses Andere im Menschen ausgerottet wird. Man kann sagen, daß sich so etwas dann auch historisch immer wieder zeigt; Geschlecht für Geschlecht zeigt es sich, innen und außen, im Menschen und außerhalb. Genannt wird es einmal so und einmal so, aber immer wird das angegriffen, was im Bilde Gottes lebt. Und es wird dann ein Gesetz verkündet, daß das im Menschen ausgerottet wird am dreizehnten Tag des Monats Adar, in dem das Zeichen Fische die Welt beherrscht, ein unabänderliches Gesetz, ein Naturgesetz. Wie man es doch auch nicht ändern kann, daß der Mensch stirbt. Sobald er geboren wird, fängt das Sterben an, der Tod ist im Keim schon da, das Gesetz sagt, der Mensch stirbt doch. Und das ist auch Amaleks Absicht, denn das ist Destruktion auf allen Ebenen, bis in alle Schichten hinein zeigt sich Destruktion.

Dann seufzt Israel im Menschen, und der Mensch, der Hebräer, der Jenseitige bricht zusammen, diese Gemeinschaft ist am Boden zerstört. Nur derjenige, der lieben kann, der »dod«, der ›Onkel‹, der ›Geliebte‹ weiß: Beim König ist das Verborgene; ich werde das Verborgene jetzt bitten, zum König zu gehen und ihm mitzuteilen, daß das, was er zu tun vorhat, ein Unsinn ist. Das Naturgesetz irrt, der Mensch stirbt nicht. Nur Haman läßt das glauben, das bringt die Destruktivität mit sich, man resigniert, nun ja, man wird älter und älter, am Ende stirbt man, das war immer so. Aber das ist nicht wahr. Und Mordechai läßt der Esther sagen, daß das, was hier als Verordnung ausgegeben wird, *so* einfach *nicht* gehe. Esther, das Verborgene im Leib des Menschen, hört das und ›erschrickt‹; sie wird, wie es in der Überlieferung heißt, »nidda«, das ›unreine‹ Blut kommt hervor; der Mond wirkt so, daß das unreine Blut kommt. Es bedeutet, sie gibt auch auf; über das Verborgene kommt das Entsetzen, und was rein ist, wird unrein. Es bricht etwas zusammen, der Gedanke, der Geruch, der Atem des Todes kommt auch herbei.

Und sie läßt antworten, ich kann nicht zum König gehen, denn wenn ich zur Unzeit zum König komme, bedeutet das ein Durchbrechen der Naturgesetze, bedeutet das meinen Tod (vgl. Esther 4, 11). Ich kann nur tun, was die Naturgesetze zulassen, meine Zeit war gerade vorher, bis sie wiederkommt, ist es schon zu spät. Mit anderen Worten: Kausal gibt es keine Lösung mehr, die Sache ist ausweglos, die Lösung ist nicht möglich.

Die Antwort, die ihr Mordechai darauf zukommen läßt, ist sehr merkwürdig (vgl. Esther 4, 13–14); man sagt es manchmal zu Leuten, die vor einer großen Aufgabe stehen, die zu lösen sie für unmöglich halten. Vor allem aber gelten sie für einen selber, das Gefühl, das Empfinden in sich zu spüren, was diese Worte ausdrükken: Und wer sagt, daß du nicht gerade deshalb in der Welt bist, um das Unmögliche zu tun? Glaubst du, daß du allein im Haus des Königs gerettet wirst? Das Mögliche kann jeder tun; du bist gerade dazu da, das Unmögliche zu wagen. Man könnte es sich als Mensch in Situationen sagen, wo man weiß, das geht einfach nicht, da gibt es kein Durchkommen! Vielleicht bin gerade *ich* ausersehen zu tun, was keiner je getan hat oder tun könnte, was man für ausgeschlossen hält – vielleicht bin ich dazu da? Und vielleicht ist es das, wodurch meine Gemeinschaft – das Jenseitige im Menschen – leben bleibt nicht nur bei mir, sondern bei allen anderen auch?

Und als Esther das hört, als es der Leib, das Leben vernimmt, diese Stimme des Onkels, des Geliebten, beschließt sie zu gehen: Und wenn ich untergehe, soll es so sein, das wird sich schon zeigen. – Man geht eben nicht mit dem Gefühl: Ich gehe nicht unter. Wenn man weiß, man wird Erfolg haben, dann ist es ein Geschäft. Man geht und tut es, obwohl man weiß, daß die Erfolgsmöglichkeit gleich Null ist. Und Esther bittet das Volk, drei Tage zu fasten.

Es tritt nun das Merkwürdige ein, daß der König, der sonst nur nach Naturgesetz handelt, jetzt plötzlich auch das Gesetz durchbricht. Er hält ihr seinen »scharwit«, sein Zepter entgegen, damit sie ihn außerhalb von Zeit, außerhalb von Raum berühren kann (vgl. Esther 5, 2).

Eine andere Schicht dringt durch zum König, der über sein Tun selbst erstaunt ist: Wer bist du, daß du bei mir die Naturgesetze änderst? Daß etwas geschehen kann, was sonst nie geschieht? Wer bist du? Sie antwortet: Wenn der König zu meiner Mahlzeit kommt, werde ich es sagen; wenn der König mir eine Begegnung mit der Welt, und gerade auch mit Haman – den lade er ein – bringt. Und der König lädt Haman, den Destruktiven, den Amalek-Mensch, zur Mahlzeit bei der Frau, der Unbekannten, die das Geheimnis trägt, ein; die keusche Frau, keusch wie die Materie, die Welt, die das Destruktive einfach nicht kennt. Und bei der Mahlzeit wendet sich der König an sie: Geliebte Frau, von der ich nicht weiß, wer sie ist, sage es mir nun! – Ich mache morgen eine zweite Mahlzeit, dann werde ich es sagen, ist die Antwort.

Hier sehen wir zwei Seiten: die eine Seite, die hinausschiebt, die zweite Seite: Dort werde ich sagen. Zwei Mahlzeiten, und in der Mitte der beiden Mahlzeiten der Wendepunkt. Wir erfahren diesen Wendepunkt auch als Vollmond, wo der Mond, wie der Körper in seinem Wachstum, am Höhepunkt ist; dort, wo er sich wendet, dort werde ich sagen. Der Körper glaubt, dem Sieg ganz nah zu sein, die runde Form, die ideale, die Kugelform ist erreicht: Jetzt siege ich und ich bin ganz stolz, diese Königin selber lädt mich ein, die Geheimnisvolle, und dann werde ich auch zeigen, wer ich bin. Er ahnt nicht, daß diese Königin zur Gemeinschaft gehört, die er im Menschen vernichten will. – Alles ist froh und munter; der König sagt, wir werden morgen zu einer neuen Mahlzeit gehen, und dann wirst du es mir mitteilen.

Aber zwischen der einen und der anderen Mahlzeit geschieht Merkwürdiges. Haman, der Amalekiter mit seinem destruktiven höhnischen Lachen, kommt triumphierend nach Hause. Seine Frau Seresch und alle seine Freunde sind ganz stolz auf ihn, man hat es jetzt erreicht, daß man in einer Welt lebt, wo man intelligent und zynisch ist und an nichts glaubt, nur im ständigen Rausch lebt, Karriere, Reisen. Wir haben gesiegt, die Welt wird das Naturgesetz haben, bis sie am Gesetz zugrundegeht. In Hamans Haus wird gefeiert, denn morgen ist er wieder beim König und der Königin eingeladen.

Aber in dieser Nacht ist die Wende. So finster ist diese Nacht, man glaubt, daß es niemals mehr Licht wird. Finsternis im Menschen, der an keine Rettung mehr glaubt. Alles ist zusammengebrochen, alles fastet, das heißt, man kann keine Begegnungen mehr haben. In dieser Nacht taucht die Erinnerung auf beim Menschen, beim König. Er möchte, wie es heißt, im Buch der Erinnerungen lesen. Das will sagen, das Gedächtnis fängt auf merkwürdig andere Art an zu funktionieren. Haman will stören, aber ein Sohn von Haman, heißt es in der Überlieferung, muß aus dem Buch der Erinnerungen vorlesen, und der König erinnert sich dann, daß er früher einmal gerade von diesem Jenseitigen gerettet wurde. Der Jenseitige war doch schon einmal hier, nicht geschichtlich nachweisbar, aber er war da. Der Vorlesende zögert beim Lesen, das heißt, mein Gedächtnis funktioniert nicht ganz, aber ich spüre, aus der Tiefe taucht es auf wie ein längst vergessener Traum. Und plötzlich wird ihm klar, es gibt eine Rettung in der Wurzel. Was ist in der Wurzel geschehen? Es komme jetzt, sagt der König, der mir nahe ist. Und nah ist ihm Haman, der Geist des Destruktiven, der mit seinem Hausgesinde beschlossen hat, man wird einen Baum aufrichten, ein Wachstum, fünfzig Ellen hoch – sieben mal sieben und darüberhinaus: die fünfzigste Halle. Dort werde ich ihn hängen, er wird diese Halle erreichen, von dieser Welt aber abgeschnitten sein und niemals mehr zurückkehren können. Das will er dem König sagen.

Der König ruft ihn zu sich hinein mit der Frage: Was geschieht doch mit dem Menschen, der meine Freude ist, mein Glück, der mich ganz früher einmal gerettet hat? Und Haman glaubt, der König, die Welt der Naturgesetze mag die Destruktion, schätzt sie. Dort ist die Wende des Dramas.

Erinnerung und Rettung.
Die Wende um Mitternacht. Umwertung aller Werte.
Der Leib trägt den Erlöser

Wir sprachen von dieser Nacht. Und ich glaube, man könnte das auch selber empfinden, daß es manchmal, regelmäßig fast, Momente tiefster Verzweiflung gibt. Dort, sagt man, ist auch die Erinnerung; das Buch der Erinnerungen wird gelesen. Mag sein, daß es mit Bitterkeit gelesen wird. So wird der Name Mordechai auch mit »mar«, dem Bitteren, in Zusammenhang gebracht, eigentlich dem »mar deror«, einem Gewürz, das in der Wohnung Gottes den Duft gibt, der eben bedeutet, daß man sich widersetzt. Es ist ein Duft, der dem Menschen das Gefühl gibt: Ich tue das nicht, mag sein, was will, da mache ich nicht mit, ich verbeuge mich da nicht! Das ist

Mordechai, von »mar deror«. Es ist dieser Moment der Verzweiflung, wo die Erinnerung auftaucht. Und in der Erinnerung ergibt sich etwas, ohne daß der Mensch etwas dazutun kann. Es funktioniert im Menschen auch wie ein Gesetz, ein Schöpfungsgesetz, eine Hilfe im Menschen selber; daß sich etwas bei ihm öffnet, ein intellektuell nicht faßbares Wissen von einem Geschehen jenseits, in anderen Zeiten, anderen Welten, wodurch die Welt gerettet wurde. Ein Geschehen, in dem die Schlange irgendwie besiegt wurde, ein messianisches, denn Mordechai wird auch als Ausdruck des Messianischen gesehen. Einer, der ganz da im Ursprung ist und das auch nicht ertragen und zugelassen hat, es ging einfach nicht.

Und dem König, dem das plötzlich klarwird, fragt: Was ist mit dem geschehen? Es will auch sagen: Was ist das bei mir? Wo ist das Geschehen bei mir geblieben? Habe ich es noch bei mir? Und Haman, der von dem Ganzen nichts weiß, wird hereingerufen. Er wartet doch auf die Erlaubnis, Mordechai an diesem Baum aufzuhängen, wo Mordechai in die fünfzigste Halle kommt. Es bedeutet, in die Welt kommt er dann nicht mehr zurück; der Zynismus läßt ihn nicht zurückkommen, er bleibt hängen, erwürgt dort oben. Mit dem König, denkt Haman, habe ich doch alles gut verabredet, wir sind gut miteinander im Gespräch und in allem weitergekommen. Da empfängt ihn der König mit der Frage: Was soll mit dem Mann geschehen, also auch dem Mann im Menschen, den der König liebt und den er ehren will? Und Haman in seiner Einseitigkeit des Gesetzmäßigen folgert natürlich: Da kann nur ich gemeint sein, denn ich habe bis jetzt alles gemacht. Und er antwortet: Der soll mit der Kleidung des Königs bekleidet und auf das Pferd des Königs gesetzt werden und man soll vor ihm ausrufen: So geschieht dem Mann, den der König liebt! Worauf der König sagt: Das tue dann mit Mordechai, dem Jenseitigen. Da plötzlich also die Wende – Mitternacht, wo die Wende stattfindet. Der Mensch glaubt, die Nacht geht weiter, Mordechai und die ganze Gemeinschaft fasten noch weiter, ertragen noch keine Begegnung. Da aber spricht Haman schon sein Urteil: über sich selbst. Und du, sagt der König, gehe voran und rufe aus: So geschieht dem Mann – im Menschen die Erinnerung –, der den König und den der König liebt!

Haman bricht zusammen, spürt, hier ist etwas geschehen, das nicht, wie wir heute sagen würden, ins Konzept des Wissenschaftlichen paßt; einfach unverschämt, daß so etwas geschehen kann. Ganz bestürzt kommt er nach Hause. Als seine Frau und seine Freunde davon erfahren, sagen sie, sagt ihm die ganze Gesellschaft des Destruktiven, dieses Bazillus des Kaputtmachens: Es ist ein Gesetz: Wenn du erst einmal anfängst, vor dem Hebräer zu fallen, dann ist es aus. Solange du gestiegen bist, hättest du noch siegen können. Gesetz für Amalek: Was fällt, fällt; einmal nicht aufgepaßt, und schon geht es anders. Es kam so, weil Esther dem Mordechai folgte und tatsächlich das Unmögliche tat: Wenn ich sterben muß, sterbe ich eben, aber vielleicht bin ich gerade dazu erschaffen worden, um das zu tun. Mein Geliebter sagt das, der Mordechai.

So geschieht diese Wende. Haman irrt in dieser Nacht herum und weiß nicht, was er am anderen Tag mit Mordechai tun soll. Er muß mit ihm durch die Stadt ziehen und rufen: So geschieht es dem Mann, den der König liebt! Er muß das Jenseitige präsentieren. Wenn wir dieses Bild übersetzen, dann kann man sagen, wir werden es erleben, daß die Herrschaft des Gesetzmäßigen aufhören und die Wissenschaft selber der höheren Wissenschaft des Jenseitigen sich unterordnen wird, die wie der Baum des Lebens das Sein und Werden, *beide* Seiten in sich hat.

Und während er in der Nacht herumirrt, begegnet er Mordechai im Lehrhaus der Kinder, wo ein Hebräerkind gerade den Vers sagt: »al tira mipachad pitom …«, ›Fürchte nicht, wenn plötzlich ein Schrecken kommt …‹ (Sprüche 3, 25). Es bedeutet, du brauchst dich nicht zu fürchten, Gott ist doch da. Amalek, der Zyniker, der Destruktive, will alles vernichten, aber ich fürchte mich nicht, es steht ganz anders, es wird nichts geschehen. Bis heute ist es ein Brauch im Judentum, diesen Vers und noch zwei weitere, die er nach der Überlieferung von den Hebräerkindern in dieser Nacht zu hören bekam, am Ende des Schlußgebetes zu sagen.

In dieser Nacht ist Mordechai also, wie die Überlieferung erzählt, in seinem Lehrhaus mit den zweiundzwanzigtausend Kindern. Die »megilla«, die Rolle, benutzt doch diese zweiundzwanzig Buchstaben, die zweiundzwanzig Zeichen, und man sagt, die zweiundzwanzigtausend Kinder sind da zusammen; es bedeutet, erkenne in den Zeichen doch das Kind, glaube da doch wie ein Kind. Der Zyniker wird lachen: Ein Kind – so ein Unsinn! Doch Mordechai, der Geliebte, lernt dort mit den Kindern. Ein oft zitierter Ausspruch im Jüdischen lautet: Die Welt hat als Fundament die Säuglinge im Lehrhaus. Nicht das Wissen in den Universitäten – die Säuglinge dort, also die, welche glauben. Wenn das im Menschen erkannt ist und in ihm lebt, kann der Welt, auch der eigenen, nichts geschehen. Man sei nicht so gescheit. Das Gescheitsein führt zum Zynismus, zu diesem Destruktiven. Der Gescheite sei auch ein Kind, das glauben und sich freuen kann. Das ist dort das Entscheidende.

So kommt dann am nächsten Tag die zweite Mahlzeit bei Esther mit dem König und dem schon ziemlich erschütterten Haman. Haman hat schon erlebt, daß er das Pferd, auf dem Mordechai saß, führen mußte. Es heißt, Mordechai selber staunt, daß es so geschieht, kann gar nicht glauben, daß es möglich ist. Immer hatte er nur gesehen, daß alles gegen ihn war. Auf einmal dreht sich die Welt, alles ist anders, er kann es nicht fassen. Haman führt das Pferd, auf dem Mordechai in königlichen Kleidern – umringt vom Geist des Königs der Welt, dem heiligen Geist – sitzt, so ziehen sie durch die Stadt und kommen auch, wie es eine der vielen Illustrationen erzählt, an Hamans Haus vorbei. Hamans Frau und seine Freunde, die noch nicht wissen, was geschehen ist, glauben, daß es Mordechai ist, der den Haman führt, Mordechai, der jetzt seinen letzten Weg geht, und werfen auf ihn allerlei Unrat hinab.

Bei der zweiten Mahlzeit, wo Haman also schon ziemlich erschüttert ist, fragt der König Esther wiederum: Wer bist du? Und sie antwortet: Ich gehöre zu der Gemeinschaft, die auf Anordnung des Naturgesetzes hin jetzt im Menschen ausgerottet werden soll, damit der Mensch das Jenseitige nicht mehr hat, nur noch das Diesseitige, das nach Naturgesetz funktioniert. Worauf der König sagt: Wer will so etwas? Deine Gemeinschaft ausrotten? Du bist doch die Schönste, Geliebteste! – Der das ausrotten will, hat keine Ahnung, daß es bei ihm selber verborgen da ist. Der Zyniker weiß nicht, daß im eigenen Haus, in seinem eigenen Leib diese Esther als Frau lebt, in jedem Menschen lebt. Plötzlich also dieses Entsetzen im Menschen. Und als der König fragt, wer es ist, antwortet Esther: Haman, dieser Böse ist es.

Da bricht das Ganze zusammen. Verstört begibt sich der König in den Garten des Palastes, um, wie es heißt, den Duft der Blumen zu riechen. Und dort entdeckt er den Duft der Rose, der »schoschana«. Zum ersten Mal atmet der König den Duft dieses Gartens ein und spürt, wie sich sein ganzes Leben, sein Leib, sein Körper, ändert, weil dieser Duft eingeatmet wird. Er kommt als Neuer zurück.

Haman glaubt, er könne in diesem Moment noch um sein Leben flehen, Esther, die Geheimnisvolle bitten, ihn vor dem Tode zu bewahren. Und er wirft sich vor Esther hin. Da aber, so wird erzählt, steht der Engel Gabriel und gibt dem Haman einen Stoß, daß er auf das Bett der Esther fällt. In diesem Augenblick kommt der König wieder hinein und sieht Haman auf dem Bett seiner Frau liegen! Jetzt also ist alles aus. Amalek, dieses Gesetzmäßige, wird nun auch der Vergewaltigung des Geheimen beschuldigt, was in diesem Moment gar nicht seine Absicht war. Es sieht so aus, als ob dieser Einseitige, der nur anerkennt, was die Wissenschaft bestätigt, das Geheimnis vergewaltigen will; im Tiefsten aber will der Mensch das gar nicht.

Was soll mit dem nun geschehen?, fragt der König. Da gibt es in seiner Umgebung einen Berater, der Charbona heißt und nach der Überlieferung mit dem Propheten Maleachi identisch ist, und dieser Charbona sagt: Es gibt da einen Baum von fünfzig Ellen, den Haman im Hofe errichtet hat, an ihm soll man ihn aufhängen. Das bedeutet, jetzt, wo das Fünfzigste eintritt, das Jenseitige, wird das Destruktive aufgehängt, bekommt von dort her keinen Fuß mehr in diese Welt. Man sagt deshalb, neunundvierzig Pforten hat Mose durchschritten auf seinem Weg; mit dem Durchschreiten der fünfzigsten Pforte zieht Jehoschua ins Land Kanaan ein, ins Gelobte Land; Jehoschua heißt doch der »ben nun«, der ›Sohn der Fünfzig‹. Mit dieser Fünfzig, wenn das Land erreicht ist, ist Kanaan genommen; es kann lange dauern, so oder so, aber es ist geschehen, dann ist es aus. Dort wendet sich die Geschichte, und im Menschen wendet es sich dann auch. Immer, heißt es, erlebt das der Mensch, bei jedem Atemzug atmet er das Ganze ein. In seinem verborgenen inneren Computer, könnte man sagen, ist alles so einprogrammiert; sein Leben ist deshalb im Bild Gottes, weil die ganze Geschichte vom Anfang der Genesis bis zum Ende der Welt mit jedem Atemzug mitkommt: diesen Duft atmet man ein. Nach der Überlieferung ist dieser Atem der Duft des Gartens, wo der König ist. Der Duft dieser »schoschana«, dieser Rose, wird von jedem Menschen in jedem Moment eingeatmet. Man muß sich also nicht konzentrieren, um diese Geschichte richtig zu verstehen, denn man hat sie, auch ohne sie je gehört zu haben, schon immer eingeatmet. Mein Erzählen soll man einfach in sich aufgehen lassen, ohne sich zu bemühen, es gleich gescheit einzuordnen. Ein Atem im Sinne einer Stimme ist hineingekommen und Teil des Menschen geworden.

Jetzt herrscht in der Stadt Schuschan, der Stadt der Rose, große Freude, denn alles zeigt sich von der anderen Seite. Die Werte sind umgekehrt, eine ›Umwertung aller Werte‹, wie sie Friedrich Nietzsche auf andere Art eigentlich auch immer erhoffte und erwartete, ohne die Worte dafür zu finden. Als ein großer Mensch hat er aber gespürt, was alles geschehen kann. Die Umwertung: Man hatte gedacht, es ist so, jetzt sieht man, es ist ganz anders. So ist ein Brauch entstanden, nicht nur bei den Juden, sondern auch in der Menschheit: der Brauch dieses Karneval, denn das jüdische Purim ist ein Karneval. Es bedeutet auch ein Demaskieren: Eine verrückte Welt, und am Ende sieht man, wer wer ist. Man wußte es nie, jetzt weiß man, es ist ganz anders – eine große Freude! Man sagt, an Purim ist jeder berauscht von Glück. Es ist die Einsicht, daß die Welt ganz anders ist, als man dachte. Man hatte ein auf Gesetze gebautes Bild von der Welt und glaubte, so ist es in Ordnung. Aber nun sieht man, daß noch viel, viel mehr da ist. Wie nach dem Vorlesen der Thora immer gesagt wird: Und noch viel mehr, als hier gelesen wurde, steht in all den Zeichen, und noch viel mehr, als du dir überhaupt vorstellen kannst. Die Buchstaben sind die äußeren Zeichen; man sieht und spürt dann im äußeren Zeichen, das dem Erlebnis entspricht, noch viel mehr und Anderes, das hier nie Ausdruck finden kann.

Das ist die Geschichte von Esther, und Esther ist eine Prophetin, im menschlichen Leib ist also dies alles mit anwesend. Für jeden Menschen ist dieses Ganze da, eine konkrete Wirklichkeit, so funktioniert unser Leben. Und die richtige Annäherung zum Menschen kann nur eine liebevolle, beziehungsreiche sein, bei der man den Menschen in dieser Weise erkennt; und nicht, indem man ihn nach Gesetzen und Kategorien einteilt und dann seine Schlußfolgerungen zieht. Das macht den, der solche Schlußfolgerungen zieht, zum Zyniker, zum Heuchler, zum Vergewaltiger. Er meint es gut anzuwenden, es geht aber nicht.

Bedenke, daß in jedem Zeichen *alles* da ist, nicht nur das, was du siehst, sondern auch das, was du weder sehen und lesen noch auch nur ahnen kannst, daß es gelesen werden könnte. Von der Bibelsprache sagt man, Gott spielt mit den Buchstaben und macht immer andere Geschichten mit den gleichen Zeichen. Es ist nicht nur diese eine Geschichte, es sind viele Geschichten, und du kannst alle Geschichten daraus lesen; es ist viel mehr drin.

Das ist die Größe des siebten Tages, der Welt von Zeit und Raum. Unser Fundament sind diese sechs Prophetinnen. Sara, die zweifelt und trotz allem glaubt, daß dieser Sohn hier kommt. Tief in unserem Leben ist der Glaube verwurzelt, daß dieser Sohn doch kommt und gekommen ist; auch wenn Gott immer sagt, ich nehme ihn zu mir – er ist dennoch da. Und Miriam, die das Kommen dessen, der das Wort bringt, ermöglicht und ihn schützt; das Wasser, das bitter war, die Zeit, die fließt und Bitterkeit brachte, wird süß: der Brunnen Miriams, wo die Mütter stehen und Wasser schöpfen und den Krug dem Gast oder dem Fremden reichen: Trinke es aus diesem Brunnen, das Geheimnis, das ist Miriam. Debora dann ist dieses Süße im Wort, diese Welt von ›Milch und Honig‹; dem Wort, das große Wunder in sich trägt, ist keine Macht, auch Sisseras Macht nicht, gewachsen. Und weiter Channa, die auch nicht mehr glaubt, daß sie diesen Sohn bekommt, der die beiden Könige salben wird. Und doch bekommt sie ihn, und dieses Wissen ist im Menschen, in jedem Menschen da. Abigail dann mit ihrem Mann Nabal, dem Blöden, dem Groben, die den David vom Urteilen in der Nacht abhält. Und David dankt ihr dafür und nimmt sie zu seiner Frau. Als Sechste Chulda, in ihrem Leben findet man das, wovon man glaubte, es existiere gar nicht mehr, sei unauffindbar verlorengegangen. All das ist als Fundament da. Und im siebten Tag sind doch die sechs Tage mit eingebaut; die sechs Tage sind doch dazu da, daß alles in der Vorbereitung auf den siebten, den heiligen Tag ausgerichtet ist.

Man kennt im hebräischen Alphabet außer den drei Väter- oder Mütterbuchstaben Alef, Mem und Schin, und den zwölf sogenannten ›einfachen‹ Buchstaben noch die sieben ›doppelten‹ Buchstaben, die, wie man sagt, den sieben Prophetinnen entsprechen. Sie sind auch mit den sieben Öffnungen des menschlichen Körpers, mit Organen, mit Planeten, mit Metallen, mit Früchten verbunden – im menschlichen Leib ist alles da. Der Mensch weiß nicht, wie wichtig er ist, wie großartig, wie gewaltig sein Leben ist. Wenn er diese Dinge erlebt und versteht, hat er doch Freude. Gewiß ist es gut zu leben, eine Freude, daß all das da ist, Teil dieser Welt ist; daß man auch spürt, Mann und Frau, das Männliche und das Weibliche sind doch in der Welt da, damit der Mensch die Freude der Einswerdung erfährt. Die Prophetinnen haben Männer, der Leib, das Erscheinende, wird vom Mann hoch geschätzt. Es sind Königinnen, himmlische Wesen auf Erden: der Leib des Menschen. Deshalb ist der Leib so wichtig; im christlichen Abendmahl der Leib und das Blut, Brot und Wein, das Blut als das Gott-gleichen. All das ist in der Welt, im Menschen da. Wenn man das nach außen projiziert: *Damals* war es so und wurde so eingesetzt, nehmen darf das nur der und der andere nicht, usw., dann ist all das weit weg. Du nimmst es doch, ob du darfst oder nicht, in jedem Moment, in jedem Atemzug, keine Sache von Dürfen, exklusiv, es ist in jedem Menschen da. Wenn du atmest, wenn du schläfst und wach wirst, wenn dein Auge sich öffnet und schließt, überall ist es mit eingebaut. Weißt du nicht, daß du bei jedem Ausatmen stirbst, daß es in dem Moment dein letzter Atem ist? Dann atmest du wieder ein, und so geht es auch weiter. Rhythmus dieser Welt, Mann und Frau, ewig zusammen, nichts trennt sie, sie sind eine Einheit, Gott kennt den Menschen als Mann und Frau in einem.

Für uns hier in der Erscheinungswelt lebend bedeutet Prophetie: was bei uns von selber spielend hervorkommt. Wie der Weise, wenn er auf dem Weg einem Kind begegnet, fragt: Was hast du in der Schule gelernt? Und das, was das Kind antwortet, gilt für ihn als prophetisches Wort, nach dem handelt er. Es bedeutet, daß das, was du gerade sagst, eben prophetisch ist. Wir müssen nicht auf einen Prophet warten, jeder ist auch Prophet. Wo im Traktat Megilla von den sieben Prophetinnen erzählt wird, wird auch die Frage gestellt, wieviele Propheten es in Israel gibt. Einer sagt: Sechshunderttausend in jedem Zeitalter, und ein anderer meint: Zweimal Sechshunderttausend; Sechshunderttausend sind es doch, die aus Ägypten ausziehen. Es heißt also, wie dort auch gesagt wird, *jeder* ist ein Prophet, der Israel in sich hat. Was er sagt, ist prophetisch, denn nicht *er* ist es, der es sagt, es ist ihm gebracht von anderswoher. Und was er schreibt, schreibt er von anderswoher, wie er auch von anderswoher malt und singt und tut. All das ist von anderswoher, und wir glauben, *er* hat's gemacht. Er ist Prophet, er ist der Behälter, das Gefäß. Weil er dort, wo er ewig lebt und ist die große Freude hat, spricht er hier, malt er, singt er, tut er, verhält er sich hier so. All das lebt in jedem Menschen in jedem Augenblick. Wenn man es auf ein *Damals* projiziert, bedeutet es eine Art Selbstmord, man hat dann das Göttliche bei sich getötet.

Die Bescheidenheit im Menschen sei so, daß er weiß, er ist so groß, daß er göttlich ist, und er staunt fortwährend über dieses Wunder. Das ist seine Bescheidenheit: zu staunen und bereit zu sein, immer wieder zu staunen. Er weiß, er steht Gott *immer* gegenüber. Wenn man sagt, es war *damals*, ist man es *jetzt* los, oder: es wird einmal sein, ist man es auch *jetzt* los und kann sich weiter mit Handel, Börse, Technik beschäftigen. Aber es ist immer *jetzt*. Prophetie überhaupt will sagen, es wird von anderswoher gebracht. Deshalb sind die Prophetinnen so wichtig, denn es bedeutet: Unser Leib, das Weibliche in uns, der Körper, trägt all das. Wir erkennen es im Blick des anderen, in seinem Lächeln, seinen Bewegungen, es ist das Entscheidende, das dem Menschen dieses Bild des Göttlichen gibt.

Überblicken wir das Ganze dieser Siebenheit der Prophetinnen, sehen wir das eigentlich Entscheidende an der rechten Seite dieser Struktur bei Sara und Channa: diese Erwartung der Frucht, des Kindes. Miriam und Abigail an der linken Seite ist der Schutz dessen, was kam: Mose, der kam, und der Schutz, daß das Wasser da ist; Abigail der Schutz, daß David in seinem männlichen Zorn nicht Blutschuld auf sich lädt wegen Nabal, dieses Toren. Die linke Seite zeigt, daß das Weibliche im Menschen ihn schützen und bewahren kann. Und in der Mitte Debora, Chulda und Esther. Debora, die Biene, bringt das Wort, »dawar«; bei Chulda wird das Buch wiedergefunden, und Esther: Die Rolle, die »megilla«, die geschrieben, gezeichnet wird.

So sehen wir eine Struktur im Menschen, die auch zeigt, was unsere rechte Seite, unsere linke Seite und unsere Mitte ist: im Körper, im Tun, im Gehen, im Schreiben, im Erfahren. Von dort her kannst du alles bauen, und du wirst sehen, Haman wird dein Pferd führen. Und bedenken Sie, Hamans Enkel – seine zehn Söhne werden mit aufgehängt – werden nach einer Überlieferung im Talmud große Lehrer. Gut, daß du nicht geurteilt, ihn nicht umgebracht hast. All das hat ein Geheimnis; wenn du das Böse in deinem Leben bereust, bist du erlöst, denn jede Umkehr erlöst. Es gibt Leute, die das Wort Erlösung nicht mehr hören können, weil es eine Inflation erlebt hat, man zu süßlich davon gesprochen hat. Es bedeutet aber, wenn wir es wieder neu erleben, daß wir vom Himmel her befreit werden. Gott schickt den Gesalbten, damit wir vom Zwang befreit werden, vom Zwang des Destruktiven, von jeglichem Zwang. Und Erlösung ist für jeden Menschen da, denn der Erlöser lebt uns gegenüber. Dieser ganze Leib trägt ihn auch, Erlösung ist mit ›einverleibt‹, wie man sagen könnte. Und so sind die Prophetinnen eine Garantie des Diesseitigen für uns, daß wir im Diesseitigen tatsächlich so leben können und nicht warten müssen; auch nicht sagen: Früher war es, leider, und jetzt ist der Mensch so geworden.

Das ist Amalek, der uns immer angreift. Deshalb sagt man im Judentum jeden Tag: Denke daran, rotte Amalek aus! Die Frage ist dann: Wer ist Amalek, wo lebt er jetzt? – Bei dir!, ist die Antwort; sei nicht zynisch, gebe nicht auf, sei nicht spöttisch, sei nicht destruktiv! Sei getrost, du besiegst Amalek, deine Siebte-Tag-Geschichte, die Esther-Geschichte, läßt dich erfahren, daß du Amalek besiegt hast, denn Amalek wird jedes Mal wieder umgebracht. Wir brauchen vor ihm keine Angst zu haben. Wenn in einem Zeitalter auch noch so viel Destruktives da ist, kann man lachen und wissen: Du hast doch schon verloren, ich bin da und ich verbeuge mich nicht. Wie viele es sind, die sich nicht verbeugen, spielt hier keine Rolle. Der eine, Mordechai, hat genügt. Die anderen haben sogar genörgelt, fanden ihn lästig: Immer hat der Mensch was! Es geht doch ganz gut, wenn wir mitmachen, wir zählen dann wie die anderen. Immer, sehen wir, wird Mordechai uns unruhig machen und sagen: Nicht verbeugen! Nicht nachgeben! Wenn auch jeder sagt, du kannst doch mitmachen, bist doch ein normaler Mensch, dann mache ich doch nicht mit. Das sage jeder von sich, dann sind die sieben Prophetinnen wirklich auch hier und heute und jetzt lebendig. Nehmen Sie sie in ihrem Leben mit, denn in Ihrem Leib, in Ihrem Körper sind sie da. Laßt sie leben, so wird es euch allen doch gewiß gut gehen.

Personen- und Sachregister

Register der hebräischen Wörter

Zahlen-Register

Register der Bibelstellen